2019年山西省高等学校科学研究优秀成果培育项目（编号：2019SK013）
国家哲学社会科学基金一般项目（编号：17BYY198）
2018年山西省高等学校优秀青年学术带头人支持计划

长治市委宣传部"浊漳流馨"系列丛书重点资助项目

王利　李金梅　张文霞　著

The Historical Echo on the Local Land
——The Exploration of the Dialect
along the Zhuozhang River

蕴含在水土中的历史回音
——浊漳河乡韵探析

中国社会科学出版社

图书在版编目（CIP）数据

蕴含在水土中的历史回音：浊漳河乡韵探析/王利，李金梅，张文霞著．—北京：中国社会科学出版社，2019.10
ISBN 978-7-5203-5237-6

Ⅰ.①蕴… Ⅱ.①王…②李…③张… Ⅲ.①西北方言—方言研究—长治 Ⅳ.①H172.2

中国版本图书馆 CIP 数据核字（2019）第 216430 号

出 版 人	赵剑英
责任编辑	宋燕鹏
责任校对	冯英爽
责任印制	李寡寡

出　　版	中国社会科学出版社
社　　址	北京鼓楼西大街甲 158 号
邮　　编	100720
网　　址	http://www.csspw.cn
发 行 部	010-84083685
门 市 部	010-84029450
经　　销	新华书店及其他书店
印　　刷	北京明恒达印务有限公司
装　　订	廊坊市广阳区广增装订厂
版　　次	2019 年 10 月第 1 版
印　　次	2019 年 10 月第 1 次印刷
开　　本	710×1000 1/16
印　　张	23
字　　数	375 千字
定　　价	108.00 元

凡购买中国社会科学出版社图书，如有质量问题请与本社营销中心联系调换
电话：010-84083683
版权所有　　侵权必究

前　言

如众所知，20世纪50年代以来，不少颇具代表性的各地文书相继面世，目前，我国发现民间文书的地域可谓"满天星斗"。如徽州文书、清水江文书、福建明清契约文书、江苏清代商业文书、浙江石仓文书、四川巴县清代文书、珠江三角洲土地文书、太行山文书等，数量丰富，种类繁夥。[①] 随着各地民间文书不断被整理和出版，此类原始资料从作为故纸尘封于老宅日趋走向学者书斋，从不以为学到日益进入学者视野并不断被赋予学术研究价值和意义。

就徽州区域来说，宋代以降尤其是明清以来，徽州经济文化高度发达，公私交往频繁。徽州民间具有重视在社会活动中因时立约、因事立约的传统，大到基层乡治，小到民间"细故"，事无巨细，往往诉诸白纸黑字。传统徽州具有强烈的文书保存意识，尤其是大多数具有重要书证的契约，人们往往视为家珍。值得一提的是，在徽州，设匣管理是民间文书保存的重要手段和特色。[②] 加上该区域山限壤隔，地理环境的封闭性，以及历史上鲜有兵戈扰攘。凡此种种，使得徽州历史上不但产生了丰富的民间文书，而且大量文书因长期处于秘而不宣的状态而被遗存下来。

20世纪50年代，徽州文书新资料开始大规模面世，80年代以来又持续被发掘，目前已知总数逾百万件。其种类包括交易文契、合同文约、

[①] 参见刘道胜《遗存的宋代以降中国民间文献的发掘与整理》，《徽学》第8卷，安徽大学出版社2014年版。

[②] 参见刘道胜《公匣制度与明清徽州民间文书的保存》，《图书馆杂志》2009年第2期。

承继分书、产业簿册、私家账簿、宗族册籍、诉讼文案、会簿会书、乡规民约、唱本剧本、善书药方、仪式文书、日用类书、民俗歌谣、村落文书、尺牍书札、乡土杂志以及经由官府下行的政令公文、赋役文书等，应有尽有。无疑，丰富的徽州文书所奠定的材料基础，所解构的问题意识，为不同追求、不同风格、不同学科的学者提供了个案咀嚼、专题发微、综合考察、多元对话的巨大空间。

然而，历史时期，大多数徽州文书主要以传递信息、保存记录、合俗实用为主要功能，作为信息性、经验性文本，内容多涉及基层民众在长期生产生活实践中的即时性记载。文书书写者亦多系村野僻壤稍通文墨的地方民众，他们或因时誊录，勉成其事；或假人之手，依口代书；或拟之于格式，如法炮制。其朴素自然的表达，自由生动，比之于文化精英们的优美辞章和精英叙事，这些记载鲜活地呈现了被隐没的"卖浆土语"，更为真实地反映出民众生活和社会实际。

也正因为如此，同其他区域民间文书一样，行用于基层社会的徽州文书，具有浓重的乡土口吻和书写习惯。文书用字上的异体、俗写、假借、别字、衍字跃然纸上，用词上的俚语、俗词所在多见，相比较于典籍文献，民间文书的用字、用词具有区域特征，文本表达和话语习惯具有自身独特性。如捌（捌）、霸（霸）、权（程）、屎（窗）、椿（调）、雁（堆）、坋（坟）、畊（耕）、受（股）、扎（观）、呡（国）、拋（据）、胵（腊）、㐱（钱）、矣（贤）、虫（众）等稀俗用字；诸如契约中常见具有徽州特色的"坞、塝、降、坎、坑、塈、段、坦"等土名；有关名物方面的"苞芦（玉米）、丑（牛肉）、亥（猪肉）、粿（饼状食物）"等称谓；关于"便契、出俵、嘱书、关书"等名目繁多的契约名称；攸关百姓生活实际的"秤、砠、角、步"等度量单位；有关"茶科、长养、朝奉、趁口、程银、房东、该、偏手、锅头、力垒"等地方习俗之称；民间账簿习惯使用的"丨、刂、川、乂、ｏ、亠、亖、亖、攵"等数字符号，等等。毋庸讳言，大量存在的稀俗用字所带来的释读障碍，客观上制约了人们对文书新资料的利用和研究；不一而足的稀俗用词亦一定程度上影响了人们对此类文献客观周详之解读。因此，从用字、用词角度对徽州文书进行实证研究，是释读文书新资料辞学工具之基础，是进一步利用和研究徽州文书的内在要求。

　　笔者在多年从事徽州文书的整理和研究中，颇为关注对其用字、用词的搜集和考察。另外，稀俗字词遴选方面，在为研究生开设的相关课程教学中，亦注重留意初学者于研读中所遇到的字词障碍作为重要依据。从而将徽州文书中的稀俗字词裒集成编，尝试在借鉴学术界既有研究基础上稍作例释，希冀对初学者识读和利用徽州文书有所助益。诚然，对徽州文书用字、用词的考释，要求在广泛搜集和整理徽州文书资料方面下足功夫，要求从故纸中抉微发幽，并在此基础上参互搜讨，循名责实予以考释，这是一项需要长期积累并不断完善的基础性研究工作。从这个意义上说，本书仍是阶段性之研究，目前收录的稀俗字词仍属有限，且对不少字词的遴选和考释难免有失偏颇，甚至存在丛脞、舛误之嫌，敬请批评指正。

凡　　例

一，本书侧重从稀见性和习俗性角度，搜讨徽州文书中的用字和用词，故谓之"稀俗字"和"稀俗词"，凡收录徽州文书稀俗字180例、稀俗词510条。

二，稀俗字的界定，主要依据中华人民共和国成立后简化正字及其对应的繁体正字为标准，梳理不合乎字书规范，来自民间的俗写、异体、略式等文书用字。稀俗字中，有历史时期系正字或常用字，后来演变为俗字，而民间仍在行用者，如邨（村）、覩（睹）、凥（居）、恠（怪）、炤（照）等；有因草书而发生形体变化者，如㑒（保）、𨛷（都）、丕（其）等；有异体写法者，如牕（窗）、旾（春）、斈（学）等；有同音假借者，如毛（毫）、厶（亩）、念（廿）、尚（上）、夏（下）等；有民间特有的简化字，如枨（程）、抠（据）、刃（两）、𡵉（叔）、㑒（贤）、乑（众）等；有上下、左右、内外结构的变动写法，如烁（秋）、夫（灶）、岍（岸）、旺（国）等；有增损偏旁或笔画者，如刀（初）、阝（都）、夆（峰）、忽（勿）、畄（留）、系（丝）、肆（肆）、艮（银）、凖（准）等；有改易偏旁者，如偪（逼）、笔（笔）、扦（迁）、托（讬）、効（効）、壻（婿）等。稀俗字按音序排列，并举例说明。

三，稀俗词的遴选主要体现在：一是关于特定制度的用词，在典籍文献记载亦不多见，如抱告、册里、经理、另户、从九、过割、经董等。二是偶见于典籍文献的词汇，但在民间文书中频繁使用，如回禄、物故等。三是鲜被典籍文本采用的民间习俗用词，如力坌、来脚、锅头、公匣、生放、砠、朅（音hui）、降（音gang）、小伙钱、圬等。稀俗词以音序排列，一一举例，并作考释。

四，对于同义词条，凡属同音假借或表达相近，在其中一条中一并罗列，并作解释，如白色（白穑）、抱告（抱呈、抱叩）等；表述不同的同义词条，按音序分开例释，标注相互"参见"，如"上首契""老契"，在例释中标注参见"来脚契"条。

五，根据词条内容考释需要，全录或节选相应文书资料，所引文书均注明出处。其中，对于节选的文书资料均在出处标注文书题名，题名中涉及的年号标注公元纪年，便于学者根据题名了解原文书信息。征引的文书省略内容，除特殊外一般不另作标注。

六，对于尚未出版的文书资料尽可能照录原文，以便学者借鉴和利用。文书中有缺文、模糊不清、字迹难辨者，计字数以"□"代之。错字、别字在"（）"中注正。漏子、脱字在"[ ]"中考补。引用资料中的姓名之下加"＿"标识。

七，本书采用简化字体，以方便更多学者利用。引用文书的标点系笔者所加。

目　录

一　稀俗字检字表 ……………………………………… （1）

二　稀俗字例释 ………………………………………… （3）

三　稀俗词索引 ………………………………………… （46）

四　稀俗词例释 ………………………………………… （51）

后　记 …………………………………………………… （306）

一 稀俗字检字表

岇（岸）	扒（捌）	趵（跋）	霜霜（霸）
○（百）	砲（磅）	垟（塝）	佅（保）
甲（卑）	盃（杯）	偪（逼）	獘（弊）
筆（笔）	邊（边）	湌（餐）	秖（程）
酧（酬）	刀（初）	舡（船）	窓、窻（窗）
牀（床）	刱（创）	旾（春）	湻（淳）
牸（雌）	邨（村）	芓（等）	底（底）
萗（调）	鄁（都）	覩（睹）	叚（段）
厇（堆）	夛（多）	惡（恶）	弍、弐（贰）
發（发）	夆（峰）	丨（分）	坋（坟）
覂（覆）	勇（敷）	槩（概）	乹（干）
箇（个）	畊（耕）	叟（股）	皷（鼓）
恠（怪）	𠁿（观）	帰（归）	呡、囯、旺（国）
㑹（合同）	毛（毫）	矦（侯）	乎（壶）
勿（忽）	秼（秒）	扵（换）	伭（价）
夆（降）	叫（叫）	亽（今）	勋（斤）
匀、龟（阄）	旭（九五）	旭、𤸎（九七）	炷（九八）
𤸱（九三八）	凥（居）	挶（据）	夲（举）
欻（款）	脨、肌（腊）	乚（厘）	粮（粮）
刃（两）	諒（谅）	畱、甾（留）	隆、陰（隆）

续表

买(买)	卖(卖)	卖	嫩(美)
緜(绵)	俞(命)	厶(某)	厶、么、乱(亩)
挈(拿)	念(廿)	毆(殴)	派(派)
壞(培)	旁(旁)	毘(毗)	拚(拚)
凭(凭)	期(期)	也(七折)	丕(其)
齐(齐)	起(起)	扦(迁)	条、子(钱)
跌(钱)	烁(秋)	佛(人民币)	禍(孺)
嘀(商)	旹(时)	卝(叔)	属(属)
熟(熟)	糸(丝)	駟、肆(肆)	碎(碎)
岁(岁)	筭、笶(算)	迯(逃)	兆(桃)
骬(体)	脁、脩(條)	厅(厅)	畜、昌、(图)
託(托)	圬(坞)	汐(溪)	矣(贤)
兴(兴)	兇(凶)	壻(婿)	効(效)
醻(酬)	孛(学)	沿(沿)	严(严)
发(炎)	〆(一)	嗥、嚱、叹(议)	姻(姻)
囙(因)	艮(银)	丿(月)	襍(杂)
葬、葵(葬)	灶(灶)	炤(照)	正(整)
戠(职)	帋(纸)	真(置)	众(众)
助(助)	嘱(嘱)	耑(专)	壮(庄)
凖(准)	棹(桌)	遵(遵)	

二　稀俗字例释

【A】

【岍】——（岸）
［文书］东自住后起至龙潭合岍。
　　　　——《乾隆二十八年（1763）立分山誓状》，上海图书馆藏

【B】

【捌】——（捌）
［文书一］内取八分，上租捌秤，佃人吴鸾。
　　　　——《明代程氏置产簿》，安徽省博物馆藏
［文书二］一两捌钱。
　　　　——《明代程氏置产簿》，安徽省博物馆藏
［文书三］一收捌两五钱陆分。
——《万历程氏染店查算帐簿》，中国社会科学院历史研究所编：《徽州千年契约文书》宋元明编，第8卷，花山文艺出版社1991年影印版，第75页（笔者按：以下凡引用本资料集，不再标注著者和出版信息）

【跂】——（跋）

[文书] 跂履山川。

——安徽师范大学皖南历史文化研究中心藏

【霸、霜】——（霸）

[文书一] 才横如故，仍然霸奸汪氏。

——《洪乾章立争讼底蕴》，安徽师范大学皖南历史文化研究中心藏

[文书二] 始悉该业被顺霜管。

——《休宁县十九都三图严丹照禀状》，安徽师范大学皖南历史文化研究中心藏

【〇】——（百）

[文书示例] ㄅ（一百）、ㄢ（二百）、ㄡ（三百）、ㄩ（四百）、ㄎ（五百）

【砲】——（磅）

[文书] 缘先年洪水冲卸田砲，砂积抛荒有年，国课虚供。

——《清嘉庆十二年（1807）祁门十三都一图凌氏立〈众誉契簿〉》，刘伯山主编：《徽州文书》第3辑，第9卷，广西师范大学出版社2009年版，第176页（笔者按：以下凡引用本资料集，不再标注著者和出版信息）

【垟】——（塝）

[文书] 西至买人田垟。

——安徽师范大学皖南历史文化研究中心藏

【你】——（保）

[文书一] 坐落六你土名白茅坑、薛八坞等处。

——《嘉靖六年（1527）谢思卖山赤契》，《徽州千年契约文书》宋元明编，第2卷，第41页

二　稀俗字例释　/　5

［文书二］有瓦屋三间一落，系吴元㐼住。

——《明代程氏置产簿》，安徽省博物馆藏

【㽣】——（卑）①

［文书］系㽣字一伯（百）六十□□□□□。

——《徽州千年契约文书》宋元明编，第2卷，第129页

【盃】——（杯）

［文书］社酒六盃。

——《明代祁门赤桥方氏阄书》，南京大学历史系资料室藏

【偪】——（逼）

［文书］然志不遂，多方偪画，得复资本而返。

——《康熙五十五年（1716）施文烊立遗嘱》，黄山市档案馆藏

【獘】——（弊）

［文书］倘有越界以及踵门横行等獘，公罚白银三两。

——《嘉庆九年（1804）洪光远立合议》，安徽师范大学皖南历史文化研究中心藏

【筆】——（笔）

［文书］立合墨筆据人余宗叙。

——《道光十七年（1837）余宗叙立合墨》，黄山市档案馆藏

【邉】——（边）

［文书一］西邉楼上楼下房二喜分受。

——《乾隆十五年（1750）余二喜等立分单》，黄山市档案馆藏

---

①　按：历史时期，"卑"字常写作"㽣"或"甲"。参见汉语大字典编辑委员会编纂《汉语大字典》，四川辞书出版社2010年版，第70页；冷玉龙、韦一心主编《中华字海》，中国友谊出版公司2000年版，第13页。

[文书二] 氏愿另贴伊东飡正房内大床一张。

——《咸丰十年（1860）汪程氏立遗嘱》，黄山市档案馆藏

【C】

【飡】——（餐）

[文书] 的于每年十二月辞岁之日，好常酒各人二碗，与饭一飡……各人男妇一同贺新年，各人饭一飡。

——《明代祁门赤桥方氏阄书》，南京大学历史系资料室藏

【秖】——（程）

[文书一] 秖尚锦、秖尚远。

——《明代程氏置产簿》，安徽省博物馆藏

[文书二] 尽行出卖与同都四图秖名下为业。

——《顺治十四年（1657）张文若立卖山地契》，黄山市档案馆藏

【酧】——（酬）

[文书一] 俟后平静之时即行回里，仍将其事了清，再为酧谢

——《同治二年（1863）冯纬堂立字据》，安徽师范大学皖南历史文化研究中心藏

[文书二] 候山成荫出拚，加二抽丰（分）以酧看守之劳。

——《清末金氏封禁山场禁约》，安徽大学徽学研究中心藏

【刀】——（初）

[文书] 五月刀三日批。

——《康熙五十二年（1713）歙县大阜潘氏祖基词讼》，安徽师范大学皖南历史文化研究中心藏

【舡】——（船）

[文书一] 有初驾舟生理饶河，装载客货上祁，路上同班舡上之人并

自己起不良之心。

——《乾隆康义祠置产簿》，南京大学历史系资料室藏

[文书二] 甲申岁，昌（阊）江一带蛟洪暴发，水高数十丈，舡行屋脊，树没山头，被灾之家，难以万计。

——《光绪十四年（1888）余镕书跋》，黄山市档案馆藏

【窻、厡】——（窗）

[文书一] 门扇、厡棂、板壁俱全。

——《道光三年（1823）汪黄氏立卖屋字》，安徽师范大学皖南历史文化研究中心藏

[文书二] 门窻户扇。

——《中华民国六年（1917）景德镇厶厶立卖屋契》，安徽师范大学皖南历史文化研究中心藏

【牀】——（床）

[文书] 正房内大牀一张，又米柜二口。

——《咸丰十年（1860）汪程氏立遗嘱》，黄山市档案馆藏

【刱】——（创）

[文书一] 但恐谋虑不深者，反藉口以为前人兴刱，而后人当拆卖之名。

——《崇祯十一年（1638）王万德等立拆石鼓厅议单》，《元至正二年（1342）至乾隆二十八年（1763）（休宁县）藤溪王氏文约誊契簿》，南京大学历史系资料室藏

[文书二] 固知刱业艰难，积累匪易。

——《乾隆三十一年（1766）汪亨等立议墨》，安徽师范大学图书馆藏

[文书三] 以上各条刱议。

——《雍正九年（1731）黄集义堂、黄敦义堂立调山条例》，安徽师范大学皖南历史文化研究中心藏

【萅】——（春）

［文书］钱物萅日托郑仲搭去。

——《信札（灿廷书）》，黄山市档案馆藏

【湻】——（淳）

［文书］宋湻熙十五年（1188）戊申三月四日生，幼孤，事继母孝。

——《清末民初胡庆贵办抄本》，《徽州文书》第1辑，第3卷，第415页

【牸】——（雌）

［文书］今收到灶富牸牛一条。

——《婺源十九都三图詹氏文书》，安徽师范大学皖南历史文化研究中心藏

【邨】——（村）

［文书］烟邨涣散。

——《入清源约出晓起约叙记》，安徽师范大学图书馆藏

【D】

【芐】——（等）

［文书一］勾摄差役芐情。

——《顺治十一年（1654）王懋绅等立里长合同》，《元至正二年（1342）至乾隆二十八年（1763）（休宁县）藤溪王氏立文约誊契簿》

［文书二］吾芐岂忍破祀。

——《乾隆三十一年（1766）汪亨等立议墨》，安徽师范大学图书馆藏

二 稀俗字例释 / 9

【庍】——（底）

[文书] 据票庍六甲吴良贵。

——《休宁县鱼鳞图册》，安徽师范大学图书馆藏

【絩】——（调）

[文书] 立絩换墨据人汪森法、森桂、旺五。

——《中华民国二年（1913）汪森贵等立调换墨据》，安徽师范大学皖南历史文化研究中心藏

【朾、卩】——（都）

[文书一] 十一朾吴忠，今有承祖摽分得山一备，坐落本朾五保。

——《嘉靖十九年（1540）祁门吴忠卖山赤契》，《徽州千年契约文书》宋元明编，第2卷，第114页

[文书二] 三十五卩六图胡玄益。

——《光绪念年（1894）胡玄益公支下立诉状》，安徽师范大学皖南历史文化研究中心藏

【覩】——（睹）

[文书一] 兹覩吾家承祖并所置山场，未曾分扒。

——《明代祁门赤桥方氏阄书》，南京大学历史系资料室藏

[文书二] 尊嫂目覩尽知，后来小背（辈）不知。

——《信札（大来书）》，黄山市档案馆藏

[文书三] 是以大众覩之情形，心有可悯。

——《同治金氏封禁山场禁约》，安徽大学徽学研究中心藏

【叚】——（段）

[文书一] 兹缘胡玄益公清明祀会内，土名八亩叚。

——《光绪念年（1894）胡玄益公秩下立揽字》，安徽师范大学皖南历史文化研究中心藏

[文书二] 华坞上叚。

——《光绪二十八年（1902）余玉寿等立议合同》，黄山市档案馆藏

【雁】——（堆）

[文书] 兼之阴阳两宅因之来水头上雁塞，以致不顺。

——《道光间金正玉立合同》，黄山市档案馆藏

【尋】——（多）

[文书一] 以致男寿不永，妇尋寡而子尋孤。

——《入清源约出晓起约叙记》，安徽师范大学图书馆藏

[文书二] 徽州府属各县，山尋田少，十室九商。

——《同治十年（1871）告示》，黄山市档案馆藏

【E】

【恶】——（恶）

[文书一] 洪益才父洪长久纵子为恶，先发倒诬。

——《洪乾章立争讼底蕴》，安徽师范大学皖南历史文化研究中心藏

[文书二] 签拘恃恶，正法剿办。

——《光绪宋汝良立诉讼拟本》，安徽师范大学皖南历史文化研究中心藏

【弍、贰】——（贰）

[文书一] 申文纸弍张，剪钱一竿。

——《明代祁门赤桥方氏阄书》，南京大学历史系资料室藏

[文书二] 腊酒十弍斤。

——《明代祁门赤桥方氏阄书》，南京大学历史系资料室藏

[文书三] 立此合墨弍纸，各执一纸为据。

——《道光十七年（1837）余宗叙等立合墨》，黄山市档案馆藏

【F】

【發】——（发）

［文书］偕子凶殴人大碣洪长久子益才、新保、新發等。

——《洪乾章立争讼底蕴》，安徽师范大学皖南历史文化研究中心藏

【夆】——（峰）

［文书一］东至夆，西至路……北坦心上夆……北至夆。

——《明代祁门方氏阄书》，南京大学历史系资料室藏

［文书二］东大坑，西大夆，南小坑口抵垄分水上至夆。

——《顺治祁门汪氏抄契簿》，《徽州千年契约文书》清民国编，第4卷，第21页

【㘰】——（分）

［文书一］内本身扣价租银伍㘰（五分一）。

——《乾隆康义祠置产簿》，南京大学历史系资料室藏

［文书二］内抵会银三两七千㘰（五分）。

——《道光十四年（1834）方嘉祥立遗嘱》，安徽师范大学皖南历史文化研究中心藏

【圴】——（坟）

［文书］故该山之圴李姓间有一二。

——《民国二十五年（1936）祁门塔坊盗坟冤略》，安徽师范大学皖南历史文化研究中心藏

【覄】——（覆）

[文书] 卑职即饬差保查<u>覄</u>。

——《休宁县十九都三图<u>严丹</u>照禀状》，安徽师范大学皖南历史文化研究中心藏

【勇】——（敷）

[文书] 系照本族锅头均**勇**，不致累及出身之人。

——《入清源约出晓起约叙记》，安徽师范大学图书馆藏

【G】

【槩】——（概）

[文书一] 永远一**槩**再不得开端。

——《入清源约出晓起约叙记》，安徽师范大学图书馆藏

[文书二] 自禁之后，业主及家外人等**槩**不许入山。

——《乾隆二十四年（1759）<u>吴贵孙</u>等立包长养文书》，安徽师范大学图书馆藏

[文书三] 仍余到少**槩**作工食。

——《乾隆三十八年（1773）<u>吴元璋</u>等立里役合同》，安徽师范大学图书馆藏

【乹】——（干）

[文书一] 每年交纳硬租风净**乹**谷共十三担零一升，不得欠少。

——《休宁县十九都三图<u>严丹</u>照禀状》，安徽师范大学皖南历史文化研究中心藏

[文书二] 申明立墨复行森禁，讵墨迹未**乹**，江村恃其强横，纠众强砍。

——《清代钦善公、敬善公四门人等立合墨》，黄山市档案馆藏

二 稀俗字例释 / 13

【箇】——（个）

[文书一] 果盒乙**箇**。

——《明代祁门赤桥方氏阄书》，南京大学历史系资料室藏

[文书二] 做厕所大小两**箇**。

——《道光十七年（1837）余宗叙等立合墨》，黄山市档案馆藏

【畊】——（耕）

[文书一] 一门胡德禄，年二十三岁，**畊**，户内共男妇七名口。

——《入清源约出晓起约叙记》，安徽师范大学图书馆藏

[文书二] 立期票人方**畊**之。

——《道光二十一年（1841）方耕之立期票》，安徽师范大学图书馆藏

【殳】——（股）

[文书一] 红茶装箱出售，以作八大**殳**，每**殳**出本金洋蚨三百元正（整）。

——《光绪五年（1879）陈作民等立合夥约》，歙县档案馆藏

[文书二] 福字阄**殳**产业。

——《民国二十四年（1935）宋启登立阄书》，安徽师范大学皖南历史文化研究中心藏

【皷】——（鼓）

[文书] 鸣**皷**而攻。

——《顺治九年（1652）王懋绅等立排年合同》，《元至正二年（1342）至乾隆二十八年（1763）（休宁县）藤溪王氏立文约誊契簿》

【恠】——（怪）

[文书] 吾窃夫**恠**世之人。

——《藤溪族谱后序》，《（休宁）藤溪王氏支世谱》卷首

【𥤧】——（观）

［文书一］三房𥤧长七拾元。

——皖南历史文化研究中心藏

［文书二］立租批人潘𥤧则。

——《民国二十六年（1937）潘观则立租批》，安徽师范大学皖南历史文化研究中心藏

【㱕】——（归）

［文书一］可怜民旁无救护，匍匐㱕家，投鸣中约。

——《洪乾章立争讼底蕴》，安徽师范大学皖南历史文化研究中心藏

［文书二］照前㱕入原甲。

——《嘉庆十九年（1814）三十都八图十甲人等立合墨》，黄山市档案馆藏。

【旺、囻、呢】——（国）

［文书一］民旺十年腊月吉日。

——《民国十年（1921）王丫头当田契》，《徽州千年契约文书》清民国编，第3卷，第473页

［文书二］民旺贰拾壹年腊月廿七（日）

——《民国二十一年（1932）陈桂和佃田契》，《徽州千年契约文书》清民国编，第3卷，第488页

［文书三］民旺十六年腊月。

——《民国十六年（1927）休宁汪尔昌立杜卖断田租赤契》，黄山学院编：《中国徽州文书（民国编）》第2卷，第88页

［文书四］民囻十五年九月。

——《民国十五年（1926）绩溪程芷庭立卖大买田赤契》，黄山学院编：《中国徽州文书（民国编）》第2卷，第261页

二 稀俗字例释 / 15

[文书五] 民哎四年阴历五月。
——《民国四年（1915）歙县叶根炳立卖大买熟地契》，黄山学院编：《中国徽州文书（民国编）》第3卷，第66页

[文书六] 民哎十二年十月。
——《民国十二年（1923）歙县毕道星立卖大小买园赤契》，黄山学院编：《中国徽州文书（民国编）》第3卷，第163页

【H】

【毛】——（毫）

[文书] 本边合得壹分陆厘伍毛。
——《嘉靖四年（1525）吴忠卖田赤契》，《徽州千年契约文书》宋元明编，第2卷，第29页

【合】——（合同）①

【矦】——（侯）

[文书一] 王文矦。
——《之圣公捐资免役合同》，《元至正二年（1342）至乾隆二十八年（1763）（休宁县）藤溪王氏立文约誊契簿》，南京大学历史系资料室藏

[文书二] 立出佃约人汪鲁矦。
——《康熙五十年（1711）汪鲁侯等立出佃约》，安徽师范大学图书馆藏

[文书三] 至三十二代参公为汉高祖功臣，封平阳矦。
——《曹氏统宗支派世便览》，黄山市档案馆藏

---

① "合"，本字常见于合同押缝，不作例举。

【乎】——（壶）

[文书] 锡茶乎二把，大酒乎一把，小酒乎一把。

——《元至正二年（1342）至乾隆二十八年（1763）（休宁县）藤溪王氏立文约誊契簿》，南京大学历史系资料室藏

【勿】——（忽）

[文书] 实田拾六亩五分乙［一］厘乙［一］毛［毫］九系［丝］三勿［忽］。

——《雍正间祁门王鼎盛户实征册》，安徽师范大学图书馆藏

【秽】——（秽）

[文书] 秽妇臭出，永世难收。

——《光绪宋汝良立诉讼拟本》，安徽师范大学皖南历史文化研究中心藏

【扲】——（换）①

[文书] 乾隆十五年（1750）十一月扲五都十图八甲柯志通户丁圣修票讫。

——《顺治十六年（1659）何万良户月字号归户票》，《徽州千年契约文书》清民国编，第12卷，第46页

【J】

【伂】——（价）

[文书一] 谢能静用伂六百贯买受同都谢曙光等名下山地。

——《永乐十七年（1419）祁门县税课局颁税凭》，安徽师范大学图书馆藏

---

① 扲，系"换"字草体。

二　稀俗字例释　/　17

［文书二］面议时值伩银五钱正（整）。
——《嘉靖四年（1525）祁门李德昇卖山赤契》，《徽州千年契约文书》宋元明编，第 2 卷，第 24 页

［文书三］三面议定时值九七色伩银七两。
——《清乾隆三十年（1765）郑锦文立卖茶山田坦契》，《徽州文书》第 1 辑，第 3 卷，第 324 页

【夅】——（降）

［文书一］新立四至，东至坞心上至峰，西至垄分水，南至田，北至夅。
——《万历祁门郑氏置产簿》，南京大学历史系资料室藏

［文书二］其山里至小宅坞，外至黄土坞，东至溪，西至夅，其山号内客人无许栽种苞芦。
——《嘉庆二十二年（1817）祁门凌氏立〈合同文约誊契簿〉》，《徽州千年契约文书》清民国编，第 11 卷，第 330 页

【吅】——（叫）

［文书一］吅人
——《道光十九年（1839）金公支下人等立合同》，黄山市档案馆藏

［文书二］恶钢刀屠氏蚁命，喊邻吅救。
——《光绪宋汝良立诉讼拟本》，安徽师范大学皖南历史文化研究中心藏

【亽】——（今）

［文书一］亽为兴养不便。
——《万历十二年（1584）康仪等分单合同》，《徽州千年契约文书》宋元明编，第 3 卷，第 140 页

［文书二］亽恐无凭，立此卖契存照。
——《天启二年（1622）汪祥寿等立卖山地契》，《徽州千年契约文书》宋元明编，第 8 卷，第 413 页

[文书三] 乀因不便。

——《清乾隆三十年（1765）郑锦文立卖茶山田坦契》，《徽州文书》第 1 辑，第 3 卷，第 324 页

【觔】——（斤）

[文书一] 租三秤十八觔

——《明代程氏置产簿》，安徽省博物馆藏

[文书二] 计租五秤零五觔。

——《乾隆四十一年（1776）胡志华立当契》，黄山市档案馆藏

【勼、龟】——（阄）

[文书一] 各自拈勼，无得异说。

——《咸丰十年（1860）汪程氏立遗嘱》，黄山市档案馆藏

[文书二] 编成福、禄、寿三龟，当堂拈龟为定。

——《民国二十四年（1935）宋启登等立阄书》，安徽师范大学皖南历史文化研究中心藏

【旭】——（九五）①

[文书] 凭中议作时值旭银七两整。

——《元至正二年（1342）至乾隆二十八年（1763）（休宁县）藤溪王氏文约誊契簿》，南京大学历史系资料室藏

【旭、犵】——（九七）

[文书一] 当日面议旭价银三十六两整。

——《乾隆康义祠置产簿》，南京大学历史系资料室藏

[文书二] 当得犵色银十两整。

——《乾隆四十一年（1776）胡志华立当契》。黄山市档案馆藏

---

① 按：旧时常用的数字码（或称柴码、苏州码）中，个位码写法为"丨（一）、刂（二）、 Ⅲ（三）、乂（四）、꜀（五）、𠄎（六）、㇀（七）、亖（八）、夂（九）"。

二　稀俗字例释　/　19

［文书三］立借字汪晓峰。今借到黄名下**𫡙**色银二十两整。
　　——《道光二年（1822）汪晓峰立借约》，安徽师范大学图书馆藏

【**𫡙**】——（九八）
［文书］今借到履泰洋行名下**𫡙**规元银一百两正（整）。
　　——《光绪二十九年（1903）七月十四日义泰隆［号］立借券》，歙县档案馆藏

【**𪮖**】——（九三八）
［文书］其集**𪮖**平纹银二百两整。
　　——《光绪三十一年（1905）立会书》，黄山市档案馆藏

【凥】——（居）
［文书］十一公凥上村古宅，十三公凥中村，十六公凥下村。
　　——程一枝：万历《程典》卷二十一《籍役志》

【拠】——（据）
［文书一］已拠洪寿梅具呈明白批斥，如再不遵理处，定即提究。
　　——《洪乾章立争讼底蕴》，安徽师范大学皖南历史文化研究中心藏
［文书二］有家检合墨，均拠参照。
　　——《光绪宋汝良立诉讼拟本》，安徽师范大学皖南历史文化研究中心藏
［文书三］仍依此文为拠。
　　——《元至正二年（1342）子翌等立阄书》，《元至正二年（1342）至乾隆二十八年（1763）（休宁县）藤溪王氏立文约誊契簿》
［文书四］恐口无凭，立此墨拠。
　　——《光绪三十年（1904）胡万玉立保产墨据》，安徽师范大学皖南历史文化研究中心藏
［文书五］立合墨笔拠人余宗叙。
　　——《道光十七年（1837）余宗叙等立合墨》，黄山市档案馆藏

【㪯】——（举）

[文书一] 已而谋为分业之㪯而告于予。

——《明代祁门赤桥方氏阄书》，南京大学历史系资料室藏

[文书二] 凡有违拗者，即会十甲公㪯呈究。

——《入清源约出晓起约叙记》，安徽师范大学图书馆藏

[文书三] 凡有关外徽都各处善堂义㪯。

——《同治十年（1871）给示勒石上呈》，黄山市档案馆藏

[文书四] 新安翳荫堂司事、㪯人萧国祥等禀。

——《同治十一年（1872）立禁示》，黄山市档案馆藏

【K】

【欵】——（款）

[文书一] 所有分阄条欵另列于后。

——《雍正五年（1727）汪兴等立议合同》，安徽师范大学图书馆藏

[文书二] 讼费遵照嘉庆七年合同所立条欵。

——《同治五年（1866）粤公支孙绪庆等立合同》，黄山市档案馆藏

【L】

【脌、肕】——（腊）

[文书一] 民国四年脌月。

——《民国四年（1915）（婺源）王义生立卖骨租并田皮契》，黄山学院编：《中国徽州文书（民国编）》第2卷，第184页

[文书二] 民国十年脌月吉日。

——《民国十年（1921）王丫头当田契》，《徽州千年契约文书》清民国编，第3卷，第473页

[文书三] 清明并大中公肕祭俱已全停一年。

——《道光二十九年（1849）滋德堂支下立合议》，黄山市档案馆藏

二　稀俗字例释　/　21

[文书四] 民国十六年胐乙月。

——《民国十六年（1927）休宁汪尔昌立杜卖断田租赤契附民国买契》，黄山学院编：《中国徽州文书（民国编）》第2卷，第88页

【乙】——（厘）

[文书一] 廷训田十二亩七分六乙〇三丝九忽。

——《乾隆元年（1736）起至三十年（1765）止王鼎盛户各位便查清册》，写本1册，载李琳琦主编：《安徽师范大学馆藏千年徽州契约文书集萃》，第3册，安徽师范大学出版社2014年版（按：以下凡涉及本资料集，不再标注主编和出版社信息）

[文书二] 张九岭实租六秤三斤，税九分一乙。

——《乾隆康义祠置产簿》，南京大学历史系资料室藏

[文书三] 交纳租英洋贰圆整，不能短少分乙。

——《光绪二十六年（1900）尚德公祠立租约》，黄山市档案馆藏

【籵】——（粮）

[文书一] 切思籵从产出，亩随田当。

——《休宁县职员严秉钺等立具禀》，安徽师范大学皖南历史文化研究中心藏

[文书二] 现因钱籵催缴在即。

——《休宁县十九都三图严丹照禀状》，安徽师范大学皖南历史文化研究中心藏

【刄】——（两）

[文书一] 纹银四刄二钱。

——《嘉靖六年（1527）祁门余进等卖山赤契》，《徽州千年契约文书》宋元明编，第2卷，第44页

[文书二] 其银夏秋刄季支取。

——《康熙二十四年（1685）黄君杰立承揽契》，安徽师范大学图书馆藏

[文书三] 内抵会银六两二钱五分。

——《道光十四年（1834）方嘉祥立遗嘱》，安徽师范大学皖南历史文化研究中心藏

[文书四] 两（一两）、两（二两）、两（三两）、两（四两）、两（五两）、两（六两）、两（七两）、两（八两）、两（九两）、两（一百两）、两（六百两）、两（一千两）

——贺吉甫：《当字初阶》，民国抄本

【谅】——（谅）

[文书] 终属他人之产，念同一脉，谅与私伐，奈园界终属毗连，泾渭未分。

——《嘉庆九年（1804）洪光远等立合议》，安徽师范大学皖南历史文化研究中心藏

【畱、甾】——（留）

[文书一] 一议存畱浮租二百秤，置立簿匣。

——《明代祁门赤桥方氏阄书》，南京大学历史系资料室藏

[文书二] 上下左右各存畱八尺。

——《顺治十四年（1657）三十一都一图张文若立卖山契》，安徽师范大学皖南历史文化研究中心藏

[文书三] 本家即无存畱。

——《嘉靖元年（1522）祁门谢思志等误认坟茔戒约》，《徽州千年契约文书》宋元明编，第2卷，第5页

[文书四] 存甾防后检用。

——《雍正九年（1731）黄集义堂、黄敦义堂立调山条例》，安徽师范大学皖南历史文化研究中心藏

【隆、㒳】——（隆）

［文书一］乾㒳二十八年六月。

——《元至正二年（1342）至乾隆二十八年（1763）（休宁县）藤溪王氏立文约誊契簿》

［文书二］十西都谢思志同侄谢汪㒳。

——《嘉靖元年（1522）祁门谢思志等误认坟茔戒约》，《徽州千年契约文书》宋元明编，第2卷，第5页

［文书三］乾㒳四十年。

——《乾隆四十二年（1777）张思永等立议墨》，安徽师范大学图书馆藏

【M】

【买】——（买）

［文书］一切不明尽是卖人之当，不及买人之事。

——《嘉靖二十九年（1550）吴学儒卖地契》，《徽州千年契约文书》宋元明编，第2卷，第174页

【卖】——（卖）①

［文书一］立契出卖与族李权名下为业。

——《嘉靖四年（1525）祁门李德昇卖山赤契》，《徽州千年契约文书》宋元明编，第2卷，第24页

［文书二］立卖契人郑锦文。

——《清乾隆三十年（1765）郑锦文立卖茶山田坦契》，《徽州文书》第1辑，第3卷，第324页

---

① 买、卖，系買、賣草写。与此相关的又如續，草写为續，價草写为價等。

【枨】——（梅）

［文书］土名枨圫。

——《康熙陈氏置产簿》，南京大学历史系资料室藏

【媺】——（美）

［文书］至于州土沿革，吏治得失，风俗之媺恶，与其人材之众寡，是皆有微旨。

——《新安志》卷首《罗愿序》，光绪十四年（1888）刊本

【緜】——（绵）

［文书］如瓜瓞之緜緜也。

——《智泳公秩下三支合修宗谱序》，方盛昱等修：光绪《方氏宗谱》卷首

【肏】——（命）

［文书］频嘱匪带刀欲谋身肏。

——《民国元年（1912）胡观福立投词》，安徽师范大学皖南历史文化研究中心藏

【厶】——（某）①

［文书］为斩龙截脉，损祖殃生，乞究保祖援丁事。情因身等厶公祖坟，坐落地点厶处。

——《具诉状人厶厶厶仝侄厶厶等》，安徽师范大学皖南历史文化研究中心藏

---

① 陆游曾云："今人书某位厶，皆以为俗，从简便，其实古'某'字也。"参见陆游《老学庵笔记》卷六。

【厶、么、乿】——（亩）①

[文书一] 假造七厶段田租十一秤。

——《康熙五十五年（1716）施文烨立嘱书》，黄山市档案馆藏

[文书二] 东西四至自有经理可照，除德常一十四厶外，以清一十四厶内取柒厶，凭兄明祥为中，逊卖与王德祥名下为业。

——《成化九年（1473）王以清、王德祥等共业合同》，《徽州千年契约文书》宋元明编，第1卷，第188页

[文书三] 田皮共计四十五么，五人均分。

——《乾隆康义祠置产簿》，南京大学历史系资料室藏

[文书四] 其祖遗分受大买田一业，计二乿。

——《乾隆十五年（1750）余二喜等立分单》，黄山市档案馆藏

【N】

【挐】——（拿）

[文书] 定罚白银一两，一半与挐获之人。

——《同治封山禁约》，安徽师范大学皖南历史文化研究中心藏

【念】——（廿）②

[文书一] 光绪念年四月日立揽人江尚友。

——《光绪念年（1894）江尚友立揽字》，安徽师范大学皖南历史文化研究中心藏

[文书二] 兹于前月念九日两相争论生端，各执己见。

——《宣统元年（1909）洪添登等立劝议约》，黄山市档案馆藏

---

① "厶"与"亩"谐音，借用为亩。
② 念即廿，二十。顾炎武云："碑阴多宋人题名，有曰'元祐辛未阳月念五日题'，以廿为念，始见于此。"参见顾炎武《金石文字记》三《开业寺碑》。

[文书三] 旧历九月念七日。

——《洪乾章立争讼底蕴》，安徽师范大学皖南历史文化研究中心藏

[文书四] 民国念六年拾月。

——《民国二十六年（1937）潘观则立租批》，安徽师范大学皖南历史文化研究中心藏

【O】

【毆】——（殴）

[文书] 投为霸奸埋害，叠被毆伤，叩公承究，保命维风事……不但置中约不理，反诬民在山毆伊。

——《洪乾章立争讼底蕴》，安徽师范大学皖南历史文化研究中心藏

【P】

【泒】——（派）

[文书一] 照依丁粮泒去。

——《天启四年（1624）王万德等立承役合同》，《元至正二年（1342）至乾隆二十八年（1763）（休宁县）藤溪王氏立文约誊契簿》

[文书二] 照丁粮派贴泒贴。

——《元至正二年（1342）至乾隆二十八年（1763）（休宁县）藤溪王氏立文约誊契簿》

[文书三] 照山亩泒出公费。

——《雍正九年（1731）黄集义堂、黄敦义堂立调山条例》，安徽师范大学皖南历史文化研究中心藏

[文书四] 刻谱九部，每部泒费谱资银三十两有零。

——《乾隆五十年（1785）钱宗孟公支下立合同》，黄山市档案馆藏

[文书五] 均匀泒搭。

——《民国二十年（1931）方王氏立嘱书》，安徽师范大学皖南历史文化研究中心藏

二 稀俗字例释 / 27

【塝】——（培）①

［文书］并前披塝在上，四围门壁俱全。

——《休宁汪姓誊契簿辑要》，章有义：《明清及近代农业史论集》，中国农业出版社1997年版，第390页（按：下文引用本著，不再标注出版信息）

【匀】——（旁）

［文书］经营堂构，匀置别所。

——《光绪余氏立合议》，黄山市档案馆藏

【毘】——（毗）

［文书］终属他人之产，念同一脉，谅与私伐，奈园界终属毘连，泾渭未分。

——《嘉庆九年（1804）洪光远等立合议》，安徽师范大学皖南历史文化研究中心藏

【捹】——（拚）②

［文书］立出捹田皮约吕渭生。

——《咸丰三年（1853）吕渭生立出捹契》，安徽师范大学皖南历史文化研究中心藏

【凭】——（凭）

［文书一］今恐无凭，立此为照。

——《顺治祁门汪氏抄契簿》，《徽州千年契约文书》清民国编，第

---

① 塝，即培，山区为修造梯田而人为所筑的田垄。
② 捹，即拚，徽州文书多见于山林契约，即为承包成片山林，以经营获利而立的承捹契、捹约、捹字等。据张相《诗词曲语辞汇释》"判"字条载："判，割舍之辞。自宋以后多用捹或拚字，而唐人多用判字"，参见张相《诗词曲语辞汇释》，中华书局1953年版，第641页。关于捹，另参见储小旵等《徽州契约文书语词例释》，《安庆师范学院学报》2011年第9期。

4卷，第49页

[文书二]身等邀同两造，凭中三面钉石为界，各照界限管业。

——《嘉庆九年（1804）洪光远等立合议》，安徽师范大学皖南历史文化研究中心藏

【Q】

【䣊】——（期）

[文书]每年六月十九会䣊立契断骨出卖与本家房弟柏仁名下为会。

——《光绪十年（1884）王得保立卖会股契》，黄山市档案馆藏

【㭍】——（七折）①

[文书]荷蒙吴复泰、金同发二号厚情假货重开，乙丑岁议作四股合做。迨至戊辰年正月，共集成正本㭍钱文陆百两足。绍圭一股应得㭍钱一百五十两正（整）；冠英一股应得㭍钱一百五十两正（整）；施泉二股应得㭍钱共三百两正（整）。

——《清光绪五年（1879）黟县十都章绍丰等立合墨》，《徽州文书》第1辑，第5卷，第269页

【丠】——（其）

[文书]各捐己赀，各书丠人。

——（江西婺源）《武口王氏统宗世谱》卷首

[文书]丠会洋交与首会领用。

——《钱会序》，黄山市档案馆藏

---

① 七折钱，即银一两等于钱七百文。七折钱出现始于清代乾隆以后，特别集中于在江浙、福建等南方地区，其时因铜钱使用日趋增多，银一两 = 钱700文的比价较为稳定，渐渐形成以"两"作为铜钱货币单位。具体参见习俗词条"七折钱"。

二 稀俗字例释 / 29

【斉】——（齐）

[文书一] 以上押**斉**。

——《雍正九年（1731）歙县三十五都六图人等立合同》，安徽师范大学皖南历史文化研究中心藏

[文书二] 东至水坑及路，西至降，南至汪**斉**孙卖与方应祖山，北至练坑口。

——《明代祁门赤桥方氏阄书》，南京大学历史系资料室藏

【赵】——（起）

[文书] 所有承父租数税粮，除存祠产并贴长孙**赵**贵棚上实租八秤，仍有实租二百五十秤，照五股均分。

——《乾隆康义祠置产簿》，南京大学历史系资料室藏

【扦】——（迁）

[文书一] 有开风水**扦**葬者实例，悉凭卅一年九月文约为定。

——《万历三十二年（1604）祁门郑公佑等立〈分山阄单〉》，《徽州千年契约文书》宋元明编，第 8 卷，第 49 页

[文书二] 听从**扦**葬保祖。

——《雍正九年（1731）黄集义堂、黄敦义堂立调山条例》，安徽师范大学皖南历史文化研究中心藏

[文书三] 既卖之后，永无加找、取赎、**扦**葬、生枝等情。

——《民国十二年（1923）歙县毕道星立卖大小买园赤契》，黄山学院编：《中国徽州文书（民国编）》第 3 卷，第 163 页

【糸、孑】① —— （钱）

[文书一] 糸（一钱）、糸（二钱）、糸（三钱）、糸（四钱）、糸（五钱）、糸（六钱）、糸（七钱）、糸（八钱）、糸（九钱）

——贺吉甫：《当字初阶》，民国抄本

[文书二] 每周年二分孑起息……之圣名下人丁粮役银三孑。

——《元至正二年（1342）至乾隆二十八年（1763）（休宁县）藤溪汪氏立文约誊契簿》

[文书三] 支孑八分四。

——《康熙陈氏置产簿》，南京大学历史系资料室藏

【跨】—— （钱）

[文书一] 如刁砍壹根，罚银叁跨。

——《万历十二年（1584）康仪等分单合同》，《徽州千年契约文书》宋元明编，第3卷，第140页

[文书二] 共计官银廿一两八跨七分六厘。

——《休宁县二十一都三图职员汪家连等立具禀》，安徽师范大学皖南历史文化研究中心藏

[文书三] 跨贯。

——《光绪宋汝良立诉讼拟本》，安徽师范大学皖南历史文化研究中心藏

【烁】—— （秋）

[文书] 将中烁会一股会契一道押入祀内。

——《光绪十二年（1886）孙铨汉立欠约》，安徽师范大学皖南历史

---

① 孑，俗体"钱"。在《金大定二十八年（1188）修武县马用父子卖地契》中有"准得价孑壹拾陆贯文"（参见清王昶《金石萃编》卷一五八《真清观牒》附《本观置买地土文契》）。可见，孑字自宋金以来，历代使用，至于民国（参见张传玺主编《中国历代契约萃编》上册，北京大学出版社2014年版，第446页）。

文化研究中心藏

【R】

【𰻞】——（人民币）

[文书] 收𰻞一万三千二百元

——《1954年立收支账》，安徽师范大学皖南历史文化研究中心藏

【𰻝】——（孺）

[文书] 正模公、正模𰻝人两柩。

——安徽师范大学皖南历史文化研究中心藏

【S】

【啇】——（商）

[文书一] 近前啇议。

——《天启四年（1624）王万德等立承役合同》，《元至正二年（1342）至乾隆二十八年（1763）休宁县藤溪王氏立文约誊契簿》

[文书二] 今叔侄啇议，管业不便，凂中前地品搭摽分。

——《明代祁门赤桥方氏阄书》，南京大学历史系资料室藏

【峕】——（时）

[文书一] 峕万历十五丁亥岁（1587）中秋月。

——《明代祁门赤桥方氏阄书》，南京大学历史系资料室藏

[文书二] 峕光绪乙酉岁仲夏月。

——《清末民初胡庆贵办抄本》，《徽州文书》第1辑，第3卷，第412页

【朩】——（叔）

[文书一] 今大受朩便来沙溪……幸勿羁延而令大受朩空返也。

——《元儒公宜兴付大受至沙与子凡索银信》，《元至正二年（1342）至乾隆二十八年（1763）（休宁县）藤溪王氏立文约誊契簿》，南京大学历史系资料室藏

[文书二] 堂**卝**虞书公昔与族伯友章夥租项姓姚家滩土碓二车，造土运售。**卝**殁族伯与分夥，遗贲无几，**卝**长子兄光辉、次子兄光乘同经理勤谨。

——《嘉庆十八年（1813）曹永康等立议墨》，黄山市档案馆藏

[文书三] 族**卝**祖士焞、房**卝**国封。

——《道光十七年（1837）余宗叙立合墨》，黄山市档案馆藏

[文书四] **卝**公由曲阜迁于河南平陵。

——《智泳公秩下三支合修宗谱序》，方盛昱等修：光绪《方氏宗谱》卷首

[文书五] 方**卝**勇。

——《中华民国三十二年（1943）方叔勇立和约》，安徽师范大学皖南历史文化研究中心藏

【属】——（属）

[文书一] 事**属**细微，尔等谊**属**同宗。

——《洪乾章立争讼底蕴》，安徽师范大学皖南历史文化研究中心藏

[文书二] 终**属**他人之产，念同一脉，谅与私伐，奈园界终**属**毗连，泾渭未分。

——《嘉庆九年（1804）洪光远等立合议》，安徽师范大学皖南历史文化研究中心藏

【垫】——（熟）

[文书] 土名列连坑**垫**地四片；土名英家坞口坪**垫**地一片；土名下毛田**垫**地并田二业。

——《嘉庆三十都八图张永树等立合墨》，黄山市档案馆藏

二 稀俗字例释

【糸】——（丝）

［文书一］有外姓糸毫分法。

——《雍正九年（1731）黄集义堂、黄敦义堂立调山条例》，安徽师范大学皖南历史文化研究中心藏

［文书二］地三毛（毫）五系（丝）。

——《康熙五十二年（1713）歙县大阜潘氏祖基词讼》，安徽师范大学皖南历史文化研究中心藏

【肂、肂】——（肆）

［文书一］民国肂年腊月。

——《民国四年（1915）（婺源）王义生立卖骨租并田皮契》，黄山学院编：《中国徽州文书（民国编）》第2卷，第184页

［文书二］肂千肂百。

——《1954年立收支账》，安徽师范大学皖南历史文化研究中心藏

［文书三］眼同交付肂甲现役收领。

——《康熙陈氏置产簿》，南京大学历史系资料室藏

【砕】——（碎）

［文书］各处山场、田地、屋宇、家伙零砕并所置之产业。

——《吴玉福立分单》，黄山市档案馆藏

【歲】——（岁）

［文书一］康熙五十年（1711）辛卯歲起一阐伭熊。

——《入清源约出晓起约叙记》，安徽师范大学图书馆藏

［文书二］李祥，年十五歲，父母双亡。

——《康熙五十二年（1713）歙县大阜潘氏祖基词讼》，安徽师范大学皖南历史文化研究中心藏

［文书三］歲歲递凶，人皆陷于饥馑。

——《道光十二年（1832）滋德堂长吉等立合议》，黄山市档案馆藏

[文书四] 于旧㝰冬月，因承汝私自魃葬。

——《道光十八年（1838）方世显等立议合》，安徽师范大学皖南历史文化研究中心藏

[文书五] 光绪十二年（1886）仲夏月㝰在丙戌。

——《光绪宋汝良立诉讼拟本》，安徽师范大学皖南历史文化研究中心藏

【筭、笶】——（算）

[文书一] 今弟侄等要将前地造屋，众议清筭……今清笶兴成会产土。

——《万历三十一年（1603）王汝傅等立分扒兴成会合同》，《元至正二年（1342）至乾隆二十八年（1763）（休宁县）藤溪王氏立文约誊契簿》

[文书二] 使人指为不足筭者耳。

——《顺治九年（1652）王懋绅等立排年合同》，《元至正二年（1342）至乾隆二十八年（1763）（休宁县）藤溪王氏立文约誊契簿》

[文书三] 往来饭食磨图清笶。

——《乾隆三十八年（1773）吴元璋等立里役合同》，安徽师范大学图书馆藏

[文书四] 前账一概笶明。

——《宣统元年（1909）车田洪添登等立劝议约》，黄山市档案馆藏

【T】

【迯】——（逃）

[文书一] 有仆李册童迯走外都。

——《明代程氏置产簿》，安徽省博物馆藏

[文书二] 其人命盗迯重情，仍许尔不时申报。

——《入清源约出晓起约叙记》，安徽师范大学图书馆藏

二　稀俗字例释　/　35

【㮯】——（桃）
［文书］㮯源拆屋在于康熙四年（1665）。
——《元至正二年（1342）至乾隆二十八年（1763）（休宁县）藤溪王氏文约誊契簿》，南京大学历史系资料室藏

【骵】——（体）
［文书］投为强砍树木，截路逞凶，遍骵重伤。
——《光绪二年（1876）胡维寿立投状》，安徽师范大学皖南历史文化研究中心藏

【𣓠、𣓨】——（條）
［文书一］土名黄羊坑长𣓠。
——安徽师范大学皖南历史文化研究中心藏
［文书二］李家坞地第二𣓨，金竹园地里𣓨。
——《乾隆五十年（1785）吴玉福立分单》，黄山市档案馆藏

【厛】——（厅）
［文书一］拿获之人因伊苦不胜言，央人到厛再四求情。
——《同治金氏封禁山场禁约》，安徽大学徽学研究中心藏
［文书二］为此，泣叩厛长鉴主格恩施仁，赏予复讯，严加惩顿。
——《休宁县十九都三图严丹照禀状》，安徽师范大学皖南历史文化研究中心藏

【𠚺、𠛅】——（图）
［文书一］三十五都一𠚺具禀人潘六等。
——《康熙五十二年（1713）歙县大阜潘氏祖基词讼》，安徽师范大学皖南历史文化研究中心藏

[文书二] 再不累及行苘排年之事。

——《嘉庆十九年（1814）三十都八图十甲人等立合同》，黄山市档案馆藏

【託】——（托）

[文书一] 仍浼託长房懋坤父子回籍勉力承认。

——《元至正二年（1342）至乾隆二十八年（1763）（休宁县）藤溪王氏文约誊契簿》，南京大学历史系资料室藏

[文书二] 身等深知理亏，託中再三恳情，自愿改过。

——《咸丰四年（1854）胡财福立戒约》，黄山学院图书馆藏

【W】

【圩】——（坞）

[文书] 老鸦圩口骨租。

——《老鸦坞口田租清白》，安徽师范大学皖南历史文化研究中心藏

【X】

【汐】——（溪）

[文书] 土名全处小买汐边水田二秤。

——《产业清单》，黄山市档案馆藏

【奀】——（贤）

[文书一] 推入一图一甲施奀信户。

——《乾隆元年（1736）起至三十年（1765）止王鼎盛户各位便查清册》，写本1册，《安徽师范大学馆藏千年徽州契约文书集萃》，第3册

[文书二] （二十九都八图六甲）黄承奀。

——《休宁县都图甲全录》，抄本，安徽师范大学图书馆藏

二　稀俗字例释　/　37

【興】——（兴）

[文书一] 元儒公宜興付大受至沙与子凡索银信……立扒興成会产业。

——《元至正二年（1342）至乾隆二十八年（1763）（休宁县）藤溪王氏立文约誊契簿》，南京大学历史系资料室藏

[文书二] 今为興养不便。

——《万历十二年（1584）康仪等分单合同》，《徽州千年契约文书》宋元明编，第3卷，第140页

[文书三] （七图一图九甲）施大興。

——《休宁县都图甲全录》，安徽师范大学图书馆藏

[文书四] 二房興模、三房興忠。

——《道光二十六年（1846）敦睦堂支孙众等立合同》，黄山市档案馆藏

[文书五] 其棚塝下随身興作厕所。

——《道光十七年（1837）余宗叙等立合墨》，黄山市档案馆藏

[文书六] 毋得复行前辙，滋端興讼。

——《宣统元年（1909）车田洪添登等立劝议约》，黄山市档案馆藏

【兇】——（凶）

[文书一] 见事败露，拔出腰间镰刀，陡起行兇。

——《洪乾章立争讼底蕴》，安徽师范大学皖南历史文化研究中心藏

[文书二] 禀为恃强霸业，理遭兇制，作叩究追。

——《休宁县十九都三图严丹照禀状》，安徽师范大学皖南历史文化研究中心藏

[文书三] 投为恃横兇殴，妹命叵测。

——《咸丰九年（1859）曹奕章立投状》，黄山市档案馆藏

[文书四] 为纵妻兇泼。

——《光绪十八年（1892）汪观日立投状》，安徽师范大学皖南历史文化研究中心藏

【堉】——（婿）

[文书] 讵武劣章某某拨弄伊堉突生觊觎。

——《(清末)某某立投状》,安徽师范大学皖南历史文化研究中心藏

【刻】——（效）

[文书一] 欲刻范公义举毫末之意。

——《元至正二年（1342）至乾隆二十八年（1763）（休宁县）藤溪王氏文约誊契簿》,南京大学历史系资料室藏

[文书二] 且恐刻尤不一。

——《乾隆三十一年（1766）汪亨等立议墨》,安徽师范大学图书馆藏

【酗】——（酗）

[文书] 一议戏场台下或因发生斗殴及酗酒滋事,致有祸端,均与本班无干。

——《民国十六年（1927）新阳春班立揽戏关书》,黄山学院图书馆藏

【孛】——（学）

[文书一] 自愿投到老师名下为徒,习孛裁缝技艺。

——《投师关书》,黄山学院图书馆藏

[文书二] 谨将孛友芳名、束脩开列于后。

——《清方氏立学关》,安徽师范大学皖南历史文化研究中心藏

[文书三] （东南隅三图三甲）夏懋孛。

——《休宁县都图甲全录》,安徽师范大学图书馆藏

[文书四] 詹孛友。

——《光绪二十年（1894）郑顺法立学关》,安徽师范大学皖南历史文化研究中心藏

【Y】

【沇】——（沿）

[文书] 至于州土沇革，吏治得失。

——《新安志》卷首《罗愿序》，国家图书馆藏清抄本

【ᚡ】——（严）

[文书一] 比要亲房名下ᚡ责卖主取赎。

——《入清源约出晓起约叙记》，安徽师范大学图书馆藏

[文书二] 主持风化，扶植弱孤，ᚡ提洪益才父子到案。

——《洪乾章立争讼底蕴》，安徽师范大学皖南历史文化研究中心藏

【炏】——（炎）

[文书] 立会书人王自炏，今蒙诸公雅爱，襄成十人会。

——《(清末) 王自炎立会书》，黄山市档案馆藏

【乚】——（一）

[文书一] 银廿乚两二钱正。

——《道光十四年 (1834) 方嘉祥立遗嘱》，安徽师范大学皖南历史文化研究中心藏

[文书二] 在于友宸堂给领，为（惟）有"君"字号乚部……为谱相争。

——《乾隆五十年 (1785) 钱宗孟公支下立合同》，黄山市档案馆藏

【噟、䭬、叹】——（议）

[文书一] 立噟合同人潘文善。

——《康熙五十二年 (1713) 歙县大阜潘氏祖基词讼》，安徽师范大学皖南历史文化研究中心藏

[文书二] 今叔侄商㦦，管业不便，浼中前地品搭摽分。
　　　　——《明代祁门赤桥方氏阄书》，南京大学历史系资料室藏
[文书三] 嗣㠯之后，若有不端之事，理该公处。
　　　　——《道光二十五年（1845）方士绾等立合同》，黄山市档案馆藏

【囙】——（因）①

[文书] 结缔婚姻尽在该方，何能复回原籍。
　　　——《休宁县十九都三图严氏立禀状》，安徽师范大学皖南历史文化研究中心藏

【囙】——（因）①

[文书] 致囙赔累。
　　　——《嘉庆十九年（1814）三十都八图十甲人等立合同》，黄山市档案馆藏

【㕜】——（银）

[文书一] 其㕜当日收讫。
　　　　——《乾隆四十一年（1776）胡志华立当契》，黄山市档案馆藏
[文书二] 愿罚㕜五钱方免责逐。
　　　　——《乾隆四年（1739）何三公支下立合议》，黄山市档案馆藏

【刂】——（月）

[文书一] 刂（五月初三）批。
　　　　——《康熙五十二年（1713）歙县大阜潘氏祖基词讼》，安徽师范大学皖南历史文化研究中心藏
[文书二] 刂——九月二十六日。
　　　　——《洪乾章立争讼底蕴》，安徽师范大学皖南历史文化研究中心藏
[文书三] 刂——九月二十（日）。

---

① 另有相关异体写法，如囙、囜等。

二　稀俗字例释　/　41

［文书四］🈳——三月二十四（日）。

——《1954年立收支账》，安徽师范大学皖南历史文化研究中心藏

【Z】

【襍】——（杂）

［文书］因各人完娶，所居混襍。

——《元至正二年（1342）至乾隆二十八年（1763）（休宁县）藤溪王氏文约誊契簿》，南京大学历史系资料室藏

【塟、葵】——（葬）

［文书一］倘有风水，一听众人佥葵

——《明代祁门赤桥方氏阄书》，南京大学历史系资料室藏

［文书二］傅兑出以备伯柩埋塟之用。

——《万历三十年（1602）王汝傅等立应齐公产业分单》，《元至正二年（1342）至乾隆二十八年（1763）（休宁县）藤溪王氏文约誊契簿》，南京大学历史系资料室藏

［文书三］有开风水扦塟者实例，悉凭卅一年九月文约为定。

——《万历三十二年（1604）祁门郑公佑等立〈分山阄单〉》，《徽州千年契约文书》宋元明编，第8卷，第49页

［文书四］但住屋葵山我族之业，逆等犹占住葵。

——《乾隆三十一年（1766）汪亨等立议墨》，安徽师范大学图书馆藏

【㸑】——（灶）

［文书一］何奕㸑。

——《乾隆四年（1739）何三公支下立合议》，黄山市档案馆藏

［文书二］将屋宇、厨㸑、基、菜园、熟地、荒山、诸色器皿，一概凭中品搭均匀。

——《乾隆五十四年（1789）吴玉福等立分书》，黄山市档案馆藏

[文书三] 六甲张达三、张荅贵。

——《嘉庆三十都八图张永树等立合墨》，黄山市档案馆藏

[文书四] 潘荅东。

——《光绪三十一年（1905）李玉黄立和约》，《中华民国三十二年（1943）方叔勇立和约》，安徽师范大学皖南历史文化研究中心藏

[文书五] 除卖后段并坐西边厨荅基地，仍存外段合庆一半正屋，西边厨荅、牛栏、厕所一业。

——《光绪二十年（1894）叔三庆等立合议》，安徽师范大学皖南历史文化研究中心藏

【炤】——（照）

[文书一] 亦炤数津贴。

——《顺治十一年（1654）王懋绅等立里长合同》，《元至正二年（1342）至乾隆二十八年（1763）（休宁县）藤溪王氏立文约誊契簿》

[文书二] 炤丁粮派贴。

——《康熙四年（1665）王懋绅等立里长合同》，《元至正二年（1342）至乾隆二十八年（1763）（休宁县）藤溪王氏立文约誊契簿》

[文书三] 定炤议责逐，断不容情。

——《乾隆四年（1739）何三公支下立合议》，黄山市档案馆藏

【正】——（整）

[文书一] 众银廿一两二钱正。

——《道光十四年（1834）方嘉祥立遗嘱》，安徽师范大学皖南历史文化研究中心藏

[文书二] 当得九七色银十两正。

——《乾隆四十一年（1776）胡志华立当契》，黄山市档案馆藏

【戠】——（职）

[文书一] 方茂戠。

——《明代祁门赤桥方氏阄书》，南京大学历史系资料室藏

二 稀俗字例释 / 43

［文书二］二十一都三图耆民汪云辉、㦲员汪家连……㦲族汪敦睦祠祀产，因道光十七年（1837）遭莠丁汪纯椵霸管。

——《休宁县二十一都三图职员汪家连等立禀状》，安徽师范大学皖南历史文化研究中心藏

【𥿄】——（纸）

［文书一］上下进𥿄等件止（只）给饭食。

——《乾隆三十一年（1766）汪亨等立合讼合墨》，安徽师范大学图书馆藏

［文书二］立此合墨六𥿄，各执存照。

——《道光四年（1824）吴昌吉等立合墨》，黄山市档案馆藏

［文书三］立此合墨二𥿄，各执一𥿄为据。

——《道光十七年（1837）余宗叙等立合墨》，黄山市档案馆藏

［文书四］一样四𥿄，各执一𥿄。

——《咸丰七年（1857）冬九立祀产合同》，安徽师范大学皖南历史文化研究中心藏

【寘】——（置）

［文书］以文为司业胡伸、博士毛友所知，数寘优等。

——《新安志》卷七《先达·先君尚书》

【衆】——（众）

［文书一］億房拈得第一阄，衆议地系出面，得开正门，扣地一步。

——《元至正二年（1342）至乾隆二十八年（1763）（休宁县）藤溪王氏文约誊契簿》，南京大学历史系资料室藏

［文书二］衆银二十一两二钱整。

——《道光十四年（1834）方嘉祥立遗嘱》，安徽师范大学皖南历史文化研究中心藏

[文书三] 立合同人玉富公支下￥等。

——《光绪十六年（1890）潘玉富公支下人等立合同》，黄山市档案馆藏

[文书四] 书议已定，支下俱各依议。

——《道光念九年（1849）滋德堂支下立合议》，黄山市档案馆藏

【助】——（助）

[文书] 俱未帮助分文。

——《咸丰十年（1860）汪程氏立遗嘱》，黄山市档案馆藏

【嘱】——（嘱）

[文书] 立嘱书人方王氏……爰立嘱书一样三本。

——《民国二十年（1931）方王氏立嘱书》，安徽师范大学皖南历史文化研究中心藏

【耑】——（专）

[文书一] 方许迁葬，毋任擅耑。

——《雍正九年（1731）黄集义堂、黄敦义堂立调山条例》，安徽师范大学皖南历史文化研究中心藏

[文书二] 今因原便，耑此并请。

——《信札（秉成书）》，黄山市档案馆藏

【垍】——（庄）①

[文书] 土名垍后。

——安徽师范大学皖南历史文化研究中心藏

---

① 按：经调查，垍系"庄"字在徽州民间的俗写。

【凖】——（准）

［文书］期戏凖十月十六日开演。

——《民国十六年（1927）新阳春班立揽戏关》，黄山学院图书馆藏

【棹】——（桌）

［文书一］果子、酒爻一棹辞岁。

——《明代祁门赤桥方氏阄书》，南京大学历史系资料室藏

［文书二］棹三张。

——《元至正二年（1342）至乾隆二十八年（1763）（休宁县）藤溪王氏立文约誊契簿》，南京大学历史系资料室藏

［文书三］至会期现［钱］上棹开摇，点大者得会，点同者尽先不准后。

——黄山学院图书馆藏

【遧】——（遵）

［文书］既系宗亲，事出细微，即应遧处服礼了事……如再不遧理处，定即提究。

——《洪乾章立争讼底蕴》，安徽师范大学皖南历史文化研究中心藏

三 稀俗词索引

【A】

阿、爱继

【B】

白脸银、白色（白穑）、拜盟、伴当、塝、包中、保簿、抱告（抱呈、抱叩）、苞芦、保歇、坌、本位（本边）、便契（便卖契、便换契）、编审册、标拨、摽得、标分（摽分）、标挂（摽挂、摽祀）、宾兴、步、不合

【C】

册里、册年、册书、查刷（清刷）、茶厘、茶科（茶莳）、长养、常酒、常年（常贮）、朝奉、畻、趂口、秤、承揽（包揽）、承充（承顶）、承拚、承祧、程仪（程银）、呈治（陈治）、赤契、斥革、虎、重复交易（重张交易）、抽分、丑、出俵、出顶、出断、出继（出嗣）、出拚、出身、出替、串名、祠匣、从九、凑与（凑便、凑业）、厝基（厝屋）

【D】

大例、大买（小买、大小买）、大租（小租）、大四至（小四至）、

三 稀俗词索引 / 47

代笔、代书、当契（当字）、地保、地楸（地伏）、地骨、地脚、的名、滴水、点卯、典卖（当卖）、佃头、佃头田、佃皮、典契、典首、垫纳、顶首、灯油（灯油租、灯油田）、东主（房东）、都、都保、杜卖（杜断）、断卖（断骨）、断山、独脚会、堆金、兑换契、对客（进身）、段、剟作

【F】

罚戏、罚米（罚银、罚钱、罚酒）、房（支、派）、坊长、飞洒、分关（分单）、分籍（分法）、分水、粪草田（粪草田皮）、风车净谷、风水、浮木（浮苗、浮屋）、浮租

【G】

该、甘约（伏约、戒约、限约）、甘结、降、膏火、告示、割绝字、工食、供息状（供状）、公祀、公匦、公正（公副）、弓（弓手、量手、画手、书手、算手）、共业、骨租、挂栢（挂栢簿）、官版契纸、官会、官人、关书、锅头、稞、过割（起割、推收过割）、柜书（看柜）、归户、归户票（佥业票、纬税票）、归户册（归户纬册）

【H】

亥肉（亥）、和约（和息文约、和息合同）、户丁、花红钱、花分（花拨）、花户、花利（花息）、花押（画押）、还文书、竭、回禄、会股、会酌、婚书、伙约、伙地、伙佃（火佃）

【J】

急公会、寄粮（诡寄）、家伙、甲首、甲户（甲下户）、加批、加添（加价、加找、加绝、贴绝）、嫁妆（嫁妆费）、兼祧、监租、监照、监

分、见背、匠籍（匠户、匠役）、绛帐、角、脚力、借字、晋主、禁步、进主银、旌善亭、经理（清册、弓口册）、阄书（阄分）、酒水钱（酒食银、酒酌）、具结、居间、局、具禀、绝卖

【K】

勘（勠）、砍劉（砍拨）、看倅、客租、坑、挏、口食（养膳、供膳）

【L】

来脚（上手、老契）、来龙（来脉）、兰谱、拦占（占栏）、老人（劝谕老人、理判老人）、力坌（利分、力分）、力人、里户、里书（册书）、理治（理值）、领札（领扎）、另户（另户册）、闪

【M】

毛（系、勿）、梅花银（狮头银、细丝银）、盟誓（誓章）、民田、螟蛉、浼中（央中）

【N】

纳监、能干、粘勾

【P】

扒入（扒纳）、排年、排年会、排日账、牌、盘串、赔胈、朋充（朋应）、配享、披棓、批契（批受）、偏手、票、票唤、平伙

【Q】

七折钱、期票、契匣（贮匣）、契尾、契本、佥业（佥业票）、圲、强中、亲供（亲供单）、清业（清业合同）、清丈、青册（清册）、垆、求趁、娶亲费、全业

【R】

认族书、入泮、孺人

【S】

三四都、山骨、山分（主分）、膳书、上首、上首礼、上忙（下忙，上下忙）、上限（下限）、申明亭、神主、神主银、生理、生放、生息（生殖）、十东都（十西都）、失卯、实征册（实征清册）、世仆（庄仆）、首饰花银（首饰）、首人、束金、刷出、水口、水程（水程字）、税亩、祀会、四柱式、缩脚会

【T】

圵、踏勘（体勘）、坦、梯己、田骨、田皮、添丁银（主丁银、诞子银）、帖（照帖）、贴备、头、投柜、投状（具状、具投）、图、图正（经董）、土库（土库楼）、推单

【W】

外趂（外趁）、纬税票、闻官受税、坞、物事、物故

【X】

现年（见年）、细民、小伙钱、小升（大升）、乡例、歇家、谢中、信鸡（田信、鸡谷、田鸡、信记）、信牌、辛力（辛俸）、巡拦（收课巡拦、直日巡拦）、逊卖（逊与）、循环（循环册、环册）

【Y】

烟户（烟户门牌、烟户总牌、烟户册）、眼同、养老女婿、遗嘱、义男、殷实、银主、英洋、应付、应继、应卯（照卯）、硬租（实租）、原中（原证）、乐仆

【Z】

再醮、栽坌、攒典、择继、掌养、长孙谷（长孙田）、找价（增找价）、折实田、折实租、烝尝、正租、执照、祇当（之当）、秩下、值亭老人、众匦、众存（存众）、中人、中资、嘱书、主力（主坌）、主盟（主议）、柱、住人、庄（庄仆）、准折、砠、族长、胙（颁胙、散胙）

四　稀俗词例释

【A】

【阿】

[文书一] 二十一都二图立卖田契人许**阿**江。今因正用，自情愿将承祖遗受……凭中立契出卖与本都本图荫祠名下为业。

——《乾隆三十二年（1767）歙县许**阿**江立卖田契》，《明清徽州社会经济资料丛编》第一集，第129页

[文书二] 立阄书人**陈黄氏**。今不幸先夫于乾隆五十一年病故，所生三子长子定荣、次子定垡、三子定金……今凭亲族诸各公平无私。自分之后各遵阄书承管，账目归还不得争论异言。恐口无凭，自此阄书永远存照。

——《嘉庆元年（1796）陈黄氏立阄书》，鲍传江等主编：《故纸堆》丙册，北京图书馆出版社2003年版，第15页（按：下文引用本资料集，不再标注编著者和出版信息）

历史时期，妇女姓名或书写为"夫姓+阿+父姓"，如文书一中的"许阿江"。或为"夫姓+父姓+氏"，如文书二中的"陈黄氏"。这两种妇女姓名书写形式在徽州契约文书中颇为常见，据此可以判断事主性别。

【爱继】

[文书一] 立**爱继**书人汪阿祝氏。缘氏夫昌恒八十五世太祖继国公生

有四子，长守雄，二守宪，三守推，四守伍……伏愿自继之后，螽斯蛰蛰，瓜瓞绵绵。欲后有凭，立此爱继书永远兴隆大发存照。

——《民国二十年（1931）汪阿祝立爱继书》，安徽师范大学皖南历史文化研究中心藏

[文书二]立遗嘱人叔娘项叶氏。今凭族戚诸长，将氏平日坐给衣食、田地并自置己田，交与继孙义淞名下收执，以杜争夺……凭同族戚，当以尔父敬宗为子，以尔为孙，兼祧邦彦、邦杰二三两房之后，昭穆相当。伯敬承乃系大宗，例无兼祧之理，其子昭穆不合，氏亦不爱。今将氏坐给衣食田十亩并自置己田逐一列于遗嘱之后，交尔收执。

——《光绪二十五年（1899）项叶氏立遗嘱》，《故纸堆》丙册，第55页

爱继，又称择继，系乏嗣之家于同宗亲属中，按照由亲及疏、昭穆相当原则选择自己中意的继承人，以承继宗祧、门户、家产的继承方式。

在中国传统社会，同宗过继有应继和爱继之别，二者均遵循"同宗过继""昭穆相当"原则。不同之处：其一，应继一般是在近亲范围中"按序命立"，多由族长、房长遵循族规家法规定，为乏嗣之家确立继承人。爱继则于五服之内或服亲之外的同宗亲属中，由乏嗣之家自主选择昭穆相当者为嗣。上引文书二中，项叶氏以"大宗，例无兼祧之理，其子昭穆不合，氏亦不爱"为由，并未选择本家叔伯之子继承，而是从亲房之中另择继承人，系典型的爱继之例。

【B】

【白脸银】

[文书一]（天顺）二年（1458）十月用价白脸银二十七两买到潘士垄户发字二百三十号田一亩四分。

——《明代程氏置产簿》，安徽省博物馆藏

[文书二]今为不便，情愿将前地合得分数，断骨立契卖与侄汪进云名下，面议价白脸银十二两五钱整。

——《明正德八年（1513）休宁县汪大本立卖屋赤契》，《明清徽州

社会经济资料丛编》第一集，第471页

按：张传玺先生认为，白脸银系白银之俗称。①

【白色（白稿）】

［文书一］倘有天虫、**白色**，干旱，眼同千（监）割。

——《歙县汪得和立租田批》，载《明清徽州社会经济资料丛编》第一集，第427页

［文书二］倘有年成［干］旱、黄（蝗）虫、**白稿**，眼同监割。

——《歙县黄汝明立租田批》，《明清徽州社会经济资料丛编》第一集，第432页

白色（白稿）系稻花授粉时花蕊遭受虫害导致稻谷空壳，颜色呈白色，故称。

【拜盟】

［文书］立**拜盟**兄弟人张华鯑、张恒茂、张德章、张正中、张美盛、张耀显、张立功等。尝观桃源义重，众心期慕而敢效其风；管鲍情深，各人追维而欲同其志。况四海之内皆兄弟也，讵得**拜盟**无如骨如（肉）哉！是以大愿敢昭告于天地神祇，期盟定之永固，愿结义若同胞。顾既生虽异日，惟愿死则同时。直敦荇苇之雅，不致角弓之伤。笃棠棣之情，无蹈阋墙之衅。若安乐则向堂恭让，以序天伦；忧患则口原急难，以御外侮。但自盟之后，尚未得聚议之所，然皆相道欲建。聚议之堂所聚文人，故遂名曰"文义"，以将传于后世。爰集共谋，所以建之大举，踊跃争先。各竭其力，以为经营之资；各输其财，以为造作之用。正道当施，决无推委之意，以致堂成，奚非聚议之所哉。《传》曰"有志者事竟成"，其是之谓乎。惟愿自此以来，式好无尤；更期从兹之后，情深有永。准缔结永以常新，全始终有所依倚。故立此记，俾后之人得以观览。特作一式七纸，各持一纸永远兴隆大发存照。

大清光绪丁丑年（1877）正月上浣立**拜盟**兄弟人：张华鯑、张恒茂、

---

① 张传玺：《中国历代契约会编考释》，北京大学出版社1995年版，第773页。

张德章、张正中、张美盛、张耀显、张立功

执笔：张立功书

——安徽师范大学皖南历史文化研究中心藏

拜盟兄弟，即结拜兄弟。

在徽州，关于义结兄弟的文书除了拜盟性质的合同外，还称为兰谱文书，参见【兰谱】条。

【伴当】

[文书] 又将土名胡头七亩，计租一砠，佃人潘**伴当**，系阙字一千五百六十五号。

——《崇祯八年（1635）余阿蒋等卖田赤契》，《明清徽州社会经济资料丛编》第二辑，第 126 页

伴当即奴仆。叶显恩先生认为，伴当系"地主家内奴仆，这些奴仆承担家内生活上的劳役，而非用于生产"[①]。

【塝】

[文书一] 身愿出土名石板桥头屋基坦，该身股法（份）。东至良玉地界，西至方姓地界，南至后**塝**地，北至前**塝**地税，出助于族内迁造支祠。

——《嘉庆二十五年（1820）裔孙温行等立迁造支祠合同》，黄山市档案馆藏

[文书二] 屋墈下兄今意欲加塝改造……镶砌新塝。

——《道光十七年（1837）余宗叙等立墨据》，黄山市档案馆藏

塝，俗称一块土地的边缘、界畔。《古歙乡音集正》有"俗谓厓畔曰塝，砌以石曰石塝，又曰'**倒**岸'"[②]。

[①] 叶显恩：《明清徽州农村社会与佃仆制》，安徽人民出版社1983年版，第233页。
[②] 黄宗羲：《古歙乡音集正》抄本，复旦大学图书馆藏。笔者按：黄宗羲，字莲颜，号印斋，歙县人。

四　稀俗词例释　/　55

【包中】

[文书一] 立借约人<u>项福生</u>。今凭**包中**<u>毕君达</u>借到<u>汪</u>名下干谷一石整。约至来年新出加利三斗，一并送还，不得欠少。今恐无凭，立此借约存照。

——《康熙四十八年（1709）项福生立借约》，转引自章有义《明清徽州土地关系研究》，中国社会科学出版社1984年版，第120页（按：下文引用本著，不再标注出版信息）

[文书二] 立搪晚谷字人<u>李尔遐</u>。今将该身轮派经收<u>珉</u>公正租，预拟湖陂段、梅村坞两处，计租额二十四秤。现搪到<u>子湘</u>贤弟名下洋银二元整。其洋当日是身同中领讫。其后每洋甲村上秤，计谷六秤半，共成十三秤。两处田谷余者不在搪内，当中面谷色必要鲜明，毋得异说。恐口无凭，立此搪谷字为据。

光绪十三年（1887）五月二十五日立搪晚字人：<u>李尔遐</u>

包中：侄<u>品超</u>

亲笔

——黄山市档案馆藏

包中，独立担保人，或独立承担契约证信的中人。笔者认为，包中具有民间职业中人性质。

【保簿】

[文书] 立当契人<u>王子厚</u>。今因乏用，自情愿将昔年当过<u>朗玉</u>叔土库屋基地一号……其四至自有**保簿**，开载不在（再）行写。

——《元至正二年（1342）至乾隆二十八年（1763）（休宁县）藤溪王氏立文约誊契簿》，南京大学历史系资料室藏

保簿，即鱼鳞图册。

明朝建立后，在基层社会推行黄册和鱼鳞图册制度。黄册推行是以里甲制度为基础，重在编制人户；鱼鳞图册实施是以宋元以来的都保为单位，重在丈量以登记土地权属，一般每都下设10保。明代中期以前，每保依据千字文设置一个田土字号，因鱼鳞图册编制和实施与都保密切

相关，故称为"保簿"。

【抱告（抱呈、抱叩）】

[文书一] 绅衿、妇女、老幼、废疾，无**抱告**及惟有**抱告**年未成丁者不准。

——《乾隆三十九年（1774）祁门县诉讼文书》，《徽州千年契约文书》清民国编，第1卷，第385页

[文书二] 据十八都三畐（图）贡生<u>王大瑗</u>**抱呈**<u>汪升</u>具禀前事，呈称：缘生有祖墓坐落十七都四畐（图），土名郁源、西充塘等处，系陶字四千六百二十三、四、五、三十八、四十一号等号，均属全税全业。

——《乾隆五十一年（1786）休宁县告示》，《徽州千年契约文书》清民国编，第2卷，第48页

[文书三] **抱告**胞侄<u>进祥</u>，被大碣族恶洪<u>长久</u>、<u>益才</u>、<u>新保</u>、<u>新发</u>等霸奸嗔卖，强夺凶殴，经中劝调，先发朦控事……为此，恭遣胞侄<u>进祥</u>**抱叩**宪厅长，恩准传提<u>洪益才</u>父子。民伤稍愈，自当随传来庭质讯。

——《民国六年（1917）十月抱告洪进祥禀底抄件》，安徽师范大学皖南历史文化研究中心藏

抱告，又称抱呈、抱叩，是清代一项重要的诉讼制度，规定官员、绅衿、妇女、老幼、废疾等涉及诉讼须遣他人代理，不能作为告诉主体。

如清刑律规定，"绅衿、妇女、老幼、废疾"等，无抱告或抱呈，一般不予受理。① 即官吏、生员、绅衿、妇人及老幼、有残疾者，准许他们派遣亲戚或家丁代替诉讼。抱告分两种情况：一是无诉讼能力者，为须遣抱告。如以上文书三中，当事人被凶殴致伤，由胞侄抱告，并声称"民伤稍愈，自当随传来庭质讯"。二是非无诉讼能力而身份特殊者，为得遣抱告，如以上文书二。

另外，抱告如系原告，年老及有疾病的人，除告谋反罪、叛逆及子孙不孝等外，准其派令同居亲属代告，所告不实，罪坐代告人。如系被

---

① 参见《徽州千年契约文书》清民国编，第1卷，第390页。

告，若妇人所犯不是重罪，可提其子侄、兄弟代审。①

【苞芦】

[文书] 其山里至小宅坞，外至黄土坞，东至溪，西至夅（降），其山号内客人无许栽种**苞芦**。今欲有凭，立此承租约存照。

——《嘉庆二十二年（1817）祁门凌氏立〈合同文约誊契簿〉》，《徽州千年契约文书》清民国编，第11卷，第330页

徽州俗称玉米叫苞芦。

据民国《歙县志·舆地志·风土》载："山农盛于东南，种不宜稻，多植玉蜀黍，俗名苞芦。"自明代玉米传入中国，因徽州多山，适宜垦植，至清代曾吸引大批外来移民入徽，种植苞芦以及其他经济作物。

【保歇】

[文书] 今凭亲族将楼屋加典银六两整，前去代理应役、**保歇**、值柜各项使用，日后程万实回赎，执此加典文契为照。

——《崇祯十五年（1642）休宁程氏立〈置产簿〉》，《徽州千年契约文书》宋元明编，第4卷，第415页

保歇是"保户"和"歇家"之缩称。就县域"保歇"而言，是县衙与乡民之间的中间机构，实乃政府为催征赋役和词讼审理之方便而设置的一种职役。②

【垒】

[文书] 具誓状分山首事盛，为恳神鉴殛事。情因瞳内山场，东自住后，起至龙潭合岸石壁坞止。近因人心不古，俵卖无算。有以小**垒**而绊大**垒**者；更有无**垒**而冒有**垒**者。有以重**垒**而挟私诈利者，微**垒**贩重受献

---

① 刘子扬、陈锵仪：《清代六部成语词典》，天津人民出版社1990年版，第315页。
② 胡铁球：《明清保歇制度初探——以县域"保歇"为中心》，《社会科学》2011年第6期。

而谋典。

——《乾隆二十八年（1763）盛氏立山场誓状》，上海图书馆藏

坌，或称力坌，多见于徽州山林文书，含义有二：一是指山林经营权（田皮）；二是指垦殖山林的付出的劳力代价，称力坌。

【本位（本边）】

[文书一] 与吴彦璋相共，**本边**分得里截其山新立四至，东至凹口，西至彦璋山，南至降，北至坑。

——《成化十八年（1482）祁门吴彦文卖山赤契》，《徽州千年契约文书》宋元明编，第1卷，第211页

[文书二] 今因户役，自情愿将前山地**本位**合得分籍，尽数立契出卖与郑安信分下子孙凑便为业。

——《嘉靖十三年（1534）郑泽等卖地白契》，《明清徽州社会经济资料丛编》第二辑，第229页

[文书三] 十三都康二毛同康忻承祖买受山一号……作五股相分，本支一大股，四股中**本位**二人各得一分。

——《嘉靖十九年（1540）祁门县康二毛等立卖山契》，《徽州千年契约文书》宋元明编，第5卷，第279页

本位（本边），指个体对屋宇、田地、山林的所有权份额。在传统徽州，因分家析产，带来"地权分籍化"，即家户之间既存在细小的、个体权属明确的份额地权又彼此相互关联的地权占有形态，此种情形在徽州宗族内部相当普遍。本位、本边多俗称这种错综复杂的分籍地产等。

【便契（便卖契、便换契）】

[文书一] 立**便契**人胡兆林。今因欠少正用，自情愿将……屋基、田地共三号，凭中立契出便与堂叔公名下为业，听凭做种、起造并坐（做）众出入道路。

——《乾隆五十八年（1793）胡兆林立便契》，安徽师范大学皖南历史文化研究中心藏

[文书二] 立**便卖契**人方厚卿。缘前清父置习字五百三十九号，土名

丰堨大买熟田二亩一业……凭中**便卖**与胡锦庭师弟名下为业。

——《中华民国四年（1915）方厚卿立**便卖**契》，安徽师范大学皖南历史文化研究中心藏

［文书三］立**便换契**人方广居。缘身承祀之产不应出卖，今蒙族中允许以业换业之宗旨，爰将……四至之内，尽行立契出**便换**与亲房方高顺名下为业。

——《民国八年（1919）方广居立**便换契**》，安徽师范大学皖南历史文化研究中心藏

便契（便卖契、便换契），系民间产业流动而书立的一种契约形式。便契多属亲邻之间私相授受，为便于经营管理等而因时立约，大多未经闻官过割。特别是亲邻之间因零碎分籍土地不易经营，而通过"便卖""便换""凑便""出便""取便"形式予以解决。

【编审册】

［文书］乾隆二十七年四月立**编审册**。雍正四年戴永昌户，告明新立

新收地一分六厘九毫八忽，拱字二百二十、三十号，土名隆阜楼园，买本都 图七甲戴永道户。地一亩五分五厘七毫九丝五忽，拱字二百二十六、九号，土名仝，买本都十一图六甲戴诚谦户

共折实田一亩二分七厘四毫五丝五忽

——《乾隆二十七年（1762）立戴永昌户编审册》，安徽师范大学图书馆藏

编审册系清代前期实行编审赋役制度所形成的册籍。

清初以后，编审册籍凡五年编审一次。上引材料系"休宁县十八都十二图九甲戴永昌户编审册（雍正四年至乾隆二十六年）"，地点为"休宁县隆阜"，册籍分别记载了"雍正四年、雍正九年、乾隆元年、乾隆六年、乾隆十一年、乾隆十六年、乾隆二十一年、乾隆二六年"戴永昌户田土异动情况，可见五年一编审的实际运作。

清代编审所编造的册籍除了径称编审册外，又有推收册、实征册等

之谓。① 编审册与明代以来的黄册既有继承性的一面，即册籍亦采取旧管、新收、开除、实在四柱式登载事产。所不同的是，编审册关于田产登记，采取的是"折实田"，也就是将山、地、塘等土地面积，各按一定比例而均折成相应的田的亩数。②

编审制度是伴随明代一条鞭法实施到清代雍正摊丁入亩正式施行这一赋役制度改革过程中，于清代前期推行的一种过渡性举措。康熙五十一年（1712），议准"滋生人丁，永不加赋"。雍正七年（1729）前后实行"摊丁入亩"，即完全实施一条鞭法和地丁合一的条件下，编审制度丧失其历史功能。乾隆三十七年（1772），清政府宣布"嗣后编审之例，着永行停止"，编审制度终被废止。③

【标拨】

[文书] 日后倘有不测，可将幼男文大另立户籍，**标拨**田粮四石与文大，其余产粮除各人已买外，所有富户差役，俱系三男掌管。

——《成化二年（1466）祁门叶材等互争财产帖文》，《徽州千年契约文书》宋元明编，第1卷，第183页

"标"同"摽"，标拨即"摽拨"，"摽"含有标明产业并进行处置的意思，关于"拨"，[日] 滋贺秀三认为，"拨"是指从家产中分出。④"标拨（摽拨）"多见于分家阄书或清业文书中。分家阄书有时就称作"摽书"。

如上所述，"摽"意为标明财产来源、数量、范围、类型、等差、价格等，在典籍文献记载中亦有反映。如《三国志·吴志·鲁肃传》载"肃不治家事，大散财货，摽卖田地，以赈穷弊，结士为务"，这里的"摽"含有"标价"之谓。又如《名公书判清明集》有"但摽拨产业，自为殡葬之资"，这里的"摽"亦与"标"通，具有"标明"之义。⑤ 徽

---

① 栾成显：《明代黄册制度》，中国社会科学出版社2007年增订本，第241页。
② 同上书，第234—236页。
③ 同上书，第239页。
④ [日] 滋贺秀三：《中国家族法原理》，法律出版社2002年版，第143页。
⑤ 《名公书判清明集》卷七《户婚门》。

州文书中，"摽拨""摽得""摽分"多与分家析产有关。

【摽得】

[文书]十一都朱新志，今有承祖有摽分山地一片，坐落本都七保，土名前岸，系经理朝字号。本家**摽得**前岸坞口上边山地大小五块。

——《正德十五年（1520）祁门朱新志立卖山赤契》，《徽州千年契约文书》宋元明编，第1卷，第378页

按："摽得"即分家析产明确摽分所得之财产。参见"标拨"条。

【标分（摽分）】

[文书一]其山与伯郑厚等共**标分**得，本位兄弟合得一半，计山二十七亩三十步。

——《成化十五年（1479）郑文俨等立卖山白契》，《徽州千年契约文书》宋元明编，第1卷，第206页

[文书二]**摽分**产土只照肥硗租数为则，不以亩步阔狭为拘。

——《隆庆六年（1572）祁门方佐等立阄书》，《徽州千年契约文书》宋元明编，第5卷，第451页

"摽"同"标"，摽分即对家产数量、类型、形态进行详细标的，在此基础上均分家产。参照以上"标拨"条。

【标挂（摽挂、摽祀）】

[文书一]约计地税三分，内仆坟存留与伊**标挂**。

——《万历六年（1578）祁门李蒲溪等立卖火佃基地赤契》，《明清徽州社会经济资料丛编》第二辑，第348页

[文书二]各处祖坟**摽祀**定式：九世祖昭二朝奉葬本里留充中垄亥向，经理吊字八百四十八号。

——《万历二十三年（1595）祁门谢㯶等立〈忠孝议约〉》，《徽州千年契约文书》宋元明编，第6卷，第452页

[文书三]户内祀田税粮银会上帖（贴）纳，日后倘大挂、小挂，俱乙（一）挂，许身收租**摽挂**。

——《崇祯十三年（1640）立〈玘祥公会田地文契抄白〉》，《徽州千年契约文书》宋元明编，第 10 卷，第 258 页

标挂，或作摽挂、摽祀，古墓祭之俗称，即于节令时日在坟头挂纸钱，以祭扫祖墓。

据《古歙乡音集正》云："清明之候，上冢扫墓，祭毕，标以纸钱，谓之标挂，又曰挂钱。按：古无墓祭之文，宗子在他国，庶子无庙。孔子许墓祭，以时祭祀。汉武诏有司拜扫以为荣。魏武祭乔公，墓祭始此。唐开元敕寒食上墓。"① 又，民国《歙县志》载："清明沿唐代遗风，家家插柳于户，上冢增封，悬纸钱于墓，名曰挂纸，亦称标祀。"② 再如，民国《芜湖县志·地理志·风俗》云："清明日人家皆插柳枝于门，是日相率上冢。赍牲醴、焚纸钱致奠于草际。既祭，植一纸标于冢上，名曰标祀。"

【宾兴】

[文书] **宾兴**之岁，大江南北两省之士皆试于金陵，而水陆兼程，道里之远，徽州为最。

——《绩溪捐助**宾兴**盘费记》，载《绩溪捐助**宾兴**盘费规条》，刊本 1 册，安徽省图书馆藏

宾兴，即乡试。由古代荐举贤能进入官学发展而来。

【步】

[文书] 东南隅三畾（图）立地契人夏无期，原因江宅六房共为保祖，缺用无［从］出办，将承祖火佃空地一片，坐落土名包隐庄，系新丈鞠字一千六百六十四号，计**步**式百九**步**三分，税八分三厘柒毫。

——《天启元年（1621）休宁夏无期立卖火佃地赤契》，《徽州千年契约文书》宋元明编，第 4 卷，第 44 页

"步"系我国古代长度单位，历代定制不一，一步或五尺、或六尺。

---

① 黄宗羲：《古歙乡音集正》抄本，复旦大学图书馆藏。
② 石柱国修，许承尧纂：民国《歙县志·舆地志·风土》。

自先秦以来，以步度亩，如横一步，直百步或二百四十步为亩。据《明史·食货志》记载："五尺为步，步二百四十为亩。"及至清代，丈量土地以"弓"代"步"，弓、步均为五尺。又有《大清会典》卷十七，《户部》："五尺为弓，二百四十弓为亩。"

早在宋代，国家清丈采用亩、角、步规制，即四角为一亩，亩下为步（参见赵彦卫《云麓漫钞》）。到了明代，官府规定的面积度量单位为亩、分、厘、毫等。而从徽州相关文书看，明代前期，徽州民间仍存在以亩角、亩步为土地面积度量和计算单位，属于传统习惯的延续。明代中期以后，"亩步"基本上不再使用，田地面积多以"亩分厘毫丝忽"等作为度量单位。

【不合】

[文书] 十六都<u>汪春清</u>等，于今年正月间自**不合**令男荣乙，前到十五都<u>郑仕索</u>原葬祖坟。在本都四保，土名张捕港，坟林内砍掘杉木枒杪，致被<u>仕索</u>家寻获，要行告理。

——《成化二十三年（1487）<u>汪春清</u>等为盗木事立甘罚文约》，《徽州千年契约文书》宋元明编，第1卷，第234页

"不合"，徽州口语，意为"不该，不应该"。

【C】

【册里】

[文书一] 四都十图立合同人<u>汪元昌</u>、<u>廷簠</u>，原承祖<u>真税</u>二公支下子孙充当十甲**册里**，世守无异。

——<u>章有义</u>：《明清及近代农业史论集·徽州地主分家书选辑》，第383页

[文书二] 收税会票

三十三都二畕（图）遵奉县主爷为攒造黄册事。据本都本畕（图）十甲<u>方春</u>户丁<u>方永明</u>字　号　则　地税　四分　土名。万历四十年九月买到本都六畕（图）八甲<u>李立用</u>户丁<u>李绶纲</u>　麦　米

万历四十一年（1613）四月廿一日**册里**：方泰

　　　　　　　　　　书手：张子宁

　　　　　　　　　　算手：詹伕象

　　　　　——《徽州千年契约文书》宋元明编，第3卷，第434页

[文书三] 推税票

五都四图**册里**，当算程积仁、邵幺禅、郑广大奉县主印契推收事。今据五都四图四甲邵禹功户内，推水路埝胡村巷口田，税二亩。

顺治七年（1650）七月二十二日推入九都一图四甲陈户，据此付票以便注册此照

　　　　　——《康熙休宁县陈氏置产簿》，南京大学历史系资料室藏

[文书四] 休宁县三十三都捌图**册里**谢良爵，遵奉县主明示，为编审经国之要务等事，理合验契推收。

　　　　　——《康熙五十年（1711）收税票》，安徽师范大学图书馆藏

册里，即册年里长之简称。

明代推行黄册里甲制，110户为里，每年由1户里长户和10个甲首户承役，轮流值役，10年一周，黄册每十年一大造。黄册制度规定，每里第十甲排年轮值十年大造的现年里长，因由其专管黄册攒造与钱粮推收，故称"册年里长"，或"黄册里长"。其下设书手、算手等，而书算手又多由册里兼任。因此，册里即"册年里长""黄册里长"之简称，是各里第十甲排年里长。其中不少里分，里书以及平时钱粮推收等，皆由册年里长兼管。①

【册年】

[文书一] 其税粮候至**册年**推入买人户内办纳。

　　——《顺治休宁朱氏〈祖遗契录〉》，《徽州千年契约文书》清民国编，第4卷，第200页

[文书二] 所有地税现遇**册年**，听买人收割过户输纳。

　　——《天启元年（1621）黟县汪文奎立卖山赤契》，《明清徽州社会

---

① 参见栾成显《明代黄册研究》，中国社会科学出版社1998年版，第245、350页。

经济资料丛编》第一集，第367页

册年，即大造黄册之年。明代规定，黄册每十年一大造，每值造册之年，各户的人丁、事产均需重新查算，所有各户"其田地等项，买者从其增添，卖者准令过割"。①

【册书】

［文书一］立承管约人黄记仁。今承到本家黄记寿户应充四甲**册书**，前去应官点卯，领本图底册造递年实征，十年内当官开局公宴等项支费，至大造之年，京府县册各甲排年黄册对同，请排年酒席及上司催趱**册书**，一应使用杂差，尽是身承管支应，三面议定津贴银肆拾柒两整。

——《弘光元年（1645）黄记仁立承充册书文约》，《徽州千年契约文书》清民国编，第1卷，第5页

［文书二］立议合同十一都五图三甲、四甲、五甲、六甲、八甲、九甲、十甲等。原自分图，税册清楚，钱粮早完。因一甲户丁汪茂父传子袭，充当**册书**，至今三十余载，年久成奸。各甲税册是实，丁甲是虚，飞粮走税，或多或少，是以人心不定，钱粮拖欠。

——《雍正元年（1723）余盛等立承充册书合同》，《中国徽州文化博物馆馆藏文物集·徽州文书卷》，西泠印社2014年版，第63页

［文书三］立议合同人鼎採同弟鼎揎侄福铨、福錩，缘因父手所置屋宇田地产业，情因于咸丰二年阄分，商于**册书**花拨，意欲各纳各粮，不料**册书**要费太重。

——《咸丰二年（1852）罗鼎採立纳税合同》，《故纸堆》丙册，第25页

［文书四］立议合同约人吴盛德册。今因允功公支下人等相议，各户商量自愿复做**新册书**，所费之资照户均出，各户拈阄为定。凭中面言每年各户照阄经管**册书**一年，理论每年做册里每户出钱三十五文，挨年做册。高册准于芒种前，高册不得延搁。各户每年出干豆三升，倘有粮差催粮吃用、伙食、使费，挨年经管**册书**人支应承值，不

---

① 转引自栾成显《明代黄册研究》，中国社会科学出版社1998年版，第27页。

管花户之事。

——上海交通大学藏

册书（或称里书），顾名思义，系登记和编造赋役册籍的人员，属于明清里（图）甲制下的基层职役。在明代里甲制下，一般"每里设立里书一名，专管本里田亩推收造册"①。入清以降，编审册的登记编造亦"皆由图蠹把持，图书掌握"②。这里的"图蠹""图书"即"册书"。册书之役需要精通书算，熟悉里（图）甲情况，故多世袭。如以上文书二中，"汪茂父传子袭，充当册书，至今三十余载，年久成奸"，此例即属父子世袭。

【查刷（清刷）】

[文书一]（每年）将手册呈告家长，遍示家众，**查刷**收支无弊，家长大书"事完无弊"四字于当年手册上，方收入匣。

——《〈窦山公家议〉校注》卷7，《银谷议》，黄山书社1993年版

[文书二] 所得赏银亦立一匣，遇本房清明算账之日与他**清刷**，毋许侵入肥己。如刷出照数倍罚。

——《明代祁门赤桥方氏阄书》，南京大学历史系资料室藏

[文书三] 丈量土地发票并后归户票须要公正、副亲笔图书为凭。及经手管保任事人，每日**查刷**清白，以革弊端。如误坐在经手，不得贻累他人。

——《顺治四年（1647）吴杰孙等立清丈合同》，安徽师范大学图书馆藏

[文书四] 收租办祭，固属司值肩任，而所收之租，与所办之祭，若无**查刷**，恐其有误。至于各村派丁或生或故，附近不查，远派尤属难稽。但老能干已成古人，理宜安享祭祀。而新能干名虽登龛，其人现在者多祠事谙练，即故者之子孙，耳闻目见，亦熟识祠事。其**查刷**之任，义毋

---

① 《编审事宜》，安徽省图书馆藏。参见栾成显《明代黄册研究》，中国社会科学出版社2007年版，第244页。

② 《清经世文编》卷三〇《户政五》。参见栾成显《明代黄册研究》，中国社会科学出版社2007年版，第244页。

容辞。是以甲午集众公议，仍着戊子能干四十八人，递年专管，就近**查刷**上下进主。所有远近品搭三班挨换**查刷**。一切祠事，每班内或拈阄，或公举总理三人注名于值年牌上，三年一换。逢换之年春分日交递，周而复始，轮管挨班者，务各尽心竭力，方无愧能干之名。

——《绩溪黄氏家庙遗据录》卷一，《祠制·能干查刷》，咸丰刊本，安徽省图书馆藏

在徽州，"刷"具有查找、查验、审查之义。查刷（或称清刷），即登载、查验、审核账目。从相关记载看，能够充任查刷者，一般均稍通文墨、精于书算，熟悉公众事务。

【茶厘】

[文书] 是以因公集议，询众筹谋，佥同有成规之可守，非踵事而增华。或取济于**茶厘**，或取资于铺项，各宜踊跃无吝捐输，庶几集腋成裘，鸠工告竣。

一祠内支丁今年所办茶箱往申江出售者，照箱数每箱捐曹平纹银壹钱正，由肇泰经收，当付祠内执照。

一议本祠内支丁，今年办茶出口外售卖者，照件数每件捐曹平纹银贰钱正。

一议本祠内支丁在于江浙所开茶行，照行内本年共做生意数目，每钱壹千文捐钱壹文。

——《同治七年（1868）徽州至德祠公议条规》，《故纸堆》丙册，第30—31页

茶厘，本是清代国家向茶商所征收的税课名称，属于清代厘金的一种。以上材料中所谓的"茶厘"系宗族为捐修祠堂而临时向族内茶商征收的银钱。

【茶秄（茶秣）】

[文书] 康熙四十九年（1710）九月初二日再批：炭松弯**茶秄**地壹块，所有四至，东至随岭直下，西至随水，南至本家竹园，北至大朋茶秄为界，面议定早谷玖秤，酒十并（瓶），价银陆钱正。

——《婺源胡姓土地契约选录》，章有义：《明清及近代农业史论集》，第444页

科或作"蒳"，徽州俗称茶叶树丛为"茶科"。《汉语大字典》："科：植物粉蘖、聚生而成的丛。"

【长养】

[文书一] 迩因子姓繁衍，心殊事异，火盗之类无人救治，山场尽致荒芜。齐议分拆各业以便栽插**长养**苗木。

——《万历三十二年（1604）祁门郑公佑等立〈分山阄单〉》，《徽州千年契约文书》宋元明编，第8卷，第30页

[文书二] 立包**长养**文书人吴贵孙、吴加贵、吴尚文、吴明祥等。今包到家主……山一号，松杉苗竹**长养**成林，山主不得另拚与外人。

——《乾隆二十四年吴贵孙等立包长养文书》，安徽师范大学图书馆藏

长养，或称掌养、蓄养、栽养，徽州重视山林保护和利用，往往通过村族集体栽养，或招佃养植，使山林充分成长，直至完全成材。成材的山林发卖所得，由山主和长养人按照一定比例进行收益分配。在徽州文书中，因长养山林而订立的合约文书颇为多见。

【常酒】

[文书] 的于每年十二月辞岁之日，并兑常年无异。生丑二斤，米二小升，豆二小升，好**常酒**各人二碗，与饭一餐。

——《明代祁门赤桥方氏阄书》，南京大学历史系资料室藏

常酒，即常年酒的简称，系家族、宗族每年用于祭祀、贺岁的礼酒。

【常年（常贮）】

[文书一] 社屋充火佃纳**常年**开具于后：邵社**常年**银二钱四分整；李高**常年**银二钱四分整；汪七该**常年**银二钱四分整；胡新得该**常年**银二

钱四分整；王大时该**常年**银二钱四分整。的于每年十二月腊八日兑**常年**。①

——《明代祁门赤桥方氏阄书》，南京大学历史系资料室藏

［文书二］今公众协议，将各房伙佃文书契墨概入本祠，其递年交纳**常贮**及应工等事悉照各房分籍管业。

——《顺治九年（1652）祁门李良春等立保业合同》，《徽州千年契约文书》清民国编，第1卷，第38页

常年，又称常贮，系庄仆每年缴纳给佃主的银钱或财物（如鸡、炭等）。常年一般于每年年终缴纳，作为回馈，佃主会赐给仆人酒肉、粮食等。从上举文书一可以看出，伙佃（即庄仆）每年缴纳的常年银均为二钱四分。在明清徽州，佃仆多隶属于特定的宗族或家族，因此，常年一般交予宗祠或房派的当年管理者予以积贮，又称常贮。

【朝奉】

［文书一］府君廷宏**朝奉**，生于洪熙乙巳年（1425）十二月十七戌亥时，没（殁）于景泰癸酉年（1453）二月十九日吉时，见（现）葬菜子坑与祖妣同穴。

——《正统休宁李氏宗祠簿》，《徽州千年契约文书》宋元明编，第5卷，第58页

［文书二］先年凭中出佃到田主吴**朝奉**名下为业，已经得价交业。

——《乾隆十七年（1752）祁门陈英加价佃约》，《徽州千年契约文书》清民国编，第1卷，第317页

在今皖南徽语中，孙辈称爷爷常用"朝奉"一词，儿媳称公公也常用"朝奉"。此外，徽语中指称祖父还常用"奉""老朝""朝奉"等词。

"朝奉"最初表示一种官名，宋时是有名无实职，朝廷供给俸禄的一种文散官名。宋人常对无官职的人称以官名，"朝奉"也常被用来尊称士人。南宋以降，随着经济的发展，城市、商业、商贾渐渐活跃和繁荣起

---

① 按：所引资料中的"该"系徽州"欠钱"之俗称。

来,"朝奉"一词也被引入这一领域,作为对富豪、店主的称呼。明清以来,"朝奉"一词开始成为对盐店、典当等行业里店员的称呼。① 胡适先生指出,通常社会上流行的"徽州朝奉"一词,便是专指当铺里的朝奉来说的;到后来就泛指一切徽州士绅和商人了。② 据《古歙乡音集正》载:"宋宝佑二年追封三太师右丞相程元凤敕诰有云,五服之亲或授承奉郎官之爵,母妻姻戚遥授朝奉郎职之名,故程之长老至今称承奉,歙之父老至今称朝奉。朝奉郎阶七品,妻称孺人。"③

【塍】

[文书] 立杜卖大买田契人<u>王兴荣</u>,今因正用,自情愿将文字壹千零八号,计田税四分正,土名郑家舍,计田壹大坵,田**塍**、茶柯(蒳)、杂木、地坦一应在内。

——《民国十九年(1930)三月歙县王兴荣立杜卖大买田契》,转引自<u>汪柏树</u>《民国徽州的孪生土地卖契》,《黄山学院学报》2012 年第 2 期

塍(又作畦、塍),即田埂。

《古歙乡音集正》有"田塍,音绳,田中畦埒也。又作'田畦',音成"。④ 畦埒即田埂。

【趁口】

[文书] 身自幼向在苏郡江湾帮店**趁口**,家务重大,辛力微不能支给。多蒙吾叔<u>有辉</u>及亲友扶持,合伙开店生理,竭力苦创,颇觅微利。

——《乾隆休宁黄氏〈家用收支帐〉》,《徽州千年契约文书》清民国编,第 8 卷,第 315 页

趁口即谋生、营生的俗称。《汉语大词典》"趁口"条:"糊口,混饭吃。"

---

① 任朝霞:《"朝奉"及其文化意义》,《文史研究》2002 年第 6 期。
② 转引自王振忠《"徽州朝奉"的俗语学考证》,《中国社会经济史研究》1996 年第 4 期。
③ 黄宗羲:《古歙乡音集证》,抄本,复旦大学古籍部藏。
④ 同上。

【秤】

[文书] 立卖契人<u>洪金富</u>同侄<u>春生</u>，有承祖民水田一备，坐落本都九保八百六十一号，计丈则二百零三步七分五厘，与石公相共，本身田公实得乙（一）百零乙（一）步八分七厘五毫，计递年实监租三**秤**有零。

——《<u>崇祯二年（1629）洪金富</u>等卖水田白契》，《徽州千年契约文书》宋元明编，第4卷，第283页

作为权衡轻重的"秤"，在徽州文书中颇为常见。关于秤，清人俞正燮云"今黟（县）称租则以二十斤为一秤"；又云"今黟（县）之砠、秤二十斤"。① 刘和惠认为，徽州租量以秤、砠计，每秤、砠一般为老秤（16两秤）20斤，但高的有25斤、28斤，低的有16斤。②

然揆诸徽州地方文献和文书，徽州各地秤的类型及其轻重差异很大。如《窦山公家议》涉及秤的种类有"窦山公秤""报慈庵秤""大秤""官秤""公秤"等之谓。且秤与斤之间的比例关系亦不等。如根据乾隆间祁门县康氏文书，其中有"乾隆四十四年桂祖公祠租数税粮开派"记载，具体如下：

> 乾隆四十四年（1779）仲春月初十日清立册底
> 朱儿山租四秤七斤买受康文贵
> 又买康起贤租六秤三斤
> 又买郑起会租五秤
> 又康奇龙租十斤八两
> 共租十六秤八斤半③

以上共涉及4宗田产，笔者累计其总租数为15秤20斤8两，而原载总计为16秤8斤半，二者对比可见，1秤为12斤，1斤为16两。再依据《鼎

---

① 俞正燮：《癸巳存稿》卷十《石斗升》；卷十《宋秤》，黄山书社2005年点校本，第411—412页。
② 刘和惠、汪庆元：《徽州土地关系》，安徽人民出版社2005年版，第69页。
③ 《乾隆间康义祠立置产簿》，南京大学历史系资料室藏。

元文会同志录》记载：

> 王淡园文会输租肆拾贰秤壹觔拾叁两；王兆文会输租叁拾叁秤；王师禧祀输租叁拾秤；王义建会输租贰拾壹秤伍斤；王济祀输租贰拾壹秤；王瑞祀输租拾捌秤叁觔；王师圭输租拾叁秤；王三召祀输租拾贰秤；王师圢输租拾壹秤肆觔；王邦成祀输租拾壹秤；王邦本祀输租拾秤伍斤；王古槐祀输租拾秤；王屏山祀输田地租拾肆秤伍觔；王三阳祀输租拾秤；王宪之祀输租拾秤；王德风祀输租拾秤肆觔拾肆两；王仕铣输租拾秤；王西祀输租玖秤伍斤；王朝俊输租柒秤伍斤；王宗元祀输租陆秤叁觔肆两；王耕山祀输租陆秤；王文义会输租伍秤；王也趣祀输租伍秤；王义昌祀输租叁秤伍觔；王学轼祀师芸共输租陆秤；
>
> 共租叁百叁拾柒秤陆觔拾伍两①

以上系《鼎元文会同志录》中关于"鸿溪王氏"25宗捐输租数，原载捐租总计为337秤6斤15两，而笔者对25宗捐输租数作统计，凡333秤45斤31两，对比二者之间的进位关系，换算出1秤为10斤，1斤为16两。

综上，徽州文书中的秤与斤的比例关系，尚需视具体地域、具体情况而论。

【承揽（包揽）】

[文书一] 立<u>承揽</u>人<u>程楚珍</u>。今揽到<u>程棣华</u>堂名下，缘因一甲册籍经管之人已故，无人承管。今将一甲册籍并地业租息及贴费银叁两交托<u>楚珍</u>收管生息，完纳钱粮营米并造册使费，十年一次。该轮里保二役，俱系<u>楚珍</u>承当管办，不涉托人之事。日后<u>楚珍</u>不管，仍将一甲册籍并地业及贴费银叁两交还棣华堂，任凭另择人管理，两无异说。此系两相情愿，倘有外人异言，经手所托之人出来理论，不涉<u>楚珍</u>之事。恐口无凭，立此揽约存照。

---

① 《鼎元文会同志录》1册，上海图书馆藏。

再批：原来赤契一纸<u>程圣治</u>拨地税契一纸、税票一张俱存<u>楚珍</u>处，此据。

乾隆四十二年（1775）七月日立承揽约人：<u>程楚珍</u>

凭中：<u>程庚元</u>

代笔：<u>程暎皋</u>

——《徽州千年契约文书》清民国编，第 2 卷，第 4 页

[文书二] 立议**包约**人<u>程茂秀</u>。今有侄<u>明老</u>承当四甲里长，为因侄商外不识于中事体，两相情愿**包揽**，侄凭中议定里役中杂用等件柒两前去承役，催取钱粮上纳在官，在乡一应事情是身承当，不涉侄事。恐后无凭，立此包约存照。

其有飞差买谷等事不在此内

弘光元年（1645）正月　日立包揽约人：<u>程茂秀</u>（押）

中见人：<u>程朝宗</u>（押）、<u>程熟贤</u>（押）

——《徽州千年契约文书》清民国编，第 1 卷，第 7 页

承揽（包揽），即承包，在徽州文书中，有关赋役、众务、山林经营与管理等方面的承揽契颇为常见，此类契约或称包约、揽约、承拚约（参见"承拚"条）等。

【承充（承顶）】

[文书] 立合同人<u>邵文端</u>。祖充三甲里长，岂遭丁粮消乏，难以应役。今遇大造，率众子侄嘀[商]议，有本图<u>汪文谏</u>，殷实丁粮，上素秉公，直具词告县，准投<u>汪文谏</u>户**承充**。遵县造明，两无异说，恐后人心不一，凭中议立合同，一应钱粮等项，<u>汪文谏</u>催办，并无累及<u>邵文端</u>子孙。里甲相按[安]，<u>邵文端</u>户钱粮并无得过取……<u>邵文端</u>三房人等今领原封在何旦名下汪银，尽行领讫。

——《明万历汪氏合同簿》，南京大学历史系资料室藏，转引自黄忠鑫《明清徽州图甲绝户承继与宗族发展》，《安徽大学学报》2014 年第 6 期

承充，本指充任里役。本例中涉及的"承充"含有"承顶"之义，即指因某一族姓继承性的里（图）甲赋役户籍难以维继而发生的户籍转

让，一般承顶者需要支付不菲代价方能获取赋役户籍。

由明至清，由于一里之内里长户役相互牵制，承顶一般在一里范畴内予以调适和异动，为新兴殷实之户获取里甲赋役户籍并借此提升自身社会经济地位提供了条件。需要提及的是，承顶涉及赋役户籍的变更，与通过津贴而招揽专人承管里甲赋役的"承揽""承管"又有不同之处。①

【承拚】

[文书一] 立**承拚**契人王月盛。今拚到王、黄、金三姓名下土名沙根圫柴树山一号，上至降，下至山脚，里外至老截为界，四至之内是身承拚去，入山砍斫。三面言定时值价九九典钱八千文正。其钱当即各股付讫，其山来历不明尽是出拚人承当，不干承拚人之事。今欲有凭，立此承拚契存照。

再批：其山柴木面议本年十二月下山，不得过期。又照。

道光二十五年（1845）二月初十日 立**承拚**契人：王月盛（押）

仝**出拚**代笔：涧泉（押）

——《徽州文书》第 4 辑，第 5 卷，第 24 页

[文书二] 立**承拚**契人青邑徐永成。今拚到汪、黄、凌、江四姓名下山一号，系三四都八保名株枫坑头，律字五百七十九号，东至降，西至胡张贵地，南北至山。四至之内在山杂柴是身拚砍斫做货出水，三面言定价纹银三两整。其银当即兑足付讫，其山来历不明，出拚人承当，不干承拚人之事。自成之后，两无增减反悔。今欲有凭，立此拚契存照。

乾隆四十六年（1781）三月十二日立**承拚**契人：青邑徐永成

中见人：黄圣旺、凌义顺

代笔：汪景儒

——《徽州千年契约文书》清民国编，第 11 卷，第 220 页

"拚"（音 pin），叶显恩先生认为，拚即扫除之意，后引申为割、砍

---

① 参见黄忠鑫《明清徽州图甲绝户承继与宗族发展》，《安徽大学学报》2014 年第 6 期。

伐。① 在徽州文书中，"抃"多出现于山林经营管理的契约中，抃契是研究徽州山林经济重要资料。其中，以承揽人为主体承租山林称承抃，签订的承租契约称为"承抃契"。

【承祧】

［文书一］立议继书<u>曹阿江</u>。今因翁姑俱亡，夫早丧，子尚锦不育，茕茕孤孀，**承祧**为重。特央伯公、叔公、伯、叔及诸亲眷等，敬请翁姑夫君神主，三面立继<u>尚廉</u>为儿，以承宗祧。继产无多，仅屋一所付与继子。其租尽阿食用，百年之日衣衾、棺椁、造坟、殡葬费用。外倘有余田，输入望於公会内。其屋并各会次俱付继子管业，外人不得争竞。门户事务继子承理，所存租课要八房眼同支用，不得私自交易。果系正务要弃产支用，继子不得拦阻。<u>阿江</u>支给缺乏，亦在继子措办。今欲有凭，立此继书一样八张每房各执一张永远存照。

——《雍正七年（1729）<u>曹阿江</u>立议继书》，黄山市档案馆藏

［文书二］惟我等三人先得有子者，愿将此子**承祧**其脉，并无存坐产业分毫，预定章程，各愿无悔。

——《光绪三十三年（1907）<u>汪嘉澍</u>等立分家合墨》，黄山市档案馆藏

祧，本指远祖之庙，承祧即承接宗祧，系无子乏嗣之家，于服亲乃至同宗之内，按照由近及远，昭穆相当的原则选择继子，以承担门户。

【程仪（程银）】

［文书一］其除分籍之外，仍存有众租，以作子孙有能诗书，奋志青云者，每科应试卷资**程仪**取用。计开：县试 发**程银**五钱。府试 发**程银**一两。院试 发**程银**一两五钱。科试发**程银**四两。

——《乾隆十三年（1748）祁门汪姓阄书》，章有义《明清及近代农业史论集》，第323页

［文书二］生童观风每人给盘费钱二百四十文。文童应院试者，每人

---

① 叶显恩：《明清徽州农村社会与佃仆制》，安徽人民出版社1983年版，第118页。

给**程仪**钱壹千文。文生岁试，每人给**程仪**壹千文。文生科试与贡监录科者，每人给**程仪**钱壹千四百文。生童院试考古者，每人给费用钱陆百文。以上生童**程仪**俱到郡城高发，经手发**程仪**者，议贴钱五百文以为换钱搬钱资用。

——《鼎元文会同志录》，刊本，1册，上海图书馆藏

程仪，又称程钱、程银，本指路费、盘缠。《汉语大词典》云："程仪，旧时赠送旅行者的财礼。"

上引资料中的程仪系指资助参加科考应试的盘缠。

【呈治（陈治）】

[文书一] 身知理亏，不愿到官，自愿托凭本境里长浼主恕身初犯，情愿立还服文，以后再不敢仍前大胆妄为。如违，再听主家**呈治**，甘罪无词。

——《祁门程姓庄仆文书》，章有义《明清及近代农业史论集》，第370页

[文书二] 今自过门合亲之后，自当侍奉舅姑二尊。即管干公私门户等事，务在精勤，毋致怠惰。二亲存日决不擅自回家，百年之后倘要回宗，听从自便。如违，一任经公**陈治**，仍依此文为用。

——《洪武元年（1368）李仲德入赘文约》，《徽州千年契约文书》宋元明编，第1卷，第23页

"陈治"即"呈治"，系经官或经公追究罪过。

在明清徽州契约中对悔约责任的承当，往往明确标明"听主呈治""经公呈治"以及"赍文告理""闻官理治"等格式化表达。反映国家法律和官方强制是规范传统契约关系的根本。国家、地方官府的政治性支配力量长期作用，并形成为常设性制约因素始终内化于普通民众心理，成为支撑民间契约秩序的终极约束力。

【赤契】

[文书] 立议字人邵华轩、萧锦文等。今有王星彩将原买吴姓基地一契，坐落北门东岳庙左首，四至界段以及砖井、粪檐墙、树木一切等件，

俱照原买**赤契**执业。

——《道光六年（1826）邵华轩等立杜卖字》，安徽师范大学图书馆藏

赤契（或称红契、官契），系土地交易中，经过闻官纳税，履行过割，钤有官印的契约。

元代陶宗仪《辍耕录》载："红契，买到者则其元（原）主转卖于人立券投税者是也。"① 赤契是合法契约，而无官印者为漏税契约，即所谓"白契"。南宋李心传《建炎以来朝野杂记》云："人多惮费，隐不告官，谓之白契。"② 白契是非法的契约，但在民间仍大量使用。

【斥革】

[文书] 通告。为**斥革**支丁事。查本族支丁恩荣、步熊，前因得贿卖族，纠众哄祠，当经全族集议，开列条件从宽办理。该支丁自愿遵照条件具书悔过，一面并函请省、县示禁在案。现查步熊尚能安守本分，姑从免。议惟恩荣仍复怙恶不悛，结党横行，实属难再姑容，应将恩荣即树荣照规立即**斥革**，以儆效尤。除呈县备案外，特此通告。

民国十年（1921）八月大阜潘敦本祠白

——《故纸堆》丙册，第125页

斥革，是针对"怙恶不悛，难再姑容"的不法族众，而实施革除族籍的严厉惩处，并通告全族，"呈县备案"。

在传统徽州，宗族组织深深控制着基层社会。对于族内关系，宗族具有仲裁权乃至处置族人权，斥革即系宗族惩处"不肖族众"之一重要手段。在聚族而居的徽州，族众一旦受到失去族籍的斥革，则生不能入祠，死不得入祀，意味着其生存权利、人生价值和社会地位的巨大否定。此类斥革文书虽颇有遗存，然并不多见。

---

① （元）陶宗仪：《辍耕录》卷一七《奴婢》。
② （宋）李心传：《建炎以来朝野杂记》甲集，卷一五《田契钱》。

【坑】

[文书] <u>鸿楷</u>公，字<u>楷圭</u>，葬外坑。

——《先公小传》，黄山市档案馆藏

坑，自高向底的山势俗称坑。

【重复交易（重张交易）】

[文书一] 未卖之先即无家外人**重复交易**，来历不明卖人之当。今恐无凭，立此为照。

——《徽州千年契约文书》宋元明编，第2卷，第2页

[文书二] 此业从前至今并未典当他人，亦无**重复交易**。此系两相情愿，并无威逼、准折等情。

——《徽州社会经济资料丛编》第一集，第189页

[文书三] 十五都郑进同弟郑逐。今承曾祖买受山一块，坐落九保，土名文潜住后。今有族叔<u>郑昂新</u>等说是伊祖克哗于正统七年通号买受。凭中辨验，本家买契在景泰六年，系甘**重复**，不愿争论。立还认契将重契随缴，听自<u>昂新</u>弟侄前去照契管业，本家并无异说。今恐无凭，立此认契为照。

——《徽州千年契约文书》宋元明编，第2卷，第58页

[文书四] 未拚之先，与内外人等并无**重张交易**。

——《咸丰三年（1853）<u>吕渭生</u>立出拚契》，安徽师范大学皖南历史文化研究中心藏

[文书五] 未卖之先，与内外人等并无**重张交易**，如有不明等情，是身自理，不干买人之事。

——《光绪二年（1876）<u>李美瑜</u>等立出卖清明会约》，黄山市档案馆藏

重复交易，在徽州婺源县文书中，往往称为"重张交易"（如文书四、五），是指为谋取利益，将同一不动产复次出卖（如文书一）、出典（如文书二）不同受业人的行为。

在徽州文书中亦常见因重复交易产生纠纷（如文书三）。历史时期，国家法律严禁土地重复交易，如《大明律》规定："若将已典卖与人田宅，朦胧重复典卖者，以所得价钱计赃，准盗窃论，免刺，追价还主，田宅从原典买主为业。"① 因此，经过长期规范，"未卖之先并无重复交易"作为格式化条款和表达形式，体现于民间契约之中。

【抽分】

[文书一] 调全己业，不能不召人看守，若与仆人看守，立例要严，务必主仆得体，以正名分。不可令仆专权，有失业主纲领。或**抽分**、或拚价，其力分须看山之远近，然后多寡抽与，勿令厚于业主，自取跳梁之辱也。

——《雍正九年（1731）黄氏立赞字号山册》，安徽师范大学皖南历史文化研究中心藏

[文书二] 自今议定，日后杉木山主得七分，长养斫做得三分，松树山主对半**抽分**。

——《乾隆二十四年（1759）吴贵孙等立包长养文书》，安徽师范大学图书馆藏

[文书三] 报信者二八**抽分**，拿赃者三七**抽分**。

——《中国民国三十四（1945）年桐川合村人立禁约》，安徽师范大学皖南历史文化研究中心藏

抽分，指山林经营中，抽选合适林木发卖取得的收益及其分配。

【丑】

[文书一] 的于每年十二月辞岁之日并兑常年［银］无异，生**丑**二斤，米二小升，豆二小升，好常酒个人二碗。与饭一餐，计早米一小升，熟亥、**丑**串一枝，计重二两。

——《明代祁门赤桥方氏阄书》，南京大学历史系资料室藏

[文书二]（胡）云鹄婚娶各项使用：五月初四日送聘期，聘金英洋

---

① 《大明律》卷五《户律田宅·典卖田宅》。

叁拾贰元

……平酒一砠，亥本栏猪，**丑**六拾斤（大秤）折洋叁元，面八斤。

——《光绪二十四年（1898）祁门胡廷卿立收支洋蚨总》，《徽州千年契约文书》清民国编，第 16 卷，第 467 页

丑，牛肉。徽州文书中常见用十二地支"丑牛""亥猪"中的"丑""亥"分别俗称"牛肉""猪肉"。

【出俵】

[文书] 立自情愿**出俵**清明会次约人<u>李苑青</u>。原承父分有<u>土相公</u>一户，下马会一户，起马会一户，今因正用，自情愿央中将清明会次出俵与<u>品超</u>族侄名下为业。当三面言定时值价洋银二元整，其洋是身收领足讫，其利常年二分行息。未俵之先，与内外人等并无重张交易，如有不明等情是身自理，不干买人之事。恐口无凭，立此为据。

再批：其清明会次实当得洋银二元整，其利常年二分行息，候至有洋之日照算，将本利送还取赎无异。

光绪十四年（1888）十月念二日立出俵清明会次约人：<u>苑清（青）</u>

中见：堂兄<u>百禄</u>、

胞兄<u>喜禄</u>

亲笔

——《光绪十四年（1888）<u>李苑青</u>立出俵清明会次约》，黄山市档案馆藏

出俵，即出当。以"出俵"简称的当契多见于婺源县相关契约中。

【出顶】

[文书一] 立顶粪草田字人<u>汪士德</u>。今因缺用，自愿将土名白杨干白圲里大路下田贰坵，计税三亩，凭中将粪草田尽行**出顶**与<u>汪</u>名下。

——《歙县汪士德立顶粪草田批》，《明清徽州社会经济资料丛编》第一集，第 231 页

[文书二] 立顶约人<u>方士美</u>。今因正用，自愿将土名三角蟾小买柴山一业，并松杉杂木一应在内，四至照依原形管业。凭中立约**出顶**与<u>方士</u>

英名下为业。

——《歙县方氏抄契簿》，安徽大学徽学研究中心藏

[文书三]查小买名色，即俗称顶首，昔年有以在田青苗工本议价**出顶**者，后即有刁佃霸持田业，私议顶头，混称小买者。致控告抗租霸种之案层见迭出，亟应整饬，以挽刁风。

——《咸丰八年（1858）徽州府歙县正堂告示》，转引吴秉坤《清代至民国时期徽州田面赤契现象探析》，《黄山学院学报》2009年第2期

出顶，系民间有关田地私相授受、转让的一种习惯做法，多出现于小买田土、租佃关系之中，由此产生"顶契"或"顶约"。这类契约一般未经过官府，多以白契形式存在。如梁治平通过考察民间习惯法认为，出顶是佃户不经地主知晓而将田"私相授受"，具有买卖性质，但是不用卖契的形式。①

【出断】

[文书]其山于上年间**出断**与本都郑福生、郑福宁、王龙生、胡胜保、程祖应、黄胜得、胡乞祖、胡志宗等八人，砍**剏**栽垒杉木，长养在山。

——《成化祁门胡氏抄契簿》，《徽州千年契约文书》宋元明编，第5卷，第134页

"出断"，又称"断卖""断骨""杜卖""杜断""杜绝""割根""绝卖"等，常见于土地买卖契约中，凡此种种，均含有一次性彻底卖断之义。

明初田土占有关系与租佃关系未曾分化，即使交易契约中出现"断骨"或"尽行出卖"，均指出产人一次性卖给受产人。然而，从遗存徽州文书看，景泰年间徽州契约中开始出现"田骨"字样。② 反映明代前期徽州即出现"田骨（地骨）"与"田皮（地皮）"的分化。这种分化反映到

---

① 梁治平：《清代习惯法：社会与国家》，中国政法大学出版社1996年版，第85页。
② 《景泰四年休宁县三十一都陈以成等立卖田契》，安徽省博物馆藏，转引自刘淼《明清时期徽州民田买卖制度》，《阜阳师院学报》1987年第1期。

徽州契约上，在明代中期即出现了"出断""断卖"等概念。

及至清代，"断卖"契约更加普遍。究其原因，由明至清，民间土地关系流动中，普遍存在"绝卖"和"活卖"，"找价""找贴""回赎"等习俗。卖主在土地原卖之外，一次或多次向买主索要契价之外的钱银，或卖主反悔要求回赎田地，因此，一次性产业买卖契约中，"出断""断卖"等表达，集中体现了买者维权的诉求。

明清时期，地权分化带来交易复杂化，"民间细故"的纠纷和诉讼日趋增多，而日益受到国家和官府的重视。如清代雍正八年原定"如契末载绝卖字样，或注明年限回赎者，并听回赎；若卖主无力回赎，许凭中公估找贴一次，另立绝卖契纸。"至乾隆十八年，为了减少找赎纠纷，定为"如系典契，务于契内注明回赎字样；如系卖契，亦于契内注明永不回赎字样，其自乾隆十八年定例以前，典、卖契载不时之产，如在三十年以内，契无绝卖字样者，听其照例分别找赎，若远在三十年以外，契内虽无绝卖字样，但未注明回赎者，即以绝产论，概不许找赎。"（参见光绪《大清会典事例》）

【出继（出嗣）】

[文书一] 立**出继**文书**昌仁**。兹缘服兄**昌辅**乏嗣，贸汉病故，亲族合议，挨派承嗣，义不容辞。愿将长子乳名**灶进出继**与**昌辅**嫂名下为己子，听凭使唤抚养成立、婚配等情。现嫂在汉未归，所有一应门户祠事以及田产屋宇，均归身与胞兄一同管理，抚育成人。如嫂他日回乡，原业归宗。自祧之后，惟愿光大门闾，克昌厥后。倘有天寒时气，各安天命，并无翻悔等。恐口无凭，立此**出继**文书永远大发。

——《光绪九年（1883）胡昌仁立出继书》，《明清徽州社会经济资料丛编》第一集，第577—578页

[文书二] 立**出继**文书字人**许宏贵**。情缘身先考**垚**公所生三子，长**正富**，次**正辉**，身考**正亮**居三。因二房**正辉**公长子**宏云出继**长房**正富**公为嗣，次子**宏桃**未婚过世，本支乏嗣，身自情愿将亲生一子名叫**来喜出继**承祧**宏桃**公为嗣。

——《中华民国三十一年（1942）许宏贵立出继书》，安徽师范大学

皖南历史文化研究中心藏

[文书三] 立**出嗣**书人<u>程郑氏</u>。昔因先夫文基生育三子，长<u>筱炳</u>，次<u>万禄</u>，<u>三遂全</u>。长、次两子均已先后完婚，长筱炳于三十一年间被征入伍，不久因病而殇，长媳鲍氏自主再醮于人，与余家不涉。先夫之胞兄<u>文池</u>逝世无后，凭公商妥，兹凭亲族公正人等，愿将三子<u>遂全</u>继与<u>文池</u>伯父名下为嗣，以承宗祧。

——《中华民国三十七年（1948）程郑氏立出嗣书》，安徽师范大学皖南历史文化研究中心藏

出继（又称出绍、出嗣、顶继等），即有子之家将己子出继乏嗣之家为嗣，所立文书称为出继书（或出绍书、出嗣书、顶继书等）。

在传统社会，无子乏嗣家庭的继承方式主要为同宗过继、异姓收继、招赘等方式。关于同宗过继（过房）。《唐律疏议》即规定："无子者，听养同宗于昭穆相当者。"① 自唐宋迄至明清，同宗过继成为无子乏嗣之家继承方式的主流。同宗过继又有"立继"和"命继"之别，《名公书判清明集》有"立继者，谓夫亡而妻在，其绝则其立也从其妻。命继者，谓夫妻俱亡，则其命也当惟近亲尊长"②。也就是说，立继多由寡妻决定，而命继主要经由宗族尊长主持。

【出拚】

[文书一] **出拚**瀛源桥会众姓人等。今将本会兴养土名余坑大培山杉树一备眼仝面提六十株。今因本会修造桥梁正用，合会商议自愿立契出拚与<u>刘志善</u>客人名下前去做造出水。三面言定时值价九九囗典钱九千三百五十文正。其钱言定当日兑楚，比即契价两明。其树背地不得多砍，如违，多砍每株罚钱五百文。其山来历不明，尽系会内人成（承）当，不干客人之事。今欲有凭，立此拚契存照。

再批：其树三月内一并做造下山。又照。

---

① 《唐律疏议》卷十二《户婚·养子舍去"疏议"》。
② 《名公书判清明集·户婚门的例语》。

道光廿三年（1843）二月二十二日 立**出拚**契人本源桥会众姓人等

——《徽州文书》第 4 辑，第 2 卷，第 420 页

[文书二] 房东郑定、佛右、一诚、维烈四大分等。今将十六都四保，土名张弯企山浮杉松木十备，其界上至黄滕坑口界，下至上坞公界。本家坟后来龙，并屋后即杀牛弯浮杉松木**出拚**与倪南明、陈付旺、汪师保名下。

——《万历十六年（1588）郑定等立拚约》，《徽州千年契约文书》宋元明编，第 3 卷，第 198 页

"拚"（音 pin），叶显恩先生认为，拚即扫除之意，后引申为割、砍伐。① 在徽州文书中，"拚"多出现于山林经营管理的契约中，拚契是研究徽州山林经济重要资料。其中，以所有者为主体出租山林称出拚，签订的出租契约称为"出拚契"。

【出身】

[文书一] 四邻有侵害者，在己业之家出费，众业主**出身**协力共攻，不得徇情退缩。

——《雍正九年（1731）黄集义堂、黄敦义堂立调山条例》，安徽师范大学皖南历史文化研究中心藏

[文书二] 合族商议复控，诚恐人心不齐，无人承值。**出身**告理，敷合费用，每股议出一人出身三四人，敷合庶无差误。自立合同之后，各宜同心协力，毋得退缩徇私，致误众事。如违等听凭执文祠内惩治，不许入祀。恐后无凭，立此合同一样四纸各收一纸存照。

乾隆二十六年（1761）二月初六日立合同文约人：清股秩下**出身**：以遑，敷合：以超、以赵、惟淑、惟志、发祖；华股秩下**出身**：效宪，敷合：以显、惟记、以瑀、士诚；顺股秩下**出身**：以通，敷合：应礼、应科、以济、惟镛、时科；惠股秩下**出身**：时丰，敷合：接寿

——《祁门县二十二都红紫金氏文书》，《徽州文书》第 1 辑，第 10 卷，第 165 页

---

① 叶显恩：《明清徽州农村社会与佃仆制》，安徽人民出版社 1983 年版，第 118 页。

出身，系代理或出面解决公众紧要事务的人，多见于宗族管理和诉讼文书中。

【出替】

[文书一] 立<u>替字</u>胡鸣玉。今因不便，自情愿将承祖所遗<u>权</u>公冬至会一股，身得一成，凭中**出替**与侄名下，听从更名入会。得受价银三两三钱整，其银随即收足。其会内每年胙肉、饼及轮挨头首派籴荳、生抽、分羡钱，概听买人收受。并会内所存产业等项，概归买人分得，本家毫不留存。立此替字存据。

乾隆五十七年（1792）二月 日立替字：<u>胡鸣玉</u>
凭中：侄德培

——黄山学院图书馆藏

[文书二] 立批字人<u>黄叔辉</u>。今本家有空户，名<u>可久户</u>，今**出替**与御六侄名下装粮，当得银四分，日后并无异说，此照。

——《徽州千年契约文书》清民国编，第 7 卷，第 84 页

[文书三] 立<u>替约</u>人<u>张之凤</u>仝侄<u>张孔生</u>。原承祖本甲立户，名曰"<u>张应高</u>"，户内只幼丁，仍存户粮一斗六升九勺，今因不便，自愿凭中将户**出替**弟下，听从收粮入户管业。当日得受价又纸张银二两正，其银当日收足讫，其本户粮候至大造，本家自行收割过户，其递年钱粮自行办纳，不与典承户之人相干。

——《槐溪张氏茂荆堂田契册》，上海图书馆藏

[文书四] 立<u>替单</u>人<u>张启贤</u>。今将二图二甲<u>张启泰</u>户凭中**出替**与叔名下，听从收粮管业，无得异说。当日得受价纹银二两正，当日收足。其户内田税五亩四分二厘七毛，又塘税二分，听叔存户办纳银差。仍身自存田税四分二厘四毛及地税、山税，推入<u>之善</u>户，无异。其塘税二分在于<u>奇勋</u>户收入。

——《槐溪张氏茂荆堂田契册》，上海图书馆藏

出替是指宗族亲邻因权益彼此关联，只能在利益攸关者之间进行的有偿转让，有偿转让中往往签订诸如"替字""替约""替单"等。

如所举文书一涉及承祖冬至会，会股出替限于会内有份之人。文书

二、文书三、文书四涉及图甲户籍的彼此协调和相互转让,据相关学者研究,图甲户籍出替多见于族内绝户户籍承继的基本方式,承替者多系族内新兴支系,是新兴支系获取独立户头的重要途径。①

【串名】

[文书一] 本甲各户今虽另籍,原系一脉流传,今凭众议,<u>张之遵</u>、<u>张时旸</u>、<u>张之问</u>、张同溶四人协力,立墨**串名**"义朋",具认承役在官。

——《顺治四年(1647)<u>张义朋</u>等立签报图正合同》,载《槐溪张氏茂荆堂田契册》,上海图书馆藏

[文书二] 三十一都三图府学生员<u>张起鹗</u>,禀为恳恩准照超死难,免烦役,以恤孤老事。本图图正向佥<u>吴宪</u>充当,扳生长子张大,户名<u>张麟</u>,聚朋役**串名**<u>吴麟宪</u>,认状在官。

——《徽州千年契约文书》清民国编,第1卷,第20页

串名(又称朋名),即基层职役和基层管理中,虚设名称佥报官府,虚应之名往往采取朋合的形式。如以上文书一中张之遵、张时旸、张之问、张同溶"立墨"串名"义朋",合同署名也直截了当地以"张义朋"见称,具有"朋充"之义,在"议报本图图正名目"中,属于典型的串名登记。文书二中由实际充任者姓名串合而成,即图正由吴宪和张麟聚朋充,并串名为"吴麟宪"。

【祠匣】

[文书] 立议墨<u>汪亨</u>、<u>汪文</u>、<u>汪行</u>、<u>汪忠</u>。今因安山逆仆<u>胡庆</u>等欺主跳梁,前议曾述原委,兹不在(再)赘。昨初九日堂讯开豁逆仆,我族原不需此。但住屋、葬山我族之业,逆等犹占住葬,势难得已,且恐效尤不一。今合族公议不无多费银两,诚恐人心参差,难以举行。思吾族公贮,仅此**祠匣**,固知创业艰难,积累匪易。吾等岂忍破祀?然积累者亦不过上为宗祖,下为子孙谋耳,正今日之议也。自议之后,一应费用,难限多寡,揿在祠内出支。倘不敷数,公议设处,祠内秋收兑还,无得

---

① 参见黄忠鑫《明清徽州图甲绝户承继与宗族发展》,《安徽大学学报》2014年第6期。

异说。今恐无凭，立此议墨为据。

乾隆三十一年（1766）五月　日立议墨汪亨等（按：署名者凡33人，均押）

——安徽师范大学图书馆藏

祠匣，宗祠用来收藏宗族契约、账簿等重要物件的器具，祠匣一般由专人管理。参见"公匣"条。

【从九】

［文书一］一户从九郑邦兴 现年七十三岁 系　省　州（县）人 以　为业 男四丁 女三 口 伙计　人　奴仆男（女）　人　雇工　人。

——《光绪祁门保甲册》，1册，安徽师范大学图书馆藏

［文书二］具甘结休宁县一都八图族长王惇裕、邻佑王永宁、邵超常，今与甘结，为遵上日详悉，妥议具奏事。依奉实结得本族邻捐职从九品王荣锡委系身家清白以及三代出身并无违碍等情，中间不致状捏，所具甘结是实。

嘉庆二年（1797）月日具甘结休宁县一都八图族长：王惇裕

邻佑：王永宁、邵超常

——《徽州千年契约文书》清民国编，第2卷，第118页

从九，即从九品，又称从九衔。在清代，"从九"之秩不入官品之流，大多授以吏目，同于"监生"一样，民间举凡殷实之家，均可通过捐纳获取这种职衔和身份。据《皇朝文献通考》载：

（乾隆）四十九年（1784），吏部疏言：从九品款项繁多，以吏目为最优。捐纳从九品人员，不得选用吏目，独供事议叙从九品得以兼用，未为平允。请更定照捐纳从九品之例，不得选用"从"。①

又如光绪《香山县志》载：

然常例报捐之人未必尽系俊民。至于捐职，文自从九以至道、府，武自千把以至参、游，少者仅数十金，多者一二千金。朝珠蟒服，邃同

---

① 《皇朝文献通考》卷五十四《选举考·吏道》，文渊阁《四库全书》本。

真官。衔耀闾衕，人不见德。①

可见，从九之类的职衔名目滥杂。在徽州方志等文献中，"捐从九""捐职从九"亦颇为常见。如：

<u>程国华</u>，[黟县] 桂林人，捐职**从九品**，经理祀会，任劳任怨。②

<u>詹培</u>，职**从九**，[婺源] 浙源人，率族立会，以施棺木，善行多于人有济。③

<u>查有堂</u>，[婺源] 凤山人，从九衔，兴同义会，资给同乡旅榇及旅游难归者。④

另外，从"<u>何毅武</u>，字<u>纯修</u>，小榄人，由监生捐从九品"的记载看，"从九"的捐纳之费当高于"监生"。⑤

【凑与（凑便、凑业）】

[文书一] 今出与仆人<u>黄法生</u>等前去照管兴养，松杉竹木尽行一并兴养，成材之日照依主利三七相分，主得七分，利得三分。所有利分，无许变卖他人，只许**凑与**山主。

——《祁门三四都一图小洲王氏文书》，《徽州文书》第 2 辑，第 1 卷，第 18 页

[文书二] 今又将四分［之］一分出卖与叔祖<u>汪</u>名下**凑片**（便）管业。

——《嘉靖祁门汪氏抄契簿》，《徽州千年契约文书》宋元明编，第 5 卷，第 350 页

[文书三] 自情愿将二号山场分股二处力坌、苗木尽数立契出卖与十五都<u>郑任</u>、<u>郑佐</u>二人名下**凑便**为业。

——《万历祁门郑氏置产簿》，南京大学历史系资料室藏

[文书四] 立承佃人约人<u>李荣清</u>、<u>秀山</u>、<u>潘社保</u>等。今承到<u>程灿</u>公祀

---

① 包世臣：《小倦游阁集》卷九《正集九》，清小倦游阁钞本。
② 同治《黟县三志》卷七《人物志·尚义传》。
③ 乾隆《婺源县志》卷二十六《人物十一·质行五》。
④ 光绪《婺源县志》卷三十四《人物十·义行七》。
⑤ 陈澧：光绪《香山县志》卷十五《列传》，清光绪刻本。

李得圣、潘社保，六保土名中□山一号。其山四至东至塆心直上至马塆坳，西至双坑口，南至坑，北至坑。四至之内，是身承去，入山锄种花利。迭年秋收之日，硬交玉子八十斤，挑送上门。其山务要补插苗木，毋得抛荒丈土。严密成林之日，眼仝议作三七，主得七，力得三。其力仝务要**凑便**山主，不得变卖他人。

——《清咸丰元年（1851）九月李荣清等立承佃山约》，《徽州文书》第 1 辑，第 9 卷，第 4 页

[文书五] 今为无钱用度，自情愿将本位该得分籍并在山苗木，尽数立契出卖与同都人胡□宽名下**凑业**。

——《正德十一年（1516）胡澄卖山赤契》，《徽州千年契约文书》宋元明编，第 1 卷，第 353 页

徽州田地山林广泛存在"地权分籍化"，即家户之间既存在细小的、个体权属明确的份额地权，又彼此相互关联的地权占有形态。"凑与""凑便""凑业""凑卖"等属于民间田地权流动的一种形式，即按照亲邻权惯例处理分籍田地，防止分籍田土流入亲邻之外，有利于保障亲邻业主对特定田土权的所有。

【厝基（厝屋）】

[文书一] 今李愿将本山祖坟臂外右股，乃系吴坟空山。今议与吴，听吴卜择利年开穴立碑安葬，两各无异，但议后吴自左股山脚**厝基**一所，及今右股开立一穴之外，通山再不得乱挖。

——《崇祯祁门李氏抄契簿》，《徽州千年契约文书》宋元明编，第 10 卷，第 83 页

[文书二] 十六都二图立杜卖契人江鼎文同侄涵一、锦川等。今因众用，公议自愿将**厝屋**一所，坐落……其地税四至前契载明，指业订界为规，尽行出卖于十八都三图程名下为业，听凭迁葬风水取用。

乾隆五十九（1794）年十月　日立杜卖**厝屋**契人：江鼎文（等）

凭中：江步川（等）

——《歙县程氏文书》，安徽大学徽学研究中心藏

[文书三] 立承租**厝基**地约人胡仁和堂。今凭中租到黄正善堂名下**厝**

基地两槿，坐落……是身租来厝槿两殡，当日三面言定按年交纳地租大典钱壹千文正。

光绪五年（1879）四月　日租**厝基**地人：胡仁和堂

凭中：黄少愚

代书：胡延年

——张传玺主编：《中国历代契约汇编考释》，北京大学出版社1995年版，第1564页（按：下文引用本著，不再标注作者和出版信息）

《汉语大词典》："厝基，指放置在基础上，外用砖或土临时封起来的棺柩。"

徽俗重风水，亲殁"不葬而厝者什九"，可见，徽州丧葬存在浮柩习俗，即"亲殁不即葬"，而是选择基地（厝基），搭建可供停柩的临时性屋宇（厝屋、厝室）予以安放。这一习俗在明代已经普遍存在，万历《祁门志》中即有"亲殁不即葬，富为厝室，贫藉茅，岁久或至暴露"的记载。① 至清代，"今俗过信堪舆，多停柩于土上，以砖石甃之，至数十年远，犹不瘗埋者，徽郡为甚"②。及至民国，根据当时的调查，"祁俗迷信风水，往往感于形家之言，将棺柩浮厝在山，停滞不葬。如购买葬地，往往卖主索价甚昂，视卜葬者之家资定地价之高下"③。又如，《陶甓公牍》载："祁俗又有择地待葬者，厝棺在外，架木覆瓦，四围砌泥砖。惑于阴阳家之说，或历数十年未得一佳城，既得地，开茔域，亲友俱馈送葬。"④

可见，厝棺属于寻求风水宝地未得，临时性的殓葬之俗。《陶甓公牍》即指出了徽州休宁"浮厝遍地"的多种原因："义冢官山丛葬已满，凡有柩者，必须买地，一也；买地之难，休宁为最，地主不清，葬后多累，二也；坟地之价，主一册二，中资推印，费乃不赀，三也；家长之棺，兄弟牵制，一房擅主，众人为难，四也。仅以迷信吉凶目之，犹其

---

① 万历《祁门志》卷四《风俗》。
② 《寄园寄所寄》卷十一《泛叶寄·故老杂记》。
③ 《民事习惯调查报告录·祁门县习惯》，中国政法大学出版社2000年版，第233页。
④ 程汝骥：《陶甓公牍》卷十二《法制·祁门风俗之习惯》。

浅焉者也。"①

总之，由明迄清迨及民国，徽州民间厝葬日炽。这种习俗在相关文书中记载多见。

【D】

【大例】

[文书一] 立当约人<u>李尚华</u>。今将承父阄纷口祭地一备，坐落土名山村中段，系新丈作字号，东至 西至 南至 北至。四至内地骨出当与<u>毓公祀</u>会内本纹银六钱正。其银照依**大例**起息，约至来年正月将本利取赎。

——《万历四十七年（1619）<u>李尚华</u>当地契》，《徽州千年契约文书》宋元明编，第3卷，第487页

[文书二] 立转契约人秩下<u>宗典</u>。原典得弟宗兴名下余屋地内取陆尺正，今转与<u>雪公</u>祠名下，当得价纹银四两五钱整。其银照依**大例**行息，日后将本利取赎，不得执[拗]。今恐无凭，立此转约存照。

——《康熙五十三年（1714）<u>宗典</u>立转约》，黄山市档案局藏

材料中的"大例"，指徽州民间资产生息中约定成俗，普遍遵从的通例。

揆诸徽州地方文献，明清徽州民间生息的入存利率月息最高不超过3%，大多在1%—2%较为合理区间。② 究其原因：其一，为防止高利贷者的盘剥，明清官府均规定："凡私放钱债及典当财物，每月取利并不得过三分。"③ 其二，传统民间生息主要依赖浓厚的乡族关系网络，为民间生息寻求借贷双方认可的合理性利率提供了可能。再者，徽州典商的影响。如众所知，明清徽州典商告贷取利较薄，如在明代后期拥有当铺数百家之多的南京，"福建铺本少，取利三分四分。徽州铺本大，取利仅一

---

① 程汝骥：《陶甓公牍》卷十二《法制·休宁风俗之习惯》。
② 参见刘道胜《明清徽州民间资产生息与经济互助》，《史学月刊》2013年第12期。
③ 万历《明会典》卷一六四；《清世宗实录》卷三八、卷四十一。

分二分三分，均有益于贫民"①。光绪十九年（1893）的一份徽州典商当票中明确"按月二分行息"②。而徽州典商的入存利率当低于其出贷之息。不但大量徽州民间资金系"入典生息"，而且典商的入存利率标准对徽州本土借贷、融资等活动，形成合理取息的惯例亦当有一定影响，甚至"照依当店起息"③成为相关契约的格式表达。

【大买（小买、大小买）】

[文书一] 十五都四图立卖**大买**田契人张宽容。今因欠少正用，自情愿将父分受有字一千二百七十九号，计田税一亩零九厘五毫三丝，土名马家段，凭中立契出卖与亲侄名下为业作种。三面言定得受田价曹（漕）平纹银七两整。其银当即收足，其田即交买人管业作种，其税原存本户支解输粮。从前至今并未典当他人，亦无重复交易。此系两相情愿，并无威逼等情。倘有亲房内外人等异言，俱系出卖人一力承担，不涉受业人之事。恐口无凭，立此卖**大买**田契永远存照。

——《道光二十九年（1849）歙县张宽容卖**大买**田契》，《明清徽州社会经济资料丛编》第一集，第163—164页

[文书二] 立便卖契人方厚卿。缘前清父置习字五百三十九号，土名丰塌**大买**熟田二亩一业……凭中便卖与胡锦庭师弟名下为业。

——《中华民国四年（1915）方厚卿立便卖契》，安徽师范大学皖南历史文化研究中心藏

[文书三] 此系两相情愿，亲房人等并无异说。其田并无**小买**及不清之事。

——《乾隆十八年（1753）歙县许悟恒卖田赤契》，《明清徽州社会经济资料丛编》第一集，第122页

[文书四] 立找价交业契人胡明枝。今将习字一万九百七十八号，土名黄头坞头**大小买**熟一业，其四至照契原形，凭中将业即交与族叔公名

---

① 周晖：《金陵琐事剩录》卷三，转引自谢国桢编《明代社会经济史料选编》，福建人民出版社2004年校勘本，第110页。
② 周向华编：《安徽师范大学图书馆藏徽州文书》，安徽人民出版社2009年版，第242页。
③ 《徽州千年契约文书》宋元明编，第三卷，花山文艺出版社1991年版，第62页。

下为业作种黄麦。

——《道光六年（1826）胡明枝立找价契》，安徽师范大学皖南历史文化研究中心藏

大买，购买田地所有权（田底权），小买，购买田地经营权（田面权），大小买则包括所有权和经营权。

宋代以后，允许民间土地自由买卖，土地兼并逐渐剧烈，土地流转日益频繁，租佃关系普遍发展，在此情势下，于宋代即产生土地所有权与经营权双重权益的雏形，此即"一田二主"的出现。①

迨至明代嘉万以后，这种地权关系的分化日益多见，降及有清民国，"一田二主"更为普遍，尤其流行于南方地区。"一田二主"的产生，土地权相继分离为田骨权（田底权、所有权）和田皮权（田面权、经营权），相应地，土地租佃出现大租与小租之别，土地买卖亦存在大买和小买之分。

特别在清代，徽州普遍出现田底权与田面权分离，属于"一田二主"的典型地区之一。据民国有关歙县习惯调查载：

歙邑买卖田地之契约，有大买、小买之区别。大买有管业收租之权利，小买则仅有耕种权。对于大买主，仍应另立租约，大买契内注明"大买契人，今将某号大买田出卖与某收租管业"立等语。小买契内则书"退、顶小买田人，今将受分校买田出退与某过割耕种"字样。小买与永佃之性质相近，小买田之移转，大买主不得干涉。②

随着地权分化，民间土地的买卖、租佃、典当复杂多样，土地流转形式不一而足，由此产生不少大买、小买等契约。另外，与大买、小买相关的"田租""大租""骨租""小租""典首""顶首""田骨""田皮""佃皮""粪草田"等在契约文书中颇为常见。

---

① 关于宋代有"田制不立""不抑兼并"之说，论者多认为宋代抑制土地兼并之力度与效果不及此前的北朝隋唐。关于宋代"一田二主"，参见戴建国《宋代的民田典卖与"一田二主"制》，《历史研究》2011年第6期。

② 前南京国民政府司法行政部编：《民事习惯调查报告录》上册，胡旭晟、夏新华、李交发点校，中国政法大学出版社1998年版，第234页。

【大租（小租）】

[文书一] 十一都叶灼。今因无钱用度，自情愿将买受水田二号，坐落五保土名枫烟坵、楼方坵。前田共有二号，共计田一亩五分与侄道贤，黄进相共本位该得七分五厘，计**大租**九秤。

——《万历方氏〈祖业录〉》，《徽州千年契约文书》宋元明编，第7卷，第8页

[文书二] 再批：契内除价艮（银）五钱与郑家名下，原当**小租**系种田人交纳，其田听自原人取赎。

——《崇祯十五年（1642）丘文祖等卖田白契》，《徽州千年契约文书》宋元明编，第4卷，第476页

田底权拥有者，可以坐收地租（俗称大租），并向官府纳税，是土地的合法所有者，但却没有经营权。田面权的拥有者，可以自己经营耕作，亦可租与他人耕种而收取地租（俗称小租），但必须从总获量中分出一部分作为大租（有两种情况：一种是田面权拥有者向佃户收取全租，然后由其缴纳大租；一种是由佃户直接分别缴纳大、小租）。①

宋代以降，特别是清代，随着地权相继分离为田骨权（田底权）和田皮权（田面权），相应地，土地租佃出现大租与小租之别。

【大四至（小四至）】

[文书一] 三四都余九思、汪克惠、谢彦良等。三口各有承祖并续置山地共一源，俱坐落十三都二保土名大径坑，经理俱系口字号……今因卖砍原头杉木分法不均，三家议请中人汪景融、汪仲福、晓、秉立为证。各将经理契字参照缘经理名目字型、大小亩步不同，又且三家契字多有重复，难以辩论，各自情愿凭中将前项合源山地新立**大四至**，东至大降抵西都界，西南随本源大降直出至大径坑口地，北随本源大降直出至小径坑口止。公议四至内山地骨并苗木通定六分为率。余九思叔侄承祖户余天右、余仕俊、余有寿、余地龙、余文信、余成龙及买受谢、李、余、

---

① 刘和惠：《清代徽州田面权考察——兼论田面权的性质》，《安徽史学》1984年第5期。

四 稀俗词例释 / 95

、潘等契，共该二分半。<u>王克惠</u>叔侄承外祖<u>谢伯正</u>、<u>谢招全</u>、<u>李伟</u>及买受<u>谢</u>、<u>李</u>、<u>余</u>、<u>康</u>、<u>潘</u>等契共该二分半。<u>谢彦良</u>、<u>彦明</u>叔侄承祖<u>谢祥</u>、<u>谢禹</u>、<u>谢进</u>及买受<u>谢</u>、<u>李</u>、<u>康</u>、<u>余</u>、<u>潘</u>等契，共该一分。所有各家契字收存备照，倘有外人争□，三家赍出同□。

——《成化十七年（1481）祁门<u>余九思</u>等共管山地合同》，《徽州千年契约文书》宋元明编，第1卷，第210页

[文书二]二十二都<u>查四原</u>。承父买受得汪家山一号，坐落九保，土名松树坞、□□坞二处成熟山八厶（亩）。新立**小四致（至）**，东降坞心直下□田，西至直下□，北至大尖，南至田。将四至内山其山骨并浮苗主力，尽数立契出卖与本都<u>住仁</u>名下为业。

——《天启三年（1623）祁门<u>查四</u>卖山赤契》，《徽州千年契约文书》宋元明编，第4卷，第126页

[文书三]今取号内分下地二十步计税四厘，其**大四至**自有保簿开载，不在（再）行写。今新立**小四至**东至本号地，西至买人田，南至本家厝基右臂，北至本号朱宅厝基臂，当日眼同钉界。

——《乾隆十九年（1754）<u>陈正夫</u>立杜卖厝基地契》，载《元至正二年（1342）至乾隆二十八年（1763）藤溪王氏立文约誊契簿》，南京大学历史系资料室藏

[文书四]立杜卖大买田契人<u>王兴荣</u>。今因正用，自情愿将文字壹千零八号，计田税四分正（整），土名郑家舍，计田壹大坵，田塍、茶柯、杂木、地坦一应在内。今凭中立契出卖与<u>王坦森</u>名下为业，三面言定得受时值估价足曹（漕）平纹银四两正。其银当即亲手收足。其田业即交买人过割管业耕种蓄水，听凭取用，其税推入买人户内支解输粮无异。**大四至**照依清册，**小四至**眼同指业管业为规……恐口无凭，立此杜卖大买田契存照。

——《民国十九年（1930）歙县<u>王兴荣</u>立杜卖大买田契》，转引自<u>汪柏树</u>《民国徽州的孪生土地卖契》，《黄山学院学报》2012年第2期

大四至指经过官府认可，并登记在册的特定土地的四至。小四至一般未经官府认可，如以上文书三、文书四中对于小四至，或"眼同钉界"，或"眼同指业管业为规"，多系大四至土地范围内的分籍田地，由

民间根据实际情况，具体约定的界至。

【代笔】

[文书] 二十一都一图立卖契人<u>成阿吐</u>同男<u>御壬</u>。今因乏用，自情愿将承祖分受膳养，内该已分法场字三百二十九号，田税一亩三分二厘一毫一丝，土名墩上，四至照依清册，凭中立契出卖与本都二图许荫名下为业。三面议定得受时值田价纹银一十一两五钱整，其银、契当即两相交付明白，并无欠少、准折等情。其税听凭目下过割，入买人户下支解。其业从前至今并未与他人重复典当交易。倘有亲房内外人等异说，俱系卖人承当，不涉许祠之事。今恐无凭，立此卖契存照。

乾隆六年（1741）九月 日立卖契人：<u>成阿吐</u>

　　　　　　　　　　　　同男：<u>御壬</u>

　　　　　　　　　　　　凭中：<u>叶端华</u>、<u>成楚玉</u>、

　　　　　　　　　　　　册里：<u>程蔚山</u>、<u>许正六</u>、<u>许致芳</u>

　　　　　　　　　　　　代笔：<u>叶庭芳</u>

——《<u>歙县成阿吐卖田赤契</u>》，《明清徽州社会经济资料丛编》第一集，第119页

代笔即书写文书者，在契约文书中，代笔作为契约第三方参与契约签订，并须在契约上署名并画押。在唐五代称"书券人""读券人"；在元代称"写契人""代书人"，是双方当事人授权书写契约的第三方参与者。徽州文书又有"执笔""奉书"等之称。

【代书】

[文书] 事非命盗，被告不得过三名，应审干证不得过二名，如敢牵出多人，不准**代书**□□□□；不遵用正副状式，无**代书**戳记及逾格双行密写，并式内用填字样不逐细填明［者不准］。

——《乾隆三十九年（1774）祁门诉讼文书》，《徽州千年契约文书》清民国编，第1卷，第390页

代书是古代官府选定专人代为原、被告两造人书写诉状者，并形成代书制度。代书制度作为一项重要的司法制度，宋元以来逐步发展，至

清代走向完备。据研究，代书制度是取缔讼师对百姓实施司法控制的重要手段，然而在实践中，代书多与官府吏役以及讼师相互勾结、上下其手，反倒对加速基层司法腐败与加剧地方社会的刁健之风起了推波助澜的作用。①

【当契（当字）】

[文书一] 立**当屋字**程德和。今因正用，将自置楼屋毗连两间当与振安兄名下为业，三面言定，得受当价银五十两。其银当即收足，其屋即交管业。银不起利，屋不起租，言定十年为满，听凭原价早晚取赎。恐口无凭，立此**当字**存照。

——《嘉庆二十年（1815）程德和立当屋契》，见《歙县十八都三图六甲程氏文书》，安徽大学徽学研究中心藏

[文书二] 立**当大小买园**字人吴元鹏。为因正用，愿将承祖遗受大小买园壹坵，计四斗，土名寺后，央中出当于族兄名下为业。当日得受园价大钱陆千文整，其钱比即收足，并无扣折。其园即交受业人管业种豆。三面言定十年为满，听凭原价取赎，毋得推辞。年份未满，并不取赎，此系两愿，并无威逼等情。倘有内外人等生端议论，俱系出业人承当理直，与受业人无涉。恐口无凭，立此当大小买园字存照。

中资酒酌钱三百文，年份未满取赎认还，年份已满不认，又照。

道光二十八年（1848）十二月 日立当大小买园人：吴元鹏（押）

凭中：吴朝达（押）

依言代笔：吴振堂（押）

——《歙县十八都三图六甲程氏文书》，安徽大学徽学研究中心藏

[文书三] 立**当田契**人朱显臣、朱彤友。今因急用，情愿央中将承祖遗下田壹号，土名长坞，出当与本族朱宗祠内，计租九租。系才字二千三百六十五号、三（改）千三百六十六号，每年交硬租三（改）租，凭中得受当价九五色银三两整。其银当日收足，自当之后其谷甚（顺）从宗祠收管作利，不俱（拘）年月听从原价取赎，倘有内外人拦阻，尽是

---

① 郑小春：《清朝代书制度与基层司法》，《史学月刊》2010年第6期。

出当人理直，恐后无凭，立此契存照。

乾隆五年（1740）二月 日立当契人：<u>朱显臣</u>（押）、<u>朱彤友</u>（押）

中见人：<u>朱琴彰</u>（押）、<u>朱天叙</u>（押）

<u>朱鲁公</u>（押）、<u>朱惟玉</u>（押）

——《休宁县二十六都首村朱氏文书》，安徽大学徽学研究中心藏

当契，又称典契、典约、当字等，即以赀产担保或抵押获得银钱，属于民间有偿借贷的一种形式。在徽州，以房屋、田园、基地、山地、山林等不动产作为抵押而书立的当契颇为多见。当契一般约定具体期限，在当期内"银不起利，产不起租"，即当主不得处置所抵押不动产的所有权，但有权使用不动产并获取收益，出当者亦不得借抵押不动产之由而收取租息。同样地，出当的当资亦不得起息。从当契中约定"年份未满，并不取赎""年份未满取赎认还，年份已满不认"等记载看，出当者提前取赎当产需要补偿当主，甚至中资钱"年份未满取赎，由出当者认还"。值得一提的是，徽州文书中尚存在以典当为买卖的现象。

【地保】

[文书一] 启者：合村公议茶事，敬演神戏，日夜二本。各月内月首照茶数派钱，十斤起号，每斤派钱一文，交与**地保**经办。

——原件由黄山市朱英寿先生收藏

[文书二] 本图<u>黄恒有</u>等户山业树木、竹箸、柴薪务遵迭次承约，加意看守，不得盗伐、窃取以及焚烧侵害一切情事，如敢藐法反复侵害，许该业主鸣同**地保**，随时捆送赴。

——《光绪十年（1884）休宁县告示》，《徽州千年契约文书》清民国编，第3卷，第125页

[文书三] 咸丰十年（1860）正月，左邻<u>汪东竹</u>、右邻<u>汪启兴</u>、**地保**<u>汪标</u>呈报：歙北十都三图六甲民人<u>汪兆汾</u>之发妻<u>江氏</u>，丰瑞里<u>江全吉</u>之女，于道光四年（1824）嫁入汪门。于六年夫殁，<u>氏</u>时年二十岁，侍奉翁姑，哀孝尽礼，四德兼全，清贞洁守，外无间言，存年五十有四岁，计守节三十五年。年例相符，理宜呈报。入册十年正月。

——黄山市中国徽文化博物馆藏

[文书四] 即补清军府调补徽州府歙县正堂加五级随带加一级单。为谕饬接充事,据二十九都一图族长张国桓等禀称:本图地保向系挨甲轮充,冬至上役,本年挨派四甲,公举张启玲接充等情,并呈认保状到县。据此,除批示外,合行谕饬,谕到该地保张启玲即便遵照,在于图内小心办公,认真巡缉。如有借端滋扰情事,定干究革毋违,切切特谕。

右谕该地保张启玲,准此。

光绪十八年(1892)十一月初四日

——原件由休宁县汪金发先生收藏

[文书五] 即补清军府调补徽州府歙县正堂加五级随带加一级单。为饬传事,仰捕役速将后开各都图地保,按照传齐限二月十二日带县以凭,当堂谕话,均毋违延干咎,速速。

计开:八都一、二、八图;二十九都一、二、三、四、五图

差:程遂

光绪十九年(1893)正月二十九日

——原件由休宁县汪金发先生收藏

[文书六] 歙县右堂刘为饬传事。照得城乡各捕保均有巡缉之责,兹值开篆,合行饬传。为此,仰捕役即传,后开各图地保,定限本月十二日传齐赴厅,当堂谕话去役,毋得迟违干咎,速速。

计开:八都一、二、八图;二十九都一、二、三、四、五图

差:程遂

光绪十九年(1893)三月初五日行

——原件由休宁县汪金发先生收藏

[文书七] 特授休宁县正堂董为饬传事。仰役立传,后开都图地保,定限本月十四日齐集汪金硚地方公馆同候。本县按临亲催钱粮去役,毋任刻延,致干重咎,速速须签。

计开:二十六都三图

右差:刘升 准此

光绪十年(1884)又五月十三日签

——原件由休宁县汪金发先生收藏

地保是清代以及民国时期重要的基层管理人员之一,其普遍存在于

清代乃至民国时期的地方社会。

入清以来，随着保甲在地方事务中发挥主要作用。清政府不断赋予保甲组织更多的职能，保甲除了承当原来"弭盗安民"职役外，还取代了里甲催征钱粮和查编户口等役。并随着清代政府对基层社会控制的加强，其所承值的地方事务越来越繁杂。保甲组织转变成为集弭盗安民、催征赋税、编查烟户、赈济救灾、缉捕逃亡、稽查命案、应官差遣、调处词讼等职能于一身的地方基层组织。清政府还大力倡导"以乡人治其乡事"，于是各地因地制宜，清代地保，就是在这样的背景下而普遍出现的地方重要职役之一。

随着自然村庄逐渐成为国家控制基层社会的主要组织形式和基本单位，地保的设置亦主要体现为以自然村为基础。清代地保的职能大体经历了从弭盗安民到全面承值乡里差役的演变，而从乡里职役向官府吏役转化。有清一代，地保社会地位低下。在徽州，地保一般按图设置，即一图设置地保一人，且从相关材料看，各图地保并非本图人士。徽州地保的地位很低，家谱中即有"族内不收义子；婚嫁不结细民；子弟不为优隶；不充当地保，违者斥逐"①。可见，南屏叶氏将充当地保，与收继异姓、联姻小户、卖身为仆等为传统族规家法所不齿的低贱行为相提并论。显然，民间视地保同于胥吏，自好者多不屑为之。清代地保的设置使清政府对基层社会的控制进一步强化。②

【地栿】

［文书一］新立四至东北至溱地，西南至松众地，并在地房屋上至瓦片，下至四围板壁，**地栿**。

——《嘉靖祁门汪氏抄契簿》，《徽州千年契约文书》宋元明编，第5卷，第377页

［文书二］再议前项厅楼上下各阄得之房俱随房门、**地栿**为界。

——《万历二十八年（1600）休宁洪岩德等立阄书》，《徽州千年契

---

① 《南屏叶氏家谱·祖训家风》，清刊本。
② 参见刘道胜《清代基层社会的地保》，《中国农史》2009年第2期。

约文书》宋元明编，第 7 卷，第 330 页

［文书三］今将自己装修门庡、地桥、阁桥、房门、阁栅、地图、仰顶板木料等件，开列于后，央中折卖与买人名下……在地石**地伏（栿）**。

——《崇祯十五年（1642）休宁程氏立〈置产簿〉》，《徽州千年契约文书》宋元明编，第 10 卷，第 386 页

［文书四］今将前项捌至内基地并房屋，上至椽瓦，下至**地狱（栿）**软磉［音嗓，房屋立柱的柱下地基］及披棓小屋、四围板壁贰处，通兴陆分中取壹分，尽行立契出卖与同都族兄汪异常名下。

——《休宁县汪异佐卖屋赤契》，《明清徽州社会经济资料丛编》第一集，第 468 页

《汉语大字典》："栿，房梁。"关于"地栿"，张传玺先生认为，是房屋的立柱。[①] 从文书记载看，徽州地栿应是房屋地面的基础部分，一般用条形木质或石质构件组成，地栿之上多承栏板、门或立柱。

《营造法式》"地栿"条云："造城门石地栿之制：先于地面上安土衬石，上面露棱广五寸，下高四寸。其上施地栿，每段长五尺，广一尺五寸，厚一尺一寸；上外棱混二寸；混内一寸凿眼立排叉柱。"梁思成作注："'城门石地栿'是在城门洞内两边，沿着洞壁脚敷设的。宋代以前，城门不似明清城门用砖石卷门洞，故施地栿，上立排叉柱以承上部梯形梁架。"

【地骨】

［文书］今来无物支用，自情愿将前项四至内**地骨**并四围砖墙，上至椽瓦，下至地骨，尽行立契出卖与吴一泮名下为业。

——《天启元年（1621）休宁吴七卖厨房赤契》，《徽州千年契约文书》宋元明编，第 4 卷，第 39 页

由明至清，徽州山地并未出现类似农田的"一田二主"现象，因此，地骨不同于具有所有权的田骨、田底。在徽州，地骨和山骨都是徽州土语，山骨是山地别称，而地骨的含义不一，除了是山地别称外，亦指房

[①] 张传玺：《中国历代契约会编考释》，北京大学出版社 1995 年版，第 778 页。

屋基地及土地。①

【地脚】

[文书] 其山立木并**地脚**倚（议）定闻官受税，永远管业。

——《洪武三十一年（1398）休宁张朝宗卖山地白契》，《明清徽州社会经济资料丛编》第二辑，第 173 页

陈柯云认为，明初徽州地区一些文契中出现的"地脚"就是山骨。②

【的名】

[文书一] 今奉院、道、府、县示谕清丈事例，此系重务，犹恐人心不一，故六姓议立合同。各人**的名**任事不得懈怠，以致临期有误。

——《顺治四年（1647）休宁县十一都上五保吴杰孙等立清丈合同》，安徽师范大学图书馆藏

[文书二] 倘族内有事票唤保甲长，是其股之事，亦系本股自承在官。保长**的名**早为调理，不得混扯别股或本户公事。

——《祁门十三都康氏文书》，安徽大学徽学研究中心特藏室藏

的名，即真实姓名。多见于职役佥报、合同签立中强调使用"的名"。与"的名"相对的是，存在虚应的"朋名""串名"等现象，参见"朋名""串名"条。

【滴水】

[文书一] 立杜卖契人俞有章，今因正用，自情愿将祖遗碾屋一座，坐落俞村西边，其碾屋四至，东至塘，西至张姓地，南至**滴水**并石窖在内，北至卖主余厂。

——《俞有章杜卖碾屋契》，《明清徽州社会经济资料丛编》第一集，第 504 页

[文书二] 新立四至，东至五间楼**滴水**簷下，存路往来，阔三尺，西

---

① 刘和惠：《明代徽州地契中的"地骨"和"山骨"》，《徽州社会科学》2003 年第 6 期。
② 陈柯云：《明清徽州地区山林经营中的"力分"问题》，《中国史研究》1987 年第 1 期。

至本户簹沟。

——《元至正二年（1342）至乾隆二十八年（1763）（休宁县）藤溪王氏文约誊契簿》，南京大学历史系资料室藏

滴水，即雨水滴落在屋檐地面形成的滴水线，徽州民间通常以滴水线作为宅基地的界限。

【点卯】

[文书] 立承管约人黄记仁。今承到本家黄记寿户应充四甲册书，前去应官**点卯**，领本图底册造递年实征，十年内当官开局公宴等项支费。至大造之年，京府县册各甲排年黄册对同，请排年酒席及上司催趱册书，一应使用杂差，尽是身承管支应，三面议定津贴银肆拾柒两整。

——《弘光元年（1645）黄记仁立承充册书文约》，《徽州千年契约文书》清民国编，第1卷，第5页

点卯，即依据规定，按时应承职役。

古代官吏每天卯时（5点到7点）须赴官署听候点名，故称"点卯"。

【典卖（当卖）】

[文书] 立**典卖**田字人吴汉川同子有法。今因正用，自情愿将祖遗小买田三坵，计田一亩六分整，土名上下后头田。今托中出典到程万生名下为业，当日三面言定得受典价钱十八千文正。其钱亲手收足，其田即交过手种作。当日言定十二年为满，年期未满不得取赎，年期已满听凭原价回赎，无得生端加价等情。此系两厢情愿，并非勒逼等情。倘有亲房内外人等生端异说，俱是出典人一力承当理直，不涉受业人之事。恐口无凭，立此存照。

光绪七年（1881）十一月　日立**当卖**田字：吴汉川

——《歙县十八都三图六甲程氏文书》，安徽大学徽学研究中心藏

典卖，即当卖，以土地等赀产抵押而获得银钱，由此形成典卖契、当卖契等。参见"当契（当字）"条。典卖（当卖）与活卖相同的是，卖主均保留日后可以赎回和加价的权利。当卖（典卖）与活卖不同的是，前者一般以所卖产业作为担保或抵押，不涉及所有权转移，取赎有一定

期限，且典当价往往低于活卖价。另外，从徽州文书看，典卖出现晚于活卖。

【佃头】

[文书] 今将前项田地两业并**佃头**进行立契出卖与兄名下为业。

——《乾隆休宁黄氏抄契簿》，《徽州千年契约文书》清民国编，第10卷，第49页

陈柯云认为，佃头即力分（坌）①。参见"力坌"条。

【佃头田】

[文书] 乾隆二十年（1755）旦坞**佃头田**二丘（坵），权与史天保种。囗租未交租佃。

——《休宁余姓庄仆规约和纪事》，参见章有义《明清及近代农业史论集》，第363页

佃头田，即佃皮，又称"田面"，系土地的使用权。

【佃皮】

[文书一] 立佃约人吴六寿，今有承祖阄分**佃皮**乙（一）号，计税乙（一）亩乙（一）分。

——《乾隆六年（1741）祁门吴六寿出佃佃皮文约》，《徽州千年契约文书》清民国编，第1卷，第292页

[文书二] 立出当**佃皮**契人姚振坤。今因急用，自情愿央中将己置业一宗，土名西湧后圩田骨十二秤，凭中出当与刘意孙名（下）为业。

——《道光五年（1825）姚振孙立出当田骨契》，安徽师范大学图书馆藏

佃皮，即田皮，系土地的使用权。

---

① 陈柯云：《明清徽州地区山林经营中的"力分"问题》，《中国史研究》1987年第1期。

【典契】

[文书] 三都六图二甲立**典契**人<u>余宪章</u>。今因本甲<u>吴一坤</u>户绝,其钱粮排役是身办纳。先年<u>吴一坤</u>户丁<u>吴国瑞</u>将署字　号,土名后塘地一块出当与<u>孙</u>宅,当价银八两。<u>孙</u>转将厝地一大棺典与吴宅安厝,原价八两。今身俱以(已)赎回。又因钱粮无办,凭排友中见,将原厝地一大棺复典与同都五图三甲<u>吴奇玉</u>名下,当日得受九五色银十两整。其银不起利,地不起租。其地议定十二年后原价取赎,不得加典勒买等情。如有人言事端,尽是出典人承当,不涉当人之事。今恐无凭,立此**典契**存照。

乾隆三年(1738)四月 日立**典契**人:<u>余宪章</u>

见典人:<u>余孔章</u>

凭排友:<u>朱自远</u>、<u>吴汝瞻</u>

中　见:<u>孙鸣远</u>、<u>孙毓文</u>、<u>吴昆远</u>、<u>吴仲贞</u>、<u>吴公望</u>、<u>吴奎章</u>、<u>吴纯文</u>、<u>吴昭</u>

——《中国历代契约汇编考释》,第1503页

典契,即当契,系赀产抵押而立的契约。参见"当契(当字)"条。

【典首】

[文书一] 立典约人<u>王元葱</u>。今因无银交用,自情愿将岭脚**典首**,硬交豆租拾式勆,其**典首**出典与<u>邱</u>名下为业,三面言定价九五色九钱正。

——《清代乾隆十六年(1751)十二月<u>王元葱</u>立典租约抄白》,《徽州文书》第1辑,第1卷,第5页

[文书二] 立典约兄<u>邦玲</u>。今因不便,自情愿将**典首**田一处,土名俞村,计客租二十砠,凭中出典与弟名下为业。当日三面言定时值九六色价银十两正。其银当日收足,其田即听典人管业无阻。

——《清嘉庆五年(1800)三月兄<u>邦玲</u>立典田约》,《徽州文书》第1辑,第1卷,第48页

[文书三] 立杜断卖契叔<u>长裕</u>。今因不便自愿将承父续置田一处,土名社屋背,计租四砠正,系经理昃字二百十三号,计民田税三分七厘六

毛正（整）。其田新立四至，东至 西至 南至 北至。今将前项四至内田并**典首**在内，尽行立契出卖与侄名下为业，三面言定时值九九色河平无银二十两正。其银当日收足，其田听从买人收租管业无阻，其税另立推单更名输纳边粮。

——《清道光十八年（1838）八月叔长裕立杜断卖田赤契附道光十九年九月契尾》，《徽州文书》第 1 辑，第 1 卷，第 83 页

典首，指田地的使用权，即田面权。

据民国《黟县四志》载：我邑田业有所谓"**典首**"者，不知始自何年，往往一业两主，正买契券则须收割投印，**典首**契无收割投印，而价与正买不甚相远，称小买。买正租而不买**典首**者，但收谷一季而无麦。虽是土例，于理欠顺。曾闻老者言："是因抵首之误，抵首者，由佃人与佃人争，上首佃人田中业已播种，此田或易主，或田主另召新承佃者，认上首种子农工价，渐渐失真变成**典首**。"又云："昔日地狭人稠，欲佃不得，于是纳金于田主，田主收其金，则此田永远由其承种。若欲易佃，则必偿旧佃之金。故曰**典首**。"倘该田之业田主并未收过佃户之金，则此田之**典首**仍归田主所有。此亦一说也，未知孰是。因两存之。①

从以上记载可以看出，典首与土地的租佃经营有关，上引材料还提及"典首"形成的两个方面，即"纳金"说和"争佃"说。有学者利用徽州契约文书，考察了"典首"源于"纳金"，并指出，从押租制发展而来的"典首"，只是小买权形成的一条途径，不是小买权形成的所有途径。②

【垫纳】

［文书］据该贡生等禀称：有旧欠未完，差代**垫纳**，持串诈索，非给至十余倍，揩串不付，若向理论，则呈串禀追。

——黄山市档案馆藏

---

① 民国《黟县四志·风俗·黟俗小纪》。
② 汪柏树：《简评〈黟县四志〉中胡梦龄的"典首"说》，《徽州学研究》第三卷，中国文史出版社 2008 年版，第 178 页。

垫纳，即代人缴付钱粮。多因土地买卖后未及时推收过割，所交易土地赋税由卖主替买主缴纳。

据民国时期调查载："恒有卖产，而粮不过割，每遇开征之时，由买主给钱，卖主完纳，名曰'垫粮'……又有产已卖尽，粮未推尽，卖主甘愿负无产纳粮之义务。"① 这种垫粮情形在徽州契约中颇为多见，如乾隆二十八年，休宁戴运嫂卖地与王氏，王氏除了支付契价银四钱五分外，还支付银一钱交付戴氏，"领去生息，永远代王宅纳粮无异"②。

【顶首】

[文书] 署江南徽州府歙县正堂加十级记录十次周，为议禁佃户私顶小买事。奉府宪札，奉京堂宪张批，据团董禀陈管见，请严禁佃户霸种小买等情。奉批徽州府饬县体察情形，酌核办理等因，转行到县。奉批："经本县体察舆情，酌量议禁，并奉府宪察核议转在案，查小买名色，即俗称顶首，昔年有以在田青苗工本议价出顶者，后即有刁佃霸持田业，私议顶头，混称小买者。致控告抗租霸种之案层见迭出，亟应整饬，以挽刁风。今议自咸丰八年为始，如有佃户拖欠租谷，即听业主起田另召，不准佃户于退种时执小买之说向后佃索取。违即照盗卖他人田宅律治罪，与者同论。惟该佃先前顶种时，如有给过前佃顶价者，应令业主于退田时查明执据。不问其数多寡，将该年额租让给一半，以资贴补。该佃即不得再向后佃索取顶价。"

——《咸丰八年（1858）徽州府歙县正堂告示》，转引吴秉坤《清代至民国时期徽州田面赤契现象探析》，《黄山学院学报》2009年第2期

顶首，即小买之俗称。从以上材料记载看，在租佃经营中，前后租佃者在"顶种""转佃"过程中，以"青苗""粪草"等名义索取的"顶价"。在徽州文书中，"顶契""退契"往往与小买权转移有关。

【灯油（灯油租、灯油田）】

[文书一] 今托亲族程宗禹等眼同立契出批与亲侄程良儒父子名下收

---

① 《民事习惯调查报告录·黟县习惯》，中国政法大学出版社2000年版，第549页。
② 《中国历代契约汇编考释》（下），第1266页。

租管业，以为**灯油**、纸笔、考费之资，此系作养义举。

——《崇祯三年（1630）祁门程宗尧立批契》，《徽州千年契约文书》宋元明编，第 4 卷，第 297 页

[文书二] 一贴如馔**灯油租**八秤；一前有墨，将种林坞口田租十六秤偿还昔年用过吴氏银两，今定倘后倌能进学，则取八秤贴倌**灯油**；**一灯油租**期励奕世读书，后有饶产，宜多加入，后假有子，租贴入泮。

——《康熙五十五年（1716）施文烽立嘱书》，黄山市档案馆藏

[文书三] 又扒田皮五十七秤零四斤，存**灯油田**以贴读书应试者收租使用。

——《道光二十九年（1849）詹汪氏立分关》，安徽大学徽学研究中心藏

灯油（灯油钱、灯油租、灯油田），系家庭为资助子孙读书应试而专设的资产。

【东主（房东）】

[文书一] 立召约**东主**余槐茂。今有己业土名黄家林山一备，向谕仆等众姓葬坟，余山蓄养供[国]课无异。

——《休宁余姓庄仆规约和纪事》，章有义：《明清及近代农业史论集》，第 360 页

[文书二] 自情愿尽行将承祖山地尽行出卖与本都**房东**王文瞪名下，面议时值价白银二钱五分整。

——《成化十四年（1478）王思坚卖山白契》，《徽州千年契约文书》宋元明编，第 1 卷，第 203 页

东主（房东），因庄仆"住主之屋"而对主人的称谓。

据明万历祁门张知县所云："徽州之俗，在房东则以主人自居，在佃人即以庄仆自认，合郡皆然，相沿已久，比之他郡尤截然不复。"[①]

在传统徽州，佃仆制度由来已久，顽固存在。佃仆或称庄仆、地仆、

[①] 《郑维明、许多保诉状·祁门县张复南京屯院文》，原载《郑氏眷契簿》，安徽省博物馆藏。转引自刘和惠、汪庆元《徽州土地关系》，安徽人民出版社 2005 年版，第 148 页。

庄佃、伴当、伙（火）佃、山仆、住佃、细民、地伙、僮仆等不一而足。他们住主之屋、葬主之山、种主之田，并对特定家族或宗族承当一定的劳役义务，世代相承，形成主仆之分。主仆之间大多通过订立各种契约维系经济关系和人身隶属关系，由此产生大量相关文书遗存至今，"东主""房东"常见于徽州主仆关系文书中。

【都】

[文书一] 供状人<u>李琼</u>、<u>李璁</u>、<u>李用明</u>，年甲不齐，俱系祁门县十东**都**民。状供为<u>李齐</u>、<u>李溥</u>告争坟山事。

——《徽州千年契约文书》宋元明编，第 1 卷，第 274 页

[文书二] 立卖契三**都**六图一甲起至十甲止，里长<u>程文明</u>、<u>闵永盛</u>、<u>吴应兆</u>、<u>任良德</u>、<u>汪九章</u>、<u>吴尚贤</u>、<u>金尚文</u>、<u>朱文翰</u>、<u>陈天宠</u>等。缘因图内二甲<u>吴一坤</u>户里役，户丁<u>吴国瑞</u>先年原同<u>余尚镇</u>户两下朋充，立有合墨轮流里役，催办钱粮完公。

——《乾隆二十九年（1764）休宁县三都六图<u>程文明</u>等立里役合同》，《中国历代契约汇编考释》，第 1267 页

"都"是宋元以来县域之下为加强乡村土地管理而设置的区划。

关于都，早在北宋，王安石变法时，即出现以区域为基础而编制人户的都保设置，借以推行寓兵于农的保甲之法。都、保开始负担基层行政事务，并向行政区划组织转化。北宋后期，因战乱频仍，随着人口迁移以及自然消长，利用都保框定户口的功能衰退，都保的行政职能也趋于弱化。进入南宋以后，政府为了统计土地，收取农税，在很多地方实行经界法，一都下辖十保的格局基本确定。每保土地以《千字文》为序而编上特定字号，借以加强对土地的管理，都、保被赋予新的职能，演变成为侧重土地区划，且地域相对稳定的基层建制。

明朝建立后，除了设置里甲组织以管理人口赋役外，还推行了鱼鳞图册制度，以加强对土地的管理。因此，在都之下，亦相形存在两种建制系统：一为都图，以人户划分为主，属黄册里甲系统；一为都保，以

地域划分为主，属鱼鳞图册系统。①

宋元以来以都为单位并无官府行政设置，并为明清所继承。从徽州情况看，明清时期，不但一县之下所设都的数量大致稳定②，且一都的地域范围亦相对固定，大约以方圆数十里为限。如黟县五都"周环约二十里许"③，祁门县二十二都"地周二十余里"④。一都之下涵盖一定数量的自然性村落。

【都保】

[文书] 拾西都排年里甲**李本宏**等。承奉上司明文，为清理田山事。今蒙本府委官同知大人**甘**案临催并解切。缘图下各户，田土坐落各处，**都保**星散，一时难以查考。

——《弘治四年（1491）祁门十西都**李本宏**等立合同》，《中国历代契约汇编考释》，第 1118 页

都保，系宋元至明代前期为加强对基层土地管理而设置的区划，即县以下设都，都下设保。

自南宋经界后，一般于基层社会一都下辖十保的格局基本确定，每保土地以《千字文》为序而编上特定字号，借以加强对土地的管理，都保制随演变成为侧重土地区划，且地域相对稳定的基层建置。

明朝建立后，推行鱼鳞图册制度以加强对土地的管理。从而以地域划分为主都保制继续存在，属鱼鳞图册系统。⑤ 可见，宋元以来的都保亦为明代所沿用。明代都保制下的保，基本上沿袭南宋经界以来的旧制，一般每都之下多划分为 10 个保。⑥ 显然，明代都保与宋元以来经理疆界而设置的都保是一脉相承的。

至明代嘉靖，特别是万历清丈以后，里甲黄册和鱼鳞图册的字号已

---

① 栾成显：《明代黄册研究》，中国社会科学出版社 1998 年版，第 293—299 页。
② 以徽州为例，其所辖六县乡村拥有都数分别为：婺源 50 个，歙县 37 个，休宁 33 个，绩溪 15 个，祁门 22 个，黟县 12 个。
③ 《聚奎文会杨如绪序》，载同治《黟县三志》卷十五《艺文志·政事》。
④ 《鼎元文会同志录·文会记》。
⑤ 参见栾成显《明代黄册研究》，中国社会科学出版社 1998 年版，第 293—299 页。
⑥ 同上。

趋于一致，属于鱼鳞图册之都保区划逐渐废止，都图和都保随由分而合，都图制逐步取代了都保制。

【杜卖（杜断）】

[文书一] 二十一都二图立卖田契人许阿江。今因正用，自情愿将承祖遗受……凭中立契出卖与本都本图荫祠名下为业，当日三面言定得受田价银八十六两一钱九分整。其银当日收足。其田即交管业，并无异说。此系出自情愿，并无威逼等情。其田并未当与他人以[重]复交易。倘有亲房内外人等异说，俱系出卖人承当，不涉买人之事。今恐无凭，立此**杜卖**田契存照。

——《歙县许阿江卖田赤契》，《明清徽州社会经济资料丛编》第一集，第129页

[文书二] 立**杜断**卖契舒蟾公会支长灶留仝司事大章。今因官差事用无措，愿将会内土名□头田一处籼租十五砠，减硬拾砠正（整），系经理吊字……今将前项各四至内田凭中尽行立契出卖与舒名下为业。

——《咸丰十一年（1861）舒蟾公会立**杜断**卖契》，《徽州千年契约文书》清民国编，第2卷，第511页

杜卖（杜断），一次性彻底卖断。参见"出断"条。

【断卖（断骨）】

[文书一] 拾都住人汪泉。原于正统元年（1436）间典到拾贰都汪思和田四号，至正统二年（1437）九月间**断卖**与本家。

——《休宁县汪泉卖田赤契》，《明清徽州社会经济资料丛编》第一集，第32页

[文书二] 立情愿**断骨**出卖会并田皮约人世釜。今因缺用，原承父有元宵会一户、关帝会一户、中秋会一户，柿木山园并田皮一坵，以上己项，自情愿托中将会三户、田皮一坵出卖与钰兄名下。

——《乾隆二十五年（1760）世釜立**断骨**出卖会股并田皮契》，黄山市档案馆藏

断卖（断骨），即一次性彻底买断。参见"出断条"。

【断山】

[文书] 十西都谢元坚，是祖振安、振民于上年间，将本都八保南口源，土名紫坱、叶家庄、葱菜坞等号东西二培，原立合同将其山骨三大分中内取一分，合断与三四都谢彦良、彦成前去用工剢作，以准栽苗、隔火、看倬工食。

——《祁门县谢元坚立断山文约》，《明清徽州社会经济资料丛编》第一集，第452页

刘和惠等认为，在徽州断山即佃山（或揽山）。①

【独脚会】

[文书] 立议会书人齐成印。今承施琦光先生代跽（起）**独脚会**一局，计会赀银二十三两二钱四分整，分作四年浇清，每年浇银六两九钱七分整，不得拖欠。如有递年不清，只算常利。恐口无凭，立此会书为证。除跽（起）会之外，净欠银三十三两零四分整，将该身住屋五股之一作当。

道光十三年（1833）六月二十二日立会书人：齐成印

见：弟观男

亲笔

——黄山市档案馆藏

独脚会（或称独会、单刀会），由会首（发起人）邀会，向会脚（参会人）醵资，会首独立获取会资，嗣后分期偿付本金，属于民间钱会形式之一。独脚会具有民间有息融资和借贷性质。

【堆金】

[文书] 重建惟善堂。今收到徽州府鼎青号箱茶业一千〇七十二箱**堆金**计钱陆千四百三十八文，此照。同治十年（1871）六月十七日重建惟善堂厝捐收单

——《故纸堆》丙册，第37页

---

① 刘和惠、汪庆元：《徽州土地关系》，安徽人民出版社2005年版，第79页。

堆金，按照一定比例抽取的税费。

【兑换契】

［文书］立**兑换**契在城汪赤山祠秩下经首人<u>龙文</u>等。原有承祖买受三四都八保土名小塘坞口月字七百八十一号，计田八十步零四分，折实租贰秤。其田系在<u>明华</u>、<u>明富</u>、<u>记鸾</u>等屋旁边，猪鸡耗散，因佃辞田不种。经管首人向凌姓理论，凭中劝谕，凌姓自愿将自己买受八保土名牌坵月字八百六十二号，计丈田一百二十步，折实租叁秤整。两姓自愿兑换，其小塘坞口凌姓管业，其牌（坵）汪祠管业，各无异说，各收各推，今欲有凭，立此**兑换**契存照。

乾隆三十九年（1774）十二月初八日立**兑换**契：<u>汪赤山祠</u>（等）

秩下经首人：<u>汪龙文</u>（等）

——《嘉庆二十二年（1817）祁门凌氏立合同文约誊契簿》，《徽州千年契约文书》清民国编，第11卷，第207页

兑换契，对等交换产业而立的契约。

徽州文书兑换契颇为多见，究其原因，与民间田土分籍化、零碎化有关，亲邻之间私下交换产业以便于经营管理。

【对客（进身）】

［文书］其地**进身**九尺，**对客**一丈。

——《嘉靖祁门汪氏抄契簿》，《契约文书》宋元明编，卷5，第377

对客系土地横向宽度；进身即进深，系纵深长度。

【段】

［文书］甘字七百十三号，计田三亩四分二厘一毫，土名又坑裹**段**，全业之对半，各该田一亩七分一厘五毫，其五坵，租一十＝一秤。佃人<u>黄记互</u>。

——《明天顺七年（1463）黄氏析产华字阄书》，<u>田涛</u>等主编《田藏契约文书粹编》，中华书局2001年版

段，或作塅，常见于契约"土名"中。《清律》载："方园一区曰

坵，坵中分界曰段。"① 也就是说，坵、段均为区分整块田地的俗称。在徽州对土地的俗称，向有"大为坵，小为段"之谓。

【剟作】

[文书] 其山于上年被火烧损成茅，今立合同文约，合到前去**剟作**开掘茅柯（荷），无问栈平，遍山栽种杉苗近密。

——《休宁县谢彦良卖山契》，《明清徽州社会经济资料丛编》第一集，第 325 页

剟（音 duo），"剟作"即开垦荒地，垦殖山林。

【F】

【罚戏】

[文书一] 凌务本堂、康协和堂。原共有金竹税洲，为申饬文约请示演戏严禁，蓄养树木庇荫水口保守无异。近因无耻之徒屡被偷窃，锄种无休，是以二姓合议公禁。水口命脉攸关，本应该指名告理，免伤亲族之谊。违犯自愿封禁鸣锣，扯旗示众。自后家外人等毋许入洲窃取税洲地，毋许锄种。如违**罚戏**壹台，树木入众。如有梗顽不遵，指名赴县赍文控理，断不宽恕。二祠倘有外侮，费用均出，各宜凛（禀）遵，毋贻后悔，凛之慎之。

乾隆四十八（1783）年六月　日二姓公白

——《祁门康氏文书》，安徽大学徽学研究中心藏

[文书二] 如违任扣除口分外，仍**罚戏**一（台）封禁。

——《道光二十九年（1849）倪人夏立承看守文约》，《徽州千年契约文书》清民国编，第 2 卷，第 466 页

[文书三] 立议掌养约人凌大有、大成、大例、记松、记胜。今将土名叶家源山一号，公议**演戏**严禁松杉杂柴，出议与族内记泰等六股名下

---

① 《大清律辑注》卷五《户律·田宅·欺瞒田粮"附注"》，《续修四库全书·史部·政书类》，上海古籍出版社 2002 年版，第 863 册，第 349 页。

前去掌养。所有截火捕盗，内外人等毋得入山窃取，俱系掌养人管顾，不致懈怠。恐有不法之徒，**罚戏**一台，同业之人看见不报同罚。其山成材之日，二八相分，业得八，力得二，各（无）异言。今欲有凭，立议掌养约存照。

嘉庆二十四年（1819）三月十一日立议掌养约人：<u>凌大有</u>（等）

计开六股掌养人：<u>大例、记鸾、记科二股、记泰、荣春</u>

——《徽州千年契约文书》清民国编，第 11 卷，第 298 页

[文书四] 自今以后一无敢犯，如有犯，出公议**罚戏**一台，仍依此文为准。

——《嘉庆二十二年（1817）祁门凌氏立合同文约誊契簿》，载《徽州千年契约文书》清民国编，第 11 卷，第 378 页

罚戏，徽州民间惩罚之一形式，通过鸣锣晓谕众人，罚戏以示惩戒。

演戏示禁系传统徽州惯俗。违约受罚者除了要承担不菲的全部演戏费用，尚需鸣锣示众，违约的结果是付出经济、名声乃至社会信用受损的巨大代价，从而借助公众场合、公众力量达到以示警诫。这种民间惩罚形式对于维系乡土社会良好的契约信用以及契约关系发挥着重要作用。

揆诸徽州文书，罚戏多体现对重要事务的约束，以合同契约为多见。在徽州，特别是具有村规民法性质的禁约合同，大多由具有身份、地位者（如族长、房长、斯文等）针对一定范围的群体而制定，约定的内容涉及森林养护、治安维护、村族管理、公务实施等重要事务，往往于立约之初通过演戏公之于众，并通过罚戏制约违约行为的发生。[①]

【罚米（罚银、罚钱、罚酒）】

[文书一] 有此等情由，**罚米**五十石公用。

——《徽州千年契约文书》宋元明编，第 1 卷，第 62 页

[文书二] 有叛约违议等情，众**罚白银**十两公济，仍依此约为定。

——《众姓立合山议约》，上海图书馆藏

[文书三] 自议之后，各不许悔，如悔者甘**罚白银**五两公用，仍依此

---

① 参见刘道胜《明清徽州宗族文书研究》，安徽人民出版社 2008 年版，第 114 页。

文为准。

————《徽州千年契约文书》清民国编，第1卷，第5页

[文书四] 立严禁约人王学富、仕兴等。窃闻朝廷有法律，乡党有禁条。吾古槐公裔孙丁有四十，艰苦者居其大半。考其由大都终日孤注，不习正业故也。吾等目击心伤，爰是集众演戏全部，写立禁约以警后患。所有条规逐一开后，秩下子姓再有复蹈前辙，照旧赌博者，一经知觉，**罚银**四两入众外，仍处责十板，**罚酒**四席，演戏全部。其不服责罚者，众内开匣，支出银两，送官惩治，断不宽贷。秩下人等不得受贿买放，并有欺善畏恶知情不举者，亦与犯禁人同罚。自立禁约之后，各宜遵守无违，互相劝诫。诚如是也，家风自此振兴，人心自兹改革，则今日禁约之举，谓非方来之一机耶。爰立禁约五纸，各收一纸为照。

大清嘉庆十一年（1806）三月十六日立严禁约：古槐公秩下人王学富（等）

————田涛：《徽州民间契约中的稀见文本研究》，载《中国法律史学会成立30周年纪念大会暨2009'年会会议论文集》，第81—89页

罚米（谷）、罚银（钱）、罚酒以及罚戏，均属民间惩罚形式，民间惩罚是民间契约关系维系的重要手段。

在传统契约文书中，对于违约责任的承当，屡屡可见"罚谷""罚银""罚钱"等格式化的表达。具体从徽州文书看，这种经济惩罚的约定多见于物权、人身、经营等复杂多样的私约以及各种合同契约中。一旦"叛约""违约""悔约"，普遍采用这种简单易行的惩罚方式，惩罚数额大，违约成本高。所罚的钱粮白银多为"公用""众用"，受益者或为遵约主体以及参与契约签立的中证等；或为组织化的家族、宗族等。在乡土社会中，基于自愿原则而约定的契约主体之间，各自享受的权益相对平等，与此同时，各契约主体在彼此约束、相互制衡的机制下，一定程度上保障了"民从私约"和"违约受罚"的自觉践行。

【房（支、派）】

[文书一] 祖遗产业等物，照子七**房**均分，各本经营无异，阄书并存后。

——《万历休宁洪岩德等立阄书》,《徽州千年契约文书》宋元明编,第 7 卷,第 310—346 页

[文书二] 立议约人首村**长支十三派**众等……定以清明后七日标挂,春、园、林、秀**四小支**风雨无阻,诣墓致祭,千百年来禋祀弗替。

——《休宁首村朱氏文书》,安徽大学徽学研究中心藏

房是宗族内部相对于父子系谱关系所构成的由近及远的不同亲属群体之称谓,与宗族之下分、堂、支、派、门、股等这些称谓多有相通之处。从房谱系关系的发生发展看,其本滥觞于个体家庭的亲子关系,小而言之,相对于同一父系之下分析而独立的诸子均称为房,分家即分房,这种房称为基础房。然随着世系的繁衍,基础房的日益发展和不断联属则逐渐构成扩展房。从不同层级房派间功能关系和组织形态看,有关系相对松散的房派,设置房长,管理严格的组织化房族。

在传统徽州宗族社会中,分房原则下形成的房派观念,深深作用于普通民众的心理和行为之中,一方面,个体和家庭按照父子关系的不断联属,在系谱上分别归属不同层级的房派,房派观念清楚地揭示了个体和家庭在宗族关系网络上的具体关系;另一方面,面临宗族内部的不断分化,房作为宗族次生单位,成为宗族整合其内部关系并组织化,以及实现族内事务管理的重要主体。[1]

【坊长】

[文书] 直隶徽州府歙县月字九百八十九号契纸,产价捌两。税银肆钱。领契纸**坊长**、里长。

——《歙县程爱老卖田赤契》,《明清徽州社会经济资料丛编》第一集,第 79 页

明代里甲编制,以一百一十户为里,"在城曰坊长,在乡曰里长,余一百人分十甲"[2]。"坊长"又称"坊正",系明代以来里甲制下管理街坊的职役。

---

[1] 参见刘道胜《明清徽州宗族的分房与轮房》,《安徽史学》2008 年第 1 期。
[2] 转引自刘志伟《在国家与社会之间》,中山大学出版社 1997 年版,第 37 页。

【飞洒】

[文书] 立情恳**飞洒**字人强、**步蟾**同侄茂喜。情因上年父手遗种三十三石五斗六升，陆续出售各业户，俱照契过割完纳并无不白。奈<u>桂</u>英父手失算，多收上首丁地银九钱三分四厘。今<u>桂</u>贫苦异常，无力完纳，浼凭差证，情恳到陈裕丰宝典名下飞洒丁地银贰钱贰分五厘，在三、四甲<u>强茂</u>、<u>喜柱</u>内过割飞洒丁地银贰钱贰分五厘。自情恳之后并不得藉有余粮，另行滋索，今欲有凭，立此情恳字为据。

——《嘉庆二十二年（1817）立飞洒契》，《徽州千年契约文书》清民国编，第7卷，第251页

据《天下郡国利病书》载："何言乎飞洒？富人多田，患苦重役，乃以货啖奸书，某户洒田若干亩，某户洒田若干分厘；某户洒粮若干合勺。积数户可洒田以亩计，洒粮以斗计；积数十户可洒田以十计，洒粮以石计。而书手则岁收其粮差之算。其被洒之家，必其昧不谙事，或朴懦不狎官府者也。甚有家无立锥之业，而户有田亩粮差之需，至岁庸其身以输犹不给。""飞洒者损人以裕己者也"。①

飞洒，即将赋役负担洒派于其他户籍予以承纳，多系里书为谋取私利，与奸猾之徒上下其手而造成的弊端。即所谓"专货书手，悉以田归书手户，粮亦随之，书手乃径豁其田，而粮则于十年之中，岁洒合勺于一里百户之内，渐以消豁"②。

从上引材料看，因原买上首土地时，买者由于"失算"而无意中多接受了赋税数量，从而采取飞洒相关赋税于其他户籍予以缴纳。

【分关（分单）】

[文书一] 承祖父屋宇田地山场、菜园、茶柯（棵）照依嘉庆九年（1804）**分关**书各管各业，日后子孙两无异言。

——《徽州千年契约文书》清民国编，第2卷，第170页

---

① 《天下郡国利病书·浙江下》引《宁波府志·田赋书》。
② 同上。

［文书二］屋业**分单**汪应玑同侄永锡、永祚、永嘉。所有潜口街北住屋画图，除存众外分为天地人三阄，以各股取便为归。分后各守各业，不得以从前买价及起造修理银钱多寡争论。今浼亲族作中，立此**分单**三纸，图载于后，各执一纸为凭。

嘉庆六年（1801）立**分单**：汪应玑（等）

——黄山市档案馆藏，藏号001-1-E13-0110

分关（分单），即分家阄书。明清徽州分家阄书名称不一而足，有阄书、分书、分单、支书、关书、标书、标单、析产阄书、勾书、议墨、分产分墨、阄分合同、分产议约等之称，参见"阄书"条。

【分籍（分法）】

［文书一］今因户役，自情愿将前山地本位合得**分籍**，尽数立契出卖与郑安信分下子孙凑便为业。

——《嘉靖十三年（1534）郑泽等卖地白契》，《明清徽州社会经济资料丛编》第二辑，第229页

［文书二］今自情愿将前项本家合坞山骨，并在山浮苗木及栽得程升山杉苗九分该得**分剂（籍）**，尽数立契出卖[与]同都程余名下为业，面议时价纹银十两整。

——《歙县程湖卖山赤契》，《明清徽州社会经济资料丛编》第一集，第349页

［文书三］今为户门无钞用度，自情愿将前项四至地脚并苗木合得**分法**，尽行立契出卖与同都李志任名（下），面议时价宝钞一百五十头。

——《永乐十四年（1416）江周胜等卖山地赤契》，《徽州千年契约文书》宋元明编，第1卷，第77页

分籍（分法），即家户之间既存在细小的、个体权属明确的份额地权，又彼此相互关联的土地占有形态。

在传统徽州，因分家析产和土地流转，带来"地权分籍化"，此种情形在徽州宗族内部尤为普遍。此外，在徽州山林保护和开发中，因需要联合经营管理，以分籍共业形式亦颇为多见。分籍土地的分散所有和联合经营初步具有股份制形态。

【分水】

［文书］十六都汪惟起等共有山一号，坐落本都二保，土名查木坞，其山四至里至沙弯垄**分水**，外至倪家坟山垄分水，上降，下至坑。

——《顺治祁门汪氏抄契簿》，《徽州千年契约文书》清民国编，第4卷，第28页

分水，即分水线。垄即山脊。

【粪草田（粪草田皮）】

［文书一］立当契人汪记孙。今因无钞用度，自情愿托中将本身分下**粪草田**，土名小公坞晚租二秤，出当与房东谢魁元名下。

——《崇祯九年（1636）汪记孙出当粪草田契》，《徽州千年契约文书》宋元明编，第4卷，第402页

［文书二］实租弍秤并**粪草田皮**尽行立契出卖与吴名下，收租耕种为业。

——《乾隆十七年（1752）祁门李商玉卖田赤契》，《徽州千年契约文书》清民国编，第1卷，第316页

粪草田，又称粪草田皮。刘和惠指出，粪草田指业主（土地所有者）给予佃垦者的优惠措施，一般三年不起租。三年后佃垦者如果转让与他人耕种，使用人应偿付一定的肥料工本费。粪草田的实施，成为后来的小买田源头之一。①

【风车净谷】

［文书］其利每年秋收交纳**风车净谷**十二斗整，挑送上门，不致欠少。

——《歙县黄细保退小买田契》，《明清徽州社会经济资料丛编》第一集，第201页

"风车净谷"系经过晾晒，并使用扬谷器扬除糠秕的干净谷物，又称

---

① 刘和惠、汪庆元：《徽州土地关系》，安徽人民出版社2005年版，第166页。

硬谷、硬租谷。

【风水】

［文书］其钞并契当日两相分付，未卖之先，即无家外人重复交易，于上建造**风水**，本家不在（再）阻当（挡）词说。

——《成化祁门胡氏抄契簿》，《徽州千年契约文书》宋元明编，第5卷，第127页

风水，旧时迷信，为营建屋宇、坟墓而选择的适宜地点、地势、方向等。晋郭璞《葬经》："葬者，乘生气也。气乘风则散，界水则止。古人聚之使不散，行之使有止，故谓之风水。"[1] 上引材料中的风水指坟墓。传统徽俗重葬，民间丧葬狃于风水，惑于堪舆，泥于阴阳，殚精竭虑地选择和保护风水成为地方根深蒂固的民俗观念。

【浮木（浮苗、浮屋）】

［文书一］今为无钱用度，自情愿将前项四至内山场并**浮木**，本位共该得十二分中合得二分，尽数立契出卖与族叔公汪立之名下为业。

——《正德十二年（1517）祁门汪香等卖山赤契》，《徽州千年契约文书》宋元明编，第1卷，第356页

［文书二］将四至内山其山骨并**浮苗**，主力尽数立契出卖与本都住仁名下为业。当日面议时值价纹银一两二钱整。

——《天启三年（1623）祁门查四卖山赤契》，《徽州千年契约文书》宋元明编，第4卷，第126页

［文书三］五百五十三号，土名沙塝坦地，成园北头地七十三步，并在上披培屋、厕所及树木。又取里面鱼池边**浮屋**三间贴补。

——《隆庆六年（1572）休宁张烜等立阄书》，《徽州千年契约文书》宋元明编，第5卷，第481页

"浮"与"骨"相对，指可动产业。浮木、浮苗即山地上之树木、秧苗，不包括山地在内。浮屋指基地上之房屋，不包括基地在内。

---

[1] 参见张传玺主编《中国历代契约萃编》上册，北京大学出版社2014年版，第450页。

【浮租】

[文书一] 一议存留**浮租**二百秤，置立簿匣，每人收贮管办一年，以供祭祀拜扫。

——《明代祁门赤桥方氏阄书》，南京大学历史系资料室藏

[文书二] 后于［永乐］十七年（1419）有存留本都郭公坑田壹拾起亩，拨与男宽收**浮租**以准衣鞋之类。为男已故，今蒙本县金点孙洪㳇充儒学生员，亦累衣冠无人管顾。将原扒与宽前田壹拾亩，拨与孙洪㳇，照例收**浮租**支用。

——《正统二年（1437）祁门县五都洪阿王立合同》，《中国历代契约汇编考释》，第1091页

浮租，即土地租佃中，根据每年庄稼收成情况，主佃因时约定的租额。

在涉及"浮租"的租佃契约中，主佃之间一般预先仅确定诸如对分、四六分等之类的分配比例，没有约定具体的、固定的租额，最终依据年成丰歉情况按比例确定具体租额。

清代以降，浮租作为一种租佃形式广泛存在。直至新中国成立前，解放区实施的《二五减租暂行条例》即规定："若系浮租，每造收成后，由当地选出佃农三人，自耕农三人，地主三人组织评租委员会，以过去五年交租原则评定租额，然而减二成五。"[①]

【G】

【该】

[文书一] 所遗存屋宇、荒地，**该**银账目，三股品搭，均分开例于后。

——《嘉庆元年（1796）徽州陈黄氏立阄书》，《故纸堆》丙册，第15页

---

① 吴彩珍主编：《热血春秋》，广西师范大学出版社2015年版，第693页。

四　稀俗词例释　/　123

[文书二] 共计[山地]三处，均助与祠内听凭公议核算，或**该**或余，不与相关。

——《信札（善财书）》，安徽师范大学皖南历史文化研究中心藏

徽州俗称差欠他人钱财为"该"。

【甘约（伏约、戒约、限约）】

[文书一] 立**甘约**人<u>邵世茂</u>、<u>世英</u>。今身等不合受南山<u>贤喜亲眷</u>素行不端之人，及致族众疑身等勾引行窃。今合众鸣保，身思未犯，情愿央保面白立约，日后族内倘有被窃等情，察出听呈官理治，立此**甘约**存照。

——《康熙二十八年（1689）<u>邵世茂</u>等立**甘约**》，黄山市档案馆藏

[文书二] 立**伏约**人<u>鲍佛佑</u>，原身于四十四年□□众承揽到房东<u>吴宗</u>祠坟山一业，土名汪塘山栽养松木荫庇坟茔。自不合于本月十五日往山盗取松木等项，当被<u>吴满</u>获赃投里，情知理亏，自愿照依原主禁约受罚受责，求无送官，将原立牌除名革管，自（此）后不敢往山辙前害，访出任凭送官甘罚无词，今恐无凭，立此**伏约**为照。

——《隆庆二年（1568）<u>鲍佛佑</u>立伏约》，《徽州千年契约文书》宋元明编，第2卷，第410页

[文书三] 立**戒约**<u>潘子云</u>，为劝谕解赌以肃身心事……但因吾侄之仪，连年以来，误入迷阵，以暮作朝，轮耗白银四五十金，岂不惜哉。予念竹林之谊，再三劝悔，幸喜吾侄回头是岸，自甘愿戒。予今于十一月十九日邀集亲友及房下子侄公同立约，以申规戒吾侄之仪。倘不遵规戒，仍然恋赌，罚银五两以儆不守规戒之例。但吾年迈，尔辈互相察之。自戒之后，务当改过自新，日夕营谋，财源兴旺。毋负吾一番训戒，此约。

——《乾隆十六年（1751）<u>潘子云</u>立**戒约**》，黄山市档案馆藏

[文书四] 立**限约**仆人<u>陈社魁</u>仝侄<u>陈周发</u>，今因身不合于天启五年（1625）二月将祖母棺木一具，私厝洪主祖坟边旁二载不报，意图侵葬。因事发觉，已另（立）还服罪文约，求主山地安葬祖母。今因目下日期

未卜，托中愿立限约，请主眼同保甲长等，将棺木封号暂厝主山，即择吉日请主到山验葬，不得私行搬移。如擅移不报，即系侵葬是的，听主递官理治无词。今恐无凭，立此**限约**为照。

——《天启六年（1626）陈社魁等立**限约**》，《明清徽州社会经济资料丛编》第一集，第460页。

甘约（或称伏约、戒约、限约），系因偷盗、赌博、庄仆"悖逆"等，经由公众裁处后，当事人为认罪伏罚而书立的保证书。

【甘结】

[文书一] 具**甘结**休宁县一都八图族长王惇裕、邻佑王永宁、邵超堂。今与甘结，为遵上日详悉，妥议具奏事。依奉实结得本族邻捐职从九品王荣锡委系身家清白，以及三代出身并无违碍等情，中间不致状捏，所具**甘结**是实。

——《嘉庆二年（1797）休宁县一都八图族长王惇裕等立**甘结**》，《徽州千年契约文书》宋元明编，第4卷，第433页。

[文书二] 具还甘结保长黄圣云、甲长胡孔玉、地邻黄圣旺、胡伯茂。今与甘结事实，结得身等保甲邻内有凌大俊等住屋一重并余屋一间，本年二月二十九日被火焚烧，所有契匣农器家伙等物俱焚乙空。比投身等验明是实，俊等具报请帖，其山地各契被毁，存有契簿，身等已经看过是实，于中并无捏飾，所具**甘结**是实。

——《嘉庆祁门凌氏眷契簿》，载《徽州千年契约文书》清民国编，第11卷，第493页。

[文书三] 具**甘结**族长何元拴、邻佑程日宣、丁习成。今与**甘结**事实，给得族邻内优贡候选知县何宗逊，伊父家俊于光绪拾伍年拾壹月贰拾壹日在籍病故。伊系亲子，并无过继例，应丁忧。当邀身等出具甘结呈报在案。兹伊应自光绪拾伍年拾壹月贰拾壹在籍丁父之日起，扣至拾捌年贰月贰拾壹日服满，例应起复。伊因家计维艰，前赴山东教读，未及随时具报，其中并无匿丧、捏饬、规避及抗粮兴讼一切违碍等弊。所具**甘结**是实。

——《光绪二十三年（1897）何元拴等立甘结》，《徽州千年契约文书》清民国编，第 3 卷，第 267 页

甘结（又称具结），系出具调查结果而上行官府的文书。

【降】

[文书一] 立清白合文分单人凌明华等。今有叶家源祖坟山一号，计山六亩，计地四亩。其山东至晏坑口随垄直上至**降**，西至枣木嘴随垄直上直至**降**及梅树坞，南至尖，北至田。

——《嘉庆二十二年（1817）祁门凌氏立合同文约誊契簿》，《徽州千年契约文书》清民国编，第 11 卷，第 216 页

[文书二] 十西都谢应祥、永祥、胜员等，曾于永乐二十年及二十二年间，月日不等。二契将承祖本都七保土名吴坑口，系经理唐字壹千玖伯伍拾号，山地叁亩叁角。东至**降**，西北溪，南至竭头，立契出卖与本都谢则成名下。

——《徽州千年契约文书》宋元明编，第 1 卷，第 111 页

降，徽州土语，音 gang，系徽州对山区地形的一种称谓，指沿着山脊由高到低的地势统称为降。

【膏火】

[文书] 四姓文会……以给生童**膏火**、灯田、会课、花红奖赏。

——（清）胡文源等纂修：《（绩溪）南关惇叙堂宗谱》卷十《杂说》，光绪十五年（1889）刊本

膏火，或称膏火费，即求学费用。

【告示】

[文书一]　　　　　　　　　**告示**

特授休宁县正堂加五级纪录十次记功一次徐。为吁叩赏示，泽及泉壤，荫庇保祖，存殁均戴事。据十八都三图贡生汪大瑷，抱呈汪升具禀前事。呈称：缘生有祖墓坐落十七都四图，土名郁源西充塘等处，系陶字四千六百二十三四五三十八四十一号等号，均属全税全业，赤契炳据。

奈生居鸳远，上蓄荫木屡被砍伐，曾经禀叩前宪，未沐缉获。以致近山居民均蹈前辙，兼之纵放牛畜践踏坟茔，害及切肤。欺生外贸，家仅女流，肆行罔忌，莫可如何。生见心伤，实难忍隐。欲行禀究无处问津，情不得已。为此，吁叩宪大父师给示严禁，保祖蓄荫，惠及泉壤，上禀等情到县。据此，除批示外，合给示禁。为此，示仰该处山邻保甲人等知悉：自示之后，倘有无知匪徒砍伐该山荫木，以及纵放牛畜践踏坟茔者，许即指名赴县陈禀以凭立拿究处，决不宥贷。各宜凛遵毋违，须至示者遵。

乾隆五十一年（1786）三月二十六日示

遵（按：系墨迹手填）

——《徽州千年契约文书》清民国编，第2卷，第48页

[文书二]　　　　**告示**

特授祁门县正堂加五级纪录五次吴，为恳恩示禁事。据生员汪懋珍具禀前事，词称：生系三四都居民，生等四姓原有本都八保土名盘坑、美坑、田坑、晏坑等处山场各号山脚接连税田，各姓山内葬有祖墓，蓄养柴木，翼图出产上供国课下资民生。接连以来，召（招）异租佃效尤不息，讼牍繁兴，扰官害民，深为患虑。诚恐不肖子弟私将山场或召异民锄种苞芦，贪利肥己，或纵火烧山林，图挖椿脑。一经召异锄挖，不惟卸（泻）沙塞田坑租无产，抑且恐藏奸宄，酿祸滋事，难防不测。若被挖去椿脑柴根尽绝□□不生，课资生而皆失望，种种贻累为（危）害不浅，非叩示禁，居民莫宁。为此，叩乞恩赏金示，严禁召异并禁挖椿，裕课宁民，望光上禀等情到县。据此，合行出示严禁。为此，示仰南乡三四都业户人等知悉：所有本都盘坑、美坑、田坑、晏坑等处山场，毋许召异锄种苞芦，纵火挖椿，如敢抗违，许该地地保人等指名赴县具禀，以凭拿究，决不姑贷，该地保人等亦毋许藉端滋事，禀之毋违特示

乾隆四十六年（1781）七月初十日示

——《徽州千年契约文书》清民国编，第2卷，第22页

告示，系官府为晓谕一定范围内民众的下行格式文书，具有强制性。一般以地方长官议叙的功名姓氏为开端，再以"事据""词称"字样为标志述及事由，最后以"为此"为转折语，发布告示内容和禁令范围，告

示文中和文末，一般由地方长官分别亲笔画上圆圈，书写"遵"字，填上具体日期，并于年月处钤盖官印，以示其效力。告示所晓谕和禁止的范围很广，一般要求特定区域的约保、业户、居民、山邻等执行和遵守，其具有官方强制性地方法规的性质。告示下发后，往往被地方或张贴晓众，或刻碑示禁。

【割绝字】

［文书］立**割绝字**人王瑞安，今因检出老契一张，内载有敢字三千〇五十四号，计山税一亩一分六厘二毫五丝整。查该业系本都图七甲程再生户现管，当日亦是王姓所出此契，想必是因与别业相连，未曾缴付。今程亨九愿认洋十元整，将老赤契收去，并凭中议定日后再检出该号老金税票各据，当然缴与程姓收执，不得另生枝节。兹欲有凭，立此**割绝字**存照。

民国十一年（1922）十二月 日立**割绝字**人：王瑞安

凭中：王尔康

亲书

——安徽师范大学皖南历史文化研究中心藏

割绝字，为厘清产权归属所立的契约。从所引资料看，除照证现业契约外，出现与该业相关的老契，从而通过签订割绝字重新厘清产权归属。

【工食】

［文书一］本都五保，土名干田坞山，前去剟作锄种□□粟分，准作栽苗**工食**。

——《天顺四年（1460）江振宅租山契》，《徽州千年契约文书》宋元明编，第1卷，第167页

［文书二］其山骨议作大三分，震安、振民合得二分，彦良、彦成合得壹分，以准**工食**。

——《休宁县谢彦良卖山契》，《明清徽州社会经济资料丛编》第一集，第325页

[文书三] 立议合同汪兴、吴宗睦、戴宗远、金华宗、王宗章、朱淳义、叶涌等。缘因雍正五年奉旨各都图添设保正，续奉县主票唤本里举报，是以合里公议，分作四阄，对神拈定，轮流承充，不得推诿。所有**工食**银十二两，每年在于本里二十九甲户内公派，以为承充之人料理公务等用。其承充之人一应公务，尽在承值，不得误事。所有分阄条款另列于后。

——《雍正五年（1727）汪兴等立合同》，安徽师范大学图书馆藏

工食，薪酬、报酬之俗称。"工食"之称在徽州山林契约中颇为多见，陈柯云指出，工食银就是蓄养山林等力分的报酬。①

【供息状（供状）】

[文书一] **供息状**人李齐，年六十一岁，系休宁县三十三都六图民。状息为与祁门县十一都侄李溥互争山界，因李溥将浮土放在本家坟上，不合添捏平没情由。蒙批各县俱仰公正老人踏勘，连人送审。复蒙发与值亭人覆审。二家凭亲朋劝谕，遵奉本府晓谕，及奉教民榜内一款。思系农忙时月，自愿含忍，不愿终讼。其山二家照依画图定界，东西管业，归一无争，供息是实。

弘治九年七月　日**供状息**人：李齐（押）。

——《徽州千年契约文书》宋元明编，第1卷，第274页

[文书二] **供状**人李琼、李璁、李用明，年甲不齐，俱系祁门县十东都民。状供为李齐、李溥告争坟山事。所有本保土名乎溪源，系经理虞字七百二十五号，东边山系李溥安墓父坟。又同号西边系李齐等老坟，二家山界毗连，互相告争。各不合添捏别情，自行含忍，不愿终讼。各照书画定界管业无争，所供是实。

弘治九年（1496）七月　日**供状**邻人保长：李琼（押）、李璁（押）、李用明（押）

——《徽州千年契约文书》宋元明编，第1卷，第274页

供息状（供状），系纠纷和诉讼经过裁判或调处后所立的保证书，属

---

① 陈柯云：《明清徽州地区山林经营中的"力分"问题》，《中国史研究》1987年第1期。

于民间纠纷和诉讼文书的一种，具有纠纷调处和诉讼裁决后而书立的终结性质的文书。

【公祀】

［文书］立正族规文约人金天合堂等。缘吾祖迁居斯土，创基址以艰辛。讲道德，说仁义，敦人伦，正风化，尚廉耻，遗规后裔。奈族内出一不肖逆丁□□□，乘乱机作土匪，殴尊长，惯行窃，屡不法。若不早扶族规，秩丁蕃衍，诚恐人之效尤。是以各股族长公同将逆□□□革出祠外，倘伊讦计百出，不得累及扶规名目之人。诚恐结讼公庭，费用**公祀**出备，毋得推诿。今立扶规文约为照。

——《祁门县二十二都红紫金氏文书》，《徽州文书》第一辑（10），第 167 页

公祀，系为祭祀特定祖先而设的公产或基金。公祀按照其出所自，归属层级有别的大小房派，实际运作亦以属下房派为主体。在明清徽州地方文献和文书中，公祀大量存在，多系众存共有，并以"某某众""某某祀""某某公""某某会""某某堂""某某祠"等名称出现。公祀实际联合和功能诉求的逻辑起点多为祭祀和信仰需要，然而，随着组织化程度的加强，以"公祀公会"为主体，其发挥的互助功能往往日趋泛化，乃至扩大到特定家族房派的信仰、诉讼、教育、赋役、赈济以及地方公共建设、公益活动等范畴。实乃乡族之间的实体性合作关系，并主要通过契约关系予以维系。

【公匣】

［文书一］进主立户之银，必先照会诸族，交清祀首，收入**公匣**。

——《新安徐氏墓祠规》，刊本 1 册，安徽大学徽学研究中心藏

［文书二］遗据录、进主簿、上丁簿、老人礼生簿、办祭胙簿、收租簿、收支簿，上班交下班藏于和字号**公匣**。

——咸丰《绩溪黄氏家庙遗据录》卷 1，《祠制·斯文管匣》，安徽省图书馆藏

［文书三］主丁银，旧未定例。置产随有随用，以致应祭不敷，无所

底止。今刊簿后定例，三年统行进主上丁一次，一切捐银不作别用，尽归**公匦**。置买祭产。庶事望其小补于将来。

——《绩溪黄氏家庙遗据录》卷一，《祠制·主丁凡例》，咸丰刊本，安徽省图书馆藏

[文书四] 凡有得子者，无论长幼，三朝之日三房房长同年首往得子之家恭贺，或五朝十日为规。祠内取诞子银壹钱归**公匦**生息。

——《祁门十三都康氏文书》，安徽大学徽学研究中心藏，包号140

公匦，传统徽州宗族等民间组织为收藏契据、账簿等重要对象而设置的器具，并形成管理机制，也是徽州民间文书存传的重要方式。[1]

【公正（公副）】

[文书一] 立合同十一都上五保**公正**吴杰孙、**公副**李源义、弓手吴庆昌、图手李有荣、书手孙珂吉、算手张庆等。今奉院、道、府、县示谕清丈事例，此系重务，犹恐人心不一，故六姓议立合同（下略）。

清丈条款：临田地之际，**公正**、**副**执旧经理册为则，弓图书算手各执其事，务要协同秉公丈量，量完随即照亩步算明，填册画图，不得潦草。丈量土地发票并后归户票须要**公正**、**副**亲笔图书为凭，及经手管保任事人，每日查刷清白，以革弊端，如误坐在经手，不得贻累他人。

顺治四年（1647）十月二十日立合同人

——《顺治四年（1647）吴杰孙等立清丈合同》，安徽师范大学图书馆藏

[文书二] 立议合同人吴士鋐、吴之义、吴仪汉、吴之鼎等。今奉旨复行清丈，本姓**公正**吴杰孙原系五门祖名，今因年远，人事物故不一，故乃通族酌议，复行经理五本册籍，议作四股任事。所有公费及临田造册应役，悉照股数暂时应用，候县大例再行征派。自议之后务要秉公协力，共完公事，不得退缩。如有违误，责在司保之人。今恐无凭，立此合同四张各执一张存照。

---

[1] 参见刘道胜《明清徽州宗族的"公匦"制度》，《中国农史》2008年第1期。

康熙二年（1663）十二月日立议合同人：吴士鋐（等）
——《康熙二年（1663）吴士鋐立清丈合同》，安徽师范大学图书馆藏

[文书三] 休宁县十八都十二图遵旨清丈，又奉县主严示，眼同业主丈明归号，彻底清查（下略）。

康熙三十七年（1698）三月二十一日**公正**：戴瑞暄　**量手**：戴廷正
　　　　　　　　　　　　　　　画手：戴文洗　**书手**：戴恒瑞
　　　　　　　　　　　　　　　算手：戴文运　**册里**：戴盛
——《康熙三十七年（1698）休宁纬税票》，安徽师范大学图书馆藏

明清里甲又称图甲，每图设图正、图副，又称公正、公副。明清徽州文书中，公正（副）之一主要职责是经管田土清丈。《海瑞集》云："凡公正、书算、弓手，须家道殷实，素信服于人之人。公正人总管丈事。公正人尤急，若里多有田地，则佥二人，一正一副。二人非谓轮流管事，二人共管一事，自有宽舒不劳之处。二人共管一事之罪，又自有担当之美。"① 又，《休宁县都图甲全编》载："人户以黄册，田土以鱼鳞册。康熙二年丈量经界，田土鱼鳞图册二百一十一图。图设正，谓之公正。"②

【弓（弓手、量手、画手、书手、算手）】

[文书一] 万历十年（1582）正月　日**弓、书、算**吴和
——《崇祯歙县吴氏家志》，《徽州千年契约文书》宋元明编，第9卷，第299页

[文书二] 九都一图公议图正、**量、书、画、算**合同。里役郑积盛、程世和、程上达、陈世芳、程恩祖、陈泰茂、汪辰祖、陈琛、陈梁、陈世明等，奉朝廷清丈田土，本图十排合立事务，各分条例，拈阄应管本图图正、**量、画、书、算**。议立三村均管，佥名图正陈程芳、**量手**汪世昭、**画手**郑以升、**书手**程世钥、**算手**陈明伟。现里陈泰茂公报名，以应

---

① 《海瑞集·拟丈田则例》，中华书局1962年版，第278页。
② 《休宁县都图甲全编》，抄本，安徽师范大学图书馆藏。

定名目。其衙门等项事务，托在赵光祖，其在官丈量造册名目，俱系十排朋名管充当。今排内出身经管之人，另列的名于后。自承认管事务，各秉尽心任事，不得徇私坏法，如有此等之辈，坐在经手。其丈量使费等项，十排照粮，每石先出五钱应用，如不敷，再开五钱，合每石一两之数。其甲首贴当书、算使费等项，每粮一石，贴银一两五钱，开众注簿存匣，以便造册等费开支。如有拗不出者，十排众取公用。但丈量一应归户、纸笔之贵，俱要眼同众手贮匣，以备公用，不得徇私。如有此情，察出见一罚十。今各任事阄定，日后不得推诿误公。今恐无凭，议立合同一样十张，各执一张存照。

计开列各任事于左（押）。

顺治四年（1647）丁亥十月十五日 共样合同十张，各排收执一张存照

代书人：赵梦麒，中间人：赵光祖

——《康熙休宁陈氏置产簿》，南京大学历史系资料室藏

[文书三] 立合同十一都上五保公正吴傑孙、公副李源义、**弓手**吴庆昌、**图手**李有荣、**书手**孙珂吉、**算手**张庆等。今奉院、道、府、县示谕清丈事例，此系重务，犹恐人心不一，故六姓议立合同。各人的名任事不得懈怠，以致临期有误。

——《顺治四年（1647）吴傑孙等立清丈合同》，安徽师范大学图书馆藏

[文书四] 休宁县十八都十二图遵旨清丈，又奉县主严示，眼同业主丈明归号，彻底清查。今照丈实，积步亩验契注业，即发纬税票付业主领赴该图册里归户，但步亩时有更形，业主新旧不一，册里验明新票，注填亲供，庶无隐漏奸弊，须票。

康熙三十七年（1698）三月二十一日公正：戴瑞暄　**量手**：戴廷正

画手：戴文洗　**书手**：戴恒瑞

算手：戴文运　**册里**：戴盛

——安徽师范大学图书馆藏

弓手、量手、画手、书手、算手等，均系明清时期土地清丈人员，一般由图正（公正）和图副（公副）率领，履行田土清丈登记。

弓手（或称弓、量手）即或度步，或持弓丈量地亩的人。如《海瑞集》云："弓手用三人，绳丈、篾丈、竹竿丈、弓丈，但每日查其步数，免其有长短之差而已，各听其便。"① 画手系绘画田地形状的专业人员。书手为清丈时担任文字记载者。算手指清丈时根据科则计算和统计面积、税亩等人员，书手和算手往往由一人担任。算手具有专业性，需要遴选精于书算者。如《海瑞集》载："算手用今官教成者，一里一人，亦是田地里之人。无则邻图，再则城市。一里一人，庶专门而精。"②

需要强调的是，"步"系我国古代长度单位，历代定制不一，一步或五尺、或六尺。自先秦以来，以步度亩，如横一步，直百步或二百四十步为亩。据《明史·食货志》记载："五尺为步，步二百四十为亩。"及至清代，丈量土地以"弓"代"步"，弓、步均为五尺。如《大清会典》卷17《户部》："五尺为弓，二百四十弓为亩。"

另外，明清清丈一般以图（里）为单位，弓、量、书、画、算等清丈人役，主要由里长户承值，但人数各图（里）有所差异，佥选方式亦颇为灵活。③

【共业】

［文书一］叶天台同弟天命、天铨共承父良顺公标分并买受土名六亩丘地，今因共业不便，凭中将前地高低品搭分为天、地、人叁单，各照各阄定为业。（下略）

隆庆元年（1567）十二月十一日立合同分单人：叶天台、叶天命、叶天铨

中见叔：叶天涯
代书丈量：叔叶良瀚

——《隆庆元年（1567）叶天台等立分书》，《徽州千年契约文书》宋元明编，第2卷，第404页

---

① 《海瑞集·拟丈田则例》，中华书局1962年版，第278页。
② 同上。
③ 参见夏维中、王裕明《也论明末清初徽州地区土地丈量与里甲制的关系》，《南京大学学报》2002年第4期。

[文书二] 立卖契裔孙**洪学富**同弟来富，有承祖民田一备，坐落五都保，土名塘坞坟，前与**祖寿**公**共业**。丈则、亩步、四至自有鳞册可证。

——《崇祯元年（1628）**洪学富**立卖田白契》，《徽州千年契约文书》宋元明编，第4卷，第259页

[文书三] 立议据**吴宝善**、**汪光铨**，原光铨承父置有"在"字等号，土名官山坎里外通源田地、庄基、山场，上年与同业立议阄分，该光铨名下承分该山场本壹佰肆拾两，出拚价银照本分利并续置通源分法在内，原与**吴**、**汪共业**。今因正用，自情愿央中断骨出卖与同业**吴宝善**堂名下为业。

——《乾隆五十二年（1787）**吴宝善**（**堂**）立阄书》，《徽州千年契约文书》清民国编，第2卷，第57页

共业（或称合业、同业、相共等），即共有产业，体现为多个业主既联合共有，又份额（分籍）明确的产业形态。据研究，共业现象至迟在土地买卖频繁的宋代即应出现至明清民国时期，共业已相当普遍。① 今存徽州文书中，共业性契约数量颇丰。

明清时期徽州共业现象十分普遍，这种产业或因分家析产而留存，或因联合置产而生成。共业产业介于宗族的组织化产业（共有祠产、族产）和个体家庭产业之间的产业形态，共业主体既有个体家户，也有家族房派。共业与个体家庭产业有所不同的是，它在形式上体现为家庭之间因庄基、祭祀等礼俗互助，或因山林经营联合需要而保持着一种产业联合关系。它与宗族组织化族产、祠产的区别主要有三个方面：一是该产业囿于宗族关系而联合，但某些共业产业的联合范围不限于宗族关系之内者。二是共业产业受到宗族制度的限制相对较小，主要依靠契约形式维系产业关系，一旦经营不善，矛盾叠出，又因分割、买卖而消失。三是共业产业普遍采用共业分股形式，更多体现为产业经营与管理上的联合。共业产业，由于权益主体分散，从而主体之间主要依据分股分籍进行经营管理和分配，这种所有权分散，经营管理联合的产业形态是

---

① 任志强：《试论明清时期产权的共业形式》，载朱诚如、王天有主编《明清论丛》第五辑，紫禁城出版社2004年版。

"私"与"公"的有机结合，既克服了个体性产业的脆弱性，又以相对灵活的经营方式而优越于宗法性族产、祠产。

【骨租】

[文书一] 立自情愿出卖断骨**骨租**并田皮契人王义生。缘身己置有田一号，坐落土名柱子段，计田二坵，计**骨租**一亩，并田皮全业……愿央中将**骨租**并田皮全业及塝、墇杉松树木在内，一概出卖与俞顺元亲台名下为业。

——《民国四年（1915）（婺源）王义生立卖骨租并田皮契》，黄山学院编：《中国徽州文书（民国编）》第2卷，第184页

[文书二] 老鸦坞口骨租……**骨租**八秤，皮租四秤。

——《老鸦坞口田租清白》，《中华民国三十二年（1943）方叔鼠立和约》，安徽师范大学皖南历史文化研究中心藏

骨租，即与田地所有权相关的田租、地租，相应地，田地经营权所征收的田租、地租称皮租（如文书二中的"骨租""皮租"之别）。

【挂栢（挂栢簿）】

[文书一] 在家者俱要一齐到，**挂百（栢）**不到者，罚银弍分众用，其酒不与他吃。

——《崇祯十二年（1639）汪氏会簿》，《徽州千年契约文书》宋元明编，第10卷，第121页

[文书二] 士忠公义分清明**挂栢簿**，时谦公通族义、仁、礼三大分清明**挂栢簿**。

——《天启元年（1621）休宁程氏立〈清明挂栢簿〉》，《徽州千年契约文书》宋元明编，第8卷，第189页

"挂栢"又名"挂帛"，本指清明等节令时日祭祖之时，在坟茔上标挂的纸帛等。引申为祭祀、祀祖之义。同治《祁门县志·舆地志·风俗》载："标楮于茔，俗谓之挂帛。"在徽州文书中，《挂栢簿》即《祭祀簿》。

【官版契纸】

[文书]钦加同知衔特授徽州府歙县正堂加十级纪录十次蔡,为谕饬事。案(按)本年四月间奉藩宪札饬:凡民间典买田房产业,自本年四月起,遵照新章,领用三连司印**官版契纸**。其四月初一日以前未税白契,无论年月远近,勒限两月内一律呈请粘尾补税等因。奉经出示并饬催差传谕。又以本邑地方辽阔,民多外贸,恐一时未及周知,禀请量予展限各在案。现在限期将满,投税者甚属寥寥,除谕董饬保鸣锣开遵外,合行谕饬,谕到该税书立即遵照,按户挤查。饬令各业户所有从前未税白契,赶紧赴县投税粘尾以免将来调查议罚,致贻后悔。一面自夏季起,遇有推收必须查系官契,方准过割,并出具图内并无未税白契,切结送县以凭,加结转详。嗣后调查,如仍有从前未税白契,即是该税书挤查不力,并治以庇匿之罪,决不稍贷。凛之慎之,切切此谕。

光绪三十二年(1906)七月　日　谕

——田涛等主编:《田藏契约文书粹编》第1册,第6页(图版)

官版契纸,即系官府制定并印发的格式契纸,统一印刷发行官版契纸有利于官府加强契税的征收和对土地的管理。我国官版契纸的印行始于北宋,与当时印刷术的发展密切相关。如北宋徽宗于崇宁三年(1104)规定:"敕诸县典卖牛畜契书并税租钞旁等,印卖田宅契书,并从官司印卖。除纸笔墨工费用外,量收息钱,助瞻(赡)学用。其收息不得过一倍。"[1] 南宋时期,政府规定:"民间竞产而执出白契者,毋得行。"[2] 只允许官版契纸闻官纳税。宋代奠定的官版契纸制度在明清尽管屡经兴废,但基本上相延而下。明代建立后,继续大力推行官版契纸。如明初太祖朱元璋即规定:"凡买卖田宅、头匹,务赴投税,除正课外,每契本一纸,纳工本铜钱四十文,余外不许多取。"[3] 这里所谓的"契本"系购买的官版契纸。总体而言,由明至清,在官版契纸继续推行的同时,民间

---

[1] 《宋会要辑稿·食货·钞旁印帖》。
[2] 李心传:《建炎以来系年要录》卷八十七,"绍兴五年三月"。
[3] 《皇明制书》卷一,《大明令·户令》,北京图书馆古籍珍本丛刊,第46册。

白契之禁亦趋于松弛，这在大量徽州民间文书中可以得以印证。

【官会】

[文书] 录白附产户吴拱，祖伸户有祖坟山一片，在义成都四保，场字号项七仁后坞二十七号尚（上）山在坟后高山，见作熟地一段，内取三角，今将出卖与朱元兴。系拱分，并买弟抨等分，共计一半，计价钱**官会**陆贯省（按：省，即不计零头）。

——《南宋嘉定八年（1215）祁门县吴拱卖山地契》，载《中国历代契约粹编》，第444页

官会，即会子，南宋官府发行的一种纸币，由会子局印行，因称官会。①《宋史·食货志下》载："（绍兴）三十年，户部侍郎钱端礼被旨造会子，储见钱，于城内外流转，其合发官钱，并许兑会子，输左藏库。"②

【官人】

[文书] 元统三年三月初六日洪社客（押），见退号人谢仁**官人**（押）

——《元元统三年（1335）洪社客退还误占树木字据》，载《中国历代契约粹编》，第480页

官人，历史时期，基层社会对有一定社会地位有文化的男子的敬称。在徽州，往往对普通男子亦尊称为"官人"。据《绩溪庙子山王氏谱》载："泛呼人曰官，如言某某官。韩愈《王适墓志》：'一女怜之，必嫁官人，不以与凡兹'。官人谓有官之人。《宋史》'岳云十二，即从张宪战，多得其力，军中呼赢官人'。其后简称年少者为官。如言新郎官，又后则常人亦冒此称，泛呼人曰官，当沿此。光宣以来，称者已少。"③

【关书】

[文书一] 立**关书**△△△，今邀到左近邻居、戚友、兄弟、叔侄人

---

① 参见张传玺主编《中国历代契约粹编》，北京大学出版社2014年版，第444页。
② 《宋史》卷一百六十二《食货志下》三《会子》，中华书局1975年版，第4406页。
③ 《绩溪庙子山王氏谱》卷十《宅里略三》。

等，各人自愿，敦请拜到△△西宾名下，习学武士拳、枪棒，二项俱学，训诲日期，随时教诲。

——曹志成《简要抵式》"论杂式"，晚清民国徽州文书抄本。转引自王振忠《千山夕阳：王振忠论明清社会与文化》，广西师范大学出版社2009年版，第159页

[文书二] 关书

岁次己卯教请特选田老夫子老先生绛帐一载，门生8名，束金二十一千文。侍教弟曹春寅、朱炳珠仝顿首拜。

——中国徽州文化博物馆藏

[文书三] 立**学关**人郑顺法，缘因吾党稚子茅塞心胸，是以通乡共议，敦请胡华明先生降舍训诲一载。仗望诱掖善劝，恩威并行，使稚子之达。愧无厚俸，仰冀海涵。特送**关书**，以为定妥。

谨詹（将）学友芳名列后：

郑传基，束金二元五角；郑寿春，束金一元五角；郑宝泰，束金四元；郑富贵，束金一元；郑富妹，束金五角；郑昌林，束金五角

光绪十二年（1886）正月　日立

——《安徽师范大学皖南历史文化研究中心藏》

[文书四] 立**关书**遗嘱母胡（氏），不幸夫君蚤丧，所遗三子长曰之达、次曰之道、三曰之逵……今凭众面立**关书**，编作福、禄、寿三部，各执一部以为子孙世守之计，但有异议，执此赴公究治。恐后无凭，存此为照。

——《崇祯十七年（1644）胡氏立阄书》，载《徽州千年契约文书》宋元明编，第10卷

[文书五] 立**揽戏关**新阳春，今承到璜川三宝神会名下敬演神戏七本，作三日四夜唱，凭中言定戏价英洋二百三十元整。所有胭脂、花粉、大小中台内台油火、加官、拜东、点戏、大锣、茶担、揩面、油纸、烟火彩一切外花均照老账开销。期戏准十月十六日开演接箱至青山，十里为则，如多十里班内认，无得异言。恐口无凭，立此**揽戏关**为据。

民国十六年（1927）七月十四日立**揽关**：新阳春班

　　　　　　　　凭中：谭绍福

凭内牵：吴殿卿
——黄山学院图书馆藏

关书，即文书。《文心雕龙·书记》中有"百官询事，则有关、刺、解、牒"，可见"关"在古代是一种平行于官府间的质询文书，或称为"关书文约""关文""关约"。如《名公书判清明集》中就有将关书称为"关书文约"或"关约"的提法。①

据笔者所见，在徽州文书中，关书常见称于拜师、延师、分家、遗嘱、演戏等，故有"投师关""学关""学武关""拳关""分关""遗嘱分关""揽戏关"等之谓。

【锅头】

[文书一]
一议所用使费俱要各长养及**锅头**人名垫付，不出者革出；
一议山场日后树木成荫出拚，照税均分，或议公用；
一议四房锅头，均系画押为准，如未画押不算。其公众预先通知集议。长养之时，**锅头**人不到，侯禁成荫出拚之日，不准添名作押分价析柴，此系公议，无得异严强横；
一议另立长养头四房共十九人，同心协力，俟柴薪树木成荫之日，公众出拚，该长养头分得十分之二，其八分该众，四分该**锅头**均派，均系公议，日后毋得争论，长养人名未画押者不算。

——《清同治间金氏封禁山场规约》，安徽大学徽学研究中心藏

[文书二] 其公私各项约内费用，悉照本家约内**锅头**多寡均派，四股各议一人，承值共理约务，均敷照烟灶，眼同支用，庶事有责成之望，以期光祖之名。

——《本家约记》，《入清源约出晓起约叙记》，清抄本1册，安徽师范大学图书馆藏

[文书三] 其宣讲圣谕及飞差支费，照依甲内现在**锅头**敷用，毋背前议，有妨公事．立此合墨一样四张，各执一张为照。

---

① 《名公书判清明集》卷五《户婚门·物业垂尽卖人故作交加》。

——《本甲晓起约议约抄白》，载《入清源约出晓起约叙记》，清抄本1册，安徽师范大学图书馆藏

[文书四]凡县官老爷及巡司查乡，一应俱照**锅头**供解，恐后人心不一，推故不出。今本约三面共立议单，通公为照，凡本县正佐老爷亲临查约，一应公务，并照**锅头**均出。

——《晓起约议单抄白》，载《入清源约出晓起约叙记》，清抄本1册，安徽师范大学图书馆藏

锅头，即房派房支俗称。在传统社会，分家俗称分爨，也意味着新的房派产生，因此，从分家各爨衍生出房派之俗称——锅头。

【馃】

[文书]其接年自正月初一日侵（清）晨，先备胡盘、酒礼、香纸接请土地安奉；次备米粽、酒肴劳仆，每人酒二盅、粽一双，荤肴二块；备**馃**合酒接待亲族。

——《明天顺七年（1463）休宁县黄氏析产华字阄书》，载田涛等主编：《田藏契约文书萃编》

馃（或写作"粿""裹"），系谷物做成的各种饼状食品。《陶甓公牍》云："三月清明插柳以避邪，陈粿以祭墓，祭毕颁胙粿。是时，农夫皆浸种下早秧，谷雨前后采茶，立夏日造夏粿，新妇母氏备馈送，浴佛日造乌饭相馈。"[1]可见，馃是徽州节令时日乃至日常生活中最常见并深受当地人喜好的食品之一。

徽州馃的包皮原料以面粉制作称"面馃"；玉米等杂粮粉制作称"包罗（芦）馃"；以糯米粉制作称"糯米馃"。其中以面粉制作能任意包各种馅的面馃最为普遍。明清以来，随着徽州人的外出经商谋生，徽州馃被流转到各地，深受喜爱。[2]

---

[1] 清刘汝骥：《陶甓公牍》卷十二《法制科·祁门风俗之习惯·岁时》，载《官箴书集成》第10册。

[2] 朱茉莉：《谈徽州裹》，《申报》1928年11月16日。

【过割（起割、推收过割）】

[文书一] 其税候册年听[从]**过割**支解，即无异说。

——《歙县吴以立等卖屋契》，《明清徽州社会经济资料丛编》第一集，第 479 页

[文书二] 其税奉例随在吴一坤户内**起割**，**推**入买人户内办纳粮差。今将号内挖取地税叁厘整，归户一纸交付买人收执。今欲有凭，十里公立杜卖契永远存照。

——《乾隆二十九年（1764）程文明等立杜卖文契》，《中国历代契约汇编考释》，第 1267—1268 页

[文书三] 钦加同知衔特授徽州府歙县正堂加十级纪录十次蔡，为谕饬事案。本年四月间奉藩宪札饬：凡民间典买田房产业，自本年四月起，遵照新章领用三连司印官版契纸。（下略）自夏季起，遇有**推收**必须查系官契，方准**过割**。

——《光绪三十二年（1906）徽州歙县正堂颁谕》，载田涛等主编《田藏契约文书粹编》第 1 册，第 6 页（图版）。

在土地买卖中，于产权交易同时，其交易田土所负担的官府赋役，须经过官府履行"税契"手续，谓之"过割"，又名"告官推收""闻官割税""当官推割"。从而实现产权及相应赋役由卖方过给买方，卖方为推，买方为收，故又名"推收"。通过推收过割，从而避免官府赋役不至于因土地流动而被架空。①

"闻官过割"早在宋代已经出现，宋元时期，多为土地买卖时随即过割。明代推行黄册制度，土地买卖推收过割规定十年一次，于黄册大造之年集中进行。《大明律》载："凡典卖田宅不过割者，一亩至五亩笞四十，每五亩加一等，罪止杖一百，其田入官。"② 然而，随着黄册制度的衰落，明代中后期至清代，土地买卖频繁，官府不得不实施随时推收，即使如此，民间田土交易，不经官府而私下交易、私相过割现象颇为

---

① 参见栾成显《明代土地买卖推收过割制度之演变》，《中国经济史研究》1997 年第 4 期。
② 《大明律》卷五《户律·田宅》。

常见。

【柜书（看柜）】

[文书一] 所是进册并图差、客差往来费用，俱是身一人料理，不干五甲人等之事。倘有**柜书**乡收，无论上下忙议定加贴洋六元整。

——《光绪七年（1881）李品超立承作膳书约》，黄山市档案馆藏

[文书二] 其各承役之人务要奉公守法，乡间催办不致生事。本县支费并**看柜**照股轮管均出。

——《崇祯六年（1633）方魁元立里役合同》，《徽州千年契约文书》宋元明编，第4卷，第350页

柜书（看柜），系管理投柜缴纳钱粮的一种职役。明代"一条鞭法"之后，曾出现"投柜缴纳"方式。所谓"自条鞭法行，州县派征钱粮，俱令花户自行纳柜，里书排年无所容其奸，法至善也"①。即花户不再经由里甲催征，可以"自行纳柜"，借以克服民间赋役包揽等弊端。

【归户】

[文书一] 本族仍有己庄黄玉岭，伙佃四大房系五保新丈陆百拾贰号基地居住，原万历年间**归户**系陆百零柒号。

——《顺治九年（1652）李宗德等五大房立合约》，《徽州千年契约文书》清民国编，第1卷，第38页

[文书二] 其税粮原在十东都一图六甲李时华户，二图一甲李时尚户，八甲李时春户供解，今奉清丈黄字叁百零玖号，其业李御书主名佥其地税。众族合议，不便分散**归户**，今合并归入十东都二图一甲李时尚户供解，递年照则付银上官完纳。

——《顺治十一年（1654）李泰来等立合约》，《徽州千年契约文书》清民国编，第1卷，第41页

[文书三] 休宁县十八都十二图遵旨清丈，又奉县主严示，眼同业主丈明归号，彻底清查。今照丈实，积步亩验契注业，即发纬税票付业主

---

① 《万历实录》卷五七六。

领赴该图册里**归户**。

——《康熙三十七（1698）年休宁纬税票》，安徽师范大学图书馆藏

明清赋役制度下，各户地产经过官府和基层（里）图核实确认，登记在册，并颁发归户票证以凭谓之归户。

【归户票（佥业票、纬税票）】

[文书一] 分税**归户票**

贰拾叁都叁图今奉县主明示，丈过田地山塘，每号照丈积步，依则查清分亩，给发小票，业人亲领，前去付该图亲供，**归户**造册，执此证。

计开：丈过土名庄前，盖字叁千贰百捌拾陆号，计则中田肆百柒拾伍步贰分。税　　二十三都乙图五甲吴杰户，见业吴明坤存证。

万历拾年（1582）八月初六日　　图正胡天赦　　票

——《万历十年（1582）吴明坤分税**归户票**》，《徽州千年契约文书》宋元明编，第3卷，第107页

[文书二] 丈量土地发票并后**归户票**须要公正副亲笔图书为凭，及经手管保任事人，每日查刷清白，以革弊端，如误坐在经手，不得贻累他人。

——《顺治四年（1647）休宁县吴士鋐等立清丈合同》，安徽师范大学图书馆藏

[文书三] 各户将承丈各图字号、税亩照图正**佥业票**遵依后式，逐一填入，同原票赴册里验对汇造归户纬册，输纳实在钱粮，庶豪强无隐占之奸，贫弱无虚纳之苦，归户一清，征输两便。

——《康熙十六年（1677）休宁县印给花户亲供税亩单》，安徽师范大学图书馆藏

[文书四] 休宁县十八都十二图遵旨清丈，又奉县主严示，眼同业主丈明归号，彻底清查。今照丈实，积步亩验契注业，即发**纬税票**付业主领赴该图册里归户。

——《康熙三十七年（1698）休宁县颁纬税票》，安徽师范大学图书馆藏

[文书五] 其税奉例随在吴一坤户内起割，推入买人户内办纳粮差。

今将号内挖取地税叁厘整，**归户一纸**交付买人收执。今欲有凭，十里公立杜卖契永远存照。

——《乾隆二十九年（1764）程文明等立杜卖文契》，《中国历代契约汇编考释》，第1267—1268页

归户票，又名分亩归户票、分税归户票、签（佥）业归户票、佥业票、纬税票等，是明清土地清丈对业户所属的某一号田土进行丈量之后，发给该业户收执的凭据，所载田土业主、等则、面积、坐落、土名、四至等信息与官册一致，类似于土地执照一类的文书，如上引文书一。

【归户册（归户纬册）】

[文书一] 再批：合同内各人名下田亩照县例**归户新册**均派，其甲首见（现）当之人眼同均催。

——《顺治十二年（1655）胡秉珪等立赋役合约》，《徽州千年契约文书》清民国编，第1卷，第43页

[文书二] 休宁县为严行佥业亲供归户以定版图事。照得清丈一案，叠奉宪檄严行，按亩清查。今查各图正投交府县鳞册，业主分庄未填，现奉府牌提解，何以申送，本应重究，姑据禀称人户不行，佥业无凭填注。今设亲供印单，册里领散各排，各排分散各户，作速催攒佥业归户，旧丈照册，新买凭契。若在旧册无凭，与新契未印，一概不许混佥，以杜强占等弊。各户将承丈各图字号税亩照图正佥业票遵依后式，逐一填入，同原票赴册里验对汇造**归户纬册**，输纳实在钱粮，庶豪强无隐占之奸，贫弱无虚纳之苦，归户一清，征输两便。敢有隐瞒不开及违限不报，一并重究不贷，须至单者。

——《康熙十六年（1677）休宁县印给花户亲供税亩单》，安徽师范大学图书馆藏

归户册，又称归户纬册，一般以一里（图）或一户等为单位，由里长、图正（公正）以各业户归户票信息为基础，将同一业户所有分散于不同都图的田地山塘，编于该业户名下，由此汇造而成的册籍。

四　稀俗词例释　/　145

【H】

【亥肉（亥）】

[文书一] 的于每年十二月辞岁之日并兑常年[银]无异，生丑二斤，米二小升，豆二小升，好常酒个人二碗。与饭一餐，计早米一小升，熟**亥**、丑串一枝，计重二两。

——《明代祁门赤桥方氏阄书》，南京大学历史系资料室藏

[文书二] **亥肉**、租各贰拾肆斤，无骨熟烂**亥肉**各二斤。

——《万历二十三年（1595）祁门谢棹等立〈忠孝议约〉》，《徽州千年契约文书》宋元明编，第6卷，第451页

[文书三] 十户众议，自第五会陈缨起，将逐年所分**亥肉**议折价三两五钱，以十年为率，每年所折银两置买田产，以备公费。

——《社稷合同》，载《康熙陈氏置产簿》，南京大学历史系资料室藏

[文书四] 良缘夙缔：初行礼，喜兴隆三十斤、喜鲜**亥**二十斤；赘定礼，兴隆二十四斤、鲜**亥**八斤、棉衣全身。

——《徽州文书》第4辑，第8卷，第498页

徽州民间按照十二地支与十二生肖的对应关系，俗称猪肉为"亥肉"或"亥"，俗称牛肉为"丑"等。

【和约（和息文约、和息合同）】

[文书一] 立**和约**人<u>金庄宅</u>同侄<u>本广</u>，为承祖买受本都□□□□股份，于四十二年同伙将木断砍，<u>本广</u>出契买受<u>良庆</u>分籍，庄宅执抄文系祖<u>冕</u>公名目，各执互争，评告县主<u>陈</u>爷台下，批送西厅老爷台下拘审，蒙委乡约中证公处，以全□□□，蒙凭中劝谕，从公处息。

万历四十二年（1614）十一月初二日立合同**和息文约**人：<u>金庄宅</u>（等）

乡约：<u>金本高</u>

中见：<u>金良臣</u>、<u>金本登</u>

——《祁门县二十二都红紫金氏文书》，《徽州文书》第1辑，第10卷，第27页

[文书二] 立存祖睦族合同文约人<u>凌光耀</u>、<u>凌浩秋</u>等，原共祖<u>寄</u>公安葬叶家源，因子孙繁衍，居住星散，凡遇团拜祭扫俱在旧祠会叙。因蹇遭回禄，以致族谊失郭，殊为不便。今众商议将叶家源浮木凑取做造，以便会叙，近因口角诉告县主<u>何</u>老爷台下，凭中欢谕，不愿终讼。所有官中使用等项二家均认，自和之后，俱在饶河驾舟，无得扶仇（复仇）欺害。其祖坟风水二家不得私自侵葬，如违前议听众赍文公论。甘罚白银五十两，仍依此文为准。今恐无凭，立合文一样二纸各收一纸永远存照。

康熙九年（1670）三月二十七日立**和息合同**：<u>凌光耀</u>（等）

中见里：<u>谢廷和</u>、<u>尔升</u>

——《嘉庆祁门凌氏誊契簿》，载《徽州千年契约文书》清民国编，第 11 卷

和约（或称和息文约、和息合同等），系民间调处而订立的终期合同契约。在徽州文书中，这种合同契约多见于宗族内部纠纷和诉讼的调处，冲突各方出于"共祖一脉""念及族情"而"不愿终讼"，最终在宗族等地方组织协调下得以息止，并订立和约合同为凭。

【户丁】

[文书一] 推收照会票

二十三都九图遵奉县主攒造黄册事，据本图□甲一户吴大兴**户丁**<u>吴世顺</u>，一收都五字三千四百八十五号土名李回坽，一则地税五厘正，于天启元年（1621）三月买到本都本嗀本甲本户丁<u>吴元吉</u> 麦 米

天启元年八月廿二日册里<u>黄金厄</u>

书　<u>吴光造</u>

算　<u>邵胡</u>

——《天启元年（1621）<u>吴大兴</u>户地税推收照会票》，《徽州千年契约文书》宋元明编，第 4 卷，第 32 页

[文书二] 六甲排年<u>陈泰茂</u>**户丁**<u>远铨</u>管理图正，簿帐印匣。

——《康熙陈氏置产簿》，南京大学历史系资料室藏

[文书三] 立议齐心合同文约<u>康大祥</u>户**户丁**拱一祠、拱二祠二公秩下

人等，原因税粮一事，国以税为本，民以食为先。
———《康义祠置产簿》，南京大学历史系资料室藏

明代以前，户丁指一户之下的成年男子，又名丁男。《明史·食货》载："丁曰成丁，曰未成丁，凡二等。民始生，籍其名曰不成丁，年十六曰成丁。成丁而役，六十而免。"①

从遗存徽州文书所载看，明清时期，户丁除了指丁男个人，很大程度上系"户"的代称，确切地说，是指正式载于官府册籍户头之下的子户而言。栾成显先生考察认为，明清时代户丁一语的含义有以下几个方面：第一，指一户之下的成丁男子。第二，指大户之下析产而未正式分户的子户而言。第三，从赋役制度方面说，户丁一语亦具有职役之意。②

【花红钱】

[文书] 出贡者给**花红钱**五千文。取拔贡、副贡者，给**花红钱**拾千文。乡进士给**花红钱**二十千文。赐进士给**花红钱**四十千文。至有解元、会元与钦点者，候议赏贺。
———《（祁门县）鼎元文会录》，道光刊本1册，上海图书馆藏

花红钱，又称花红，其意有二：一是针对生童会课成绩优异者或中科举者的金钱奖励；二是对赴科举者（如参加乡试的生员，参加会试的举人）给予的金钱资助，往往与路费同时发放。

【花分（花拨）】

[文书一] 除其遵依申报外，诚恐各册里奉行不力，仍蹈旧套式，或**花分**诡寄躲避差徭。况田亩自有收除，而人丁必期时定。今查往例，先给供单与册里书算，星散人户当面亲填"四柱"，务照实征原额，户籍及成丁不成丁，年岁首状亲填明白，不许花分诡寄。册里书算确查的实，毋许通同作弊，如违察出，按法一体治罪。填完汇缴发造丁口，听候编

---

① 《明史》卷七十八《食货二·赋役》。
② 栾成显：《明代户丁考释》，《中国史研究》2000年第2期。

审毋迟,速速。

——《康熙十年（1671）休宁县颁编审人丁亲供首状单》，安徽师范大学图书馆藏

[文书二] 立议合同人鼎采同弟鼎捐侄福铨、福锠。缘因父手所置屋宇田地产业，情因于咸丰二年（1852）阄分，商于册书**花拨**，意欲各纳各粮。不料册书要费太重，是以公同酌议，其田地税亩，原在各户内未拨，每岁上下两忙，三人各照阄书税亩派出，一同完纳，毋得留难。今欲有凭，立此合同三纸，各执一纸存照。

——《故纸堆》丙册，第25页

花分（花拨），明清时期，将某户里甲赋役化整为零，分散到各户负担的做法。一些地方大户往往通过这种方式诡寄赋役，借以减轻或逃避赋役负担。当然，处置花分的权利实际掌握在基层里书（册书）之手，里书（册书）可以借花分之机徇私舞弊，从中渔利。如上引材料二，因分家而花拨税粮，"不料册书要费太重"，此种情形颇为多见。所谓"（里书）智昏于见[现]金，术工于舞弊，乘今大造之时，每人各出顶首银若干，买定里区。至造册之弊，移甲换乙，漏富差贫，即前花分、诡寄之弊，皆出其手。"[①]

【花户】

[文书一] 立议合墨十一都五图人等，原奉宪草各图自立甲催，以给国课。后复奉宪草，去甲催，示**花户**自行投柜交纳。

——《乾隆四十六年（1781）十一都五图人等立合墨》，《徽州社会经济史资料丛编》第一集，第570页

[文书二] 为此帖仰各里各排**花户**，各照户内实在丁米数目，悉照新例议贴银两，照数敷付应役之人，以便攒造黄册。里排毋得阻扰，**花户**毋得短捎。

——《康熙元年（1662）祁门县津贴造册银两帖文》，《徽州千年契约文书》清民国编，第1卷，第57页

---

① 《清经世文编》卷三十《户政五》。

四　稀俗词例释　/　149

　　明清时期，基于征纳赋役而在官府册籍登记的户籍谓之"花户"或"钱粮花户"。花户非实际人户，多以结构性、虚拟性的形式体现出来，是登记在官的纳税单位。

　　在聚族而居的明清徽州，宗族组织在个体家庭与国家的赋役征纳中充当重要角色。在赋役立户方面，宗族以总户的形式体现于官方册籍比较普遍，即以特定聚居宗族为名号进行登记立户，而赋役实际承担由具体人户通过特定方式共同分摊赋役，宗族组织与家户之间形成赋役办纳上的总户与子户关系。由此遗存的相关记载散见于各种类型的文书资料中。

　　明清徽州宗族与里甲基层组织在里役承当、赋役缴纳方面呈现叠相为用的局面。这使得里甲赋役宗族化。即徽州宗族普遍通过共同立户，分摊负担的形式承当国家赋役。民间里甲赋役宗族化，一方面体现为赋役立户上的宗族整合，以组织化"总户"的名目出现于官方册籍之上；另一方面，又带来宗族内部赋役缴纳的实际运作形式多种多样，宗族内总户与子户之间因赋役办纳而发生的联系十分密切。［日］片山刚曾在研究清代华南图甲制时，提出了"子户——总户——甲——图——官"的民间税粮征缴模式，即子户税粮要由总户统一征收汇纳到图，再由图中值年之甲汇总向官府缴纳。[①] 这一模式在明清徽州亦某种程度存在，如果根据文书资料作进一步考察，不难看出，由于宗族人口的繁衍，分析和继承的不断进行，作为宗族组织的"总户"之下又呈现出"总户——子户（总户）——子户"相对统属的层级结构和更为复杂的赋役运作关系。

【花利（花息）】

　　［文书一］庄人<u>康具旺</u>、<u>李六保</u>等。因现年拚山一号，土名成一□坞后，未知房东有分，潜地据造窑柴发卖，房东得知要行告理。自知理亏，情愿托中纳还价粮，承佃本山，前去砍拨锄种**花利**，变（遍）山载（栽）

[①] 《关于清代广东省珠江三角洲的图甲制——税粮·户籍·同族》，《东洋学报》第63卷，第3、4号，1982年3月。

插松杉苗禾，不得抛荒寸土。

——《祁门县庄人康具旺等立还约》，《明清徽州社会经济资料丛编》第一集，第460页

[文书二] 十数年来累身等各甲赔贴虚粮排费，户内全无出息**花利**可收。

——《乾隆二十九年（1764）程文明等立杜卖文契》，《中国历代契约汇编考释》，第1267—1268页

[文书三] 为此，各托在宜[兴]族长、叔侄辈公议祖遗，均分珍、珪之业。两房每股各执一半，所有**花利**亦均无私。

——《元至正二年（1342）至乾隆二十八年（1763）（休宁县）藤溪王氏立文约誊契簿》，南京大学历史系资料室藏

[文书四] 蓄养檡木、枫木保护东龙，并蓄苗竹以资**花息**。

——《元至正二年（1342）至乾隆二十八年（1763）（休宁县）藤溪王氏立文约誊契簿》，南京大学历史系资料室藏

花利（花息），多指垦殖山林和经营田地的收益。

【花押（画押）】

[文书一] 桃源拆屋在于康熙四年（1665），桃源银两收清在于康熙五年。现有仲三公批据、**花押**可证。

——《元至正二年（1342）至乾隆二十八年（1763）（休宁县）藤溪王氏立文约誊契簿》，南京大学历史系资料室藏

[文书二] 或兄或弟有一人在家，则书卖契主张其事。其**花押**客外回日填上无辞。

——《元至正二年（1342）至乾隆二十八年（1763）（休宁县）藤溪王氏立文约誊契簿》，南京大学历史系资料室藏

[文书三] 一议四房锅头，均系**画押**为准，如未**画押**不算。其公众预先通知集议。长养之时，锅头人不到，侯禁成荫出抈之日，不准添名作押分价析柴，此系公议，无得异言强横。

——《清同治间金氏封禁山场规约》，安徽大学徽学研究中心

画押（花押），一般见于契约署名之下（抄契除外），由个人书写押

符（多不是一种文字，只作为专用记号），亦谓之"押尾""押字"等。署名之下再行画押，使人无从效仿，"用杜奸伪"，以确保契约之真实效力。从明清徽州文书来看，一般单契文书钱主不行署押，署押主要为出具契约之卖主、中人以及保人、见人、书人等。而合同文书中事主各方大多均履行署押手续。甚至契文之末"恐口无凭，立契为据"之下亦由立字人或代笔人书画一押，以示契文成立，并防止添删挖改发生，这种押字谓之"关门押"。①

笔者认为，历史时期民间契约上的画押，当受文人官宦草书其名、花押其文之影响。民间契约上，一些稍通文墨书生们亦尽其奇巧，炮制出五花八门的画押形式，既兼象征符号之妙，亦属权责凭证之谓，虽难究其奥，但字里行间渗透着浓重的乡土气息，成为故纸上一抹耐人寻味的谜团。然而，很多目不识丁者，于契约上署押又有了另一番样式。他们的画押朴素、简单，往往只在署名之下画上诸如"十""〇"等象征性符号。在徽州绩溪，一般妇人"书押则画一'〇'，以别于男子所画之'十'字"②。或写上"允""号"等字样，甚或有代为署押者。

【还文书】

[文书一] 立**还文书**人汪富隆、和隆。今自愿凭中投到三四都谢宗成公祠庄屋楼房三间，门壁等物、厨房、猪栏、牛栏、厕所、园地、山场并农器家伙吨碓磨俱全，是身夫妇投主住歇，日后生发住居。是主插坟、造宅、拜年、贺节、婚姻、散祭、打扫永远子孙应付，无得抵拒生事，不安本分。如违听主呈官理论。今恐无凭，立此文契永远存照。

顺治六年（1649）立**还文书**人：汪富隆

——《徽州千年契约文书》清民国编，第 1 卷，第 22 页

[文书二] 立**还文书**汪社原先年间蒙房东洪众为因冠婚丧祭，出备银五十余两，选集汪社等八人学习鼓乐，又蒙抚恤八人在家，不得外趋。又每年给谷四十秤，以备各人日给之资。使立文约，社等各要在家永远

---

① 《民事习惯调查报告录·绩溪县习惯》，第 529 页。
② 《民事习惯调查报告录》，第 529 页。

伺候不时应付，不得私自往外及他趋等情，向守无异。今因社屡不安分，抵背惧事情由，致洪众要行赍文告理，追出习学鼓乐银两及递谷银。社称现今承揽县皂，意在埋计脱身。洪众思得社向不守分，恐坏公事有累，洪众不便即行告明。身思违主违文，情重理亏，自情愿托里重立文约，<u>汪社</u>不愿在县充皂，仍旧在家不时应付，不得违文背主等情，<u>朱胜隆</u>等七人亦不得违文他趋，有误应付，如违听房东赍文告理，甘当背义情罪，今恐无凭，立**还文约**存照。

万历十三年（1585）八月十三日立**还文约**人：<u>汪社</u>（等）

——转引自傅衣凌《明代徽州庄仆文约辑存》一文，载《文物参考资料》1960年第2期；又见谢国桢编《明代社会经济史料选编》（下）第206页，福建人民出版社2004年版

还文书，又称还主文书，系主仆之间签订的人身关系契约，一般由仆方提供，归主方收执。还文书一旦签立，主仆关系随即形成。另外，随着世代变迁，主仆之间需重新确定权利与义务等，往往亦重新签订还主文书。明清时期，徽州庄仆"种主田、葬主山、住主屋"，需"尊主""应役"，不可私自离庄，主仆之间具有隶属关系。

【堨】

［文书］十西都<u>谢应祥</u>、<u>永祥</u>、<u>胜员</u>等，曾于永乐二十年（1422）及二十二年间，月日不等。二契将承祖本都七保土名吴坑口，系经理唐字壹千玖伯伍拾号，山地叁亩叁角。东至降，西北溪，南至**堨**头，立契出卖与本都<u>谢则成</u>名下。

——《徽州千年契约文书》宋元明编，第1卷，第111页

堨，徽州方言音 hui，系人工修筑的，类似堤坝的水利设施。

《古歙乡音集正》载："堨，乡音'惠'，俗谓壅土导水以溉田曰作堨，《说文》'堰'也，以土障水也。《（三国志）魏志》'治吴塘诸堨以溉稻田'。"[①]

在徽州方志中，堨作为重要的水利设施记载多见。如万历《祁门县

① 黄宗羲：《古歙乡音集正》抄本，复旦大学图书馆藏。

志》将各都乡村的"塥"与"桥、塘"等同列,作为重要的人工营建予以记载,仅二都所属村落即有"廖村塥、和尚塥、牛家塥、古垣塥、黄家塥、罗星塥、桐木段塥、刘家塥、苦竹塥"等。① 据民国《歙县志》载:"凡叠石累土截流以缓之者曰坝,障流而止之者曰堤,决而导之,折而赴之,疏而泄之曰塥,潴而蓄之曰塘,御其冲而分杀之曰射。"《沙溪集略》中记载清代方卜频的《隆塥记》云:"新安之为郡,山多田少。陂塘蓄水者无论矣。惟临溪田坂,筑堰凿渠,谓之塥,皆云堰也。歙之塥,所灌田亩或千计,或百计,虽旱不事桔槔,而水源自远塥之为利,亦广矣哉。"可见,塥系适应山区地形地貌,筑坝蓄水,开挖沟渠,因势利导的小型水利设施。

民间契约中,亦多以"塥"作为土地四至名称见诸记载。迄今徽州一些村落仍以"塥"见称,如吕塥、富塥、隆塥等。

【回禄】

[文书一] 立议齐心束议合同凌寄公祀秩丁<u>大例</u>、<u>记胜</u>等。原因上祖买各号山场安祖在上,不幸于乾隆四十九年(1784)二月清明,首人<u>大倚</u>契匣收贮被灾**回禄**,契焚一光。

——《嘉庆祁门凌氏誊契簿》,《徽州千年契约文书》清民国编,第11卷,第368页

[文书二] 四至内因先年已遭**回禄**数次。

——《乾隆五十一年(1786)黄敦善堂与陈严和堂立合同》,《徽州千年契约文书》清民国编,第2卷,第52页

回禄即火灾。《汉语大词典》:"回禄,传说中的火神。"

【会股】

[文书一] 立议加禁合文泽济桥**会股**份人等。缘身祖父在于蒋村下首建立一桥,以济行人。

——《徽州文书》第1辑,第6卷,第89页

---

① 余士奇修,谢存仁等纂:万历《祁门县志》卷四《人事志·乡市》。

［文书二］立出卖契人<u>汪文高</u>。今因缺少使用，自情愿将承祖父分得**七股会**内本身十四股该合得一股，计籼租壹砠有零，并会内银一并尽行立契出卖与族兄汪名下为业。

——《徽州千年契约文书》清民国编，第4卷，第477页

［文书三］廿四都乙图立卖契人<u>许元秀</u>，今自情愿央中将承父阄分得辛卯年做过**真君会半股**并在会家火（伙）、田园、银两、帐目一切等项，尽行立契出卖与族伯名下为业。

——《中国历代契约汇编考释》，第1137页

会股，顾名思义指构成会组织的股分。明清时期，民间会社组织类型多样，诸如信仰祭祀型、慈善公益型、经济互助型、文化教育型、基层治理型等，攸关基层社会和民众日常的方方面面。会社组成往往采取股份制，并通过契约关系予以维系。会股可以转让、买卖和继承。

【会酌】

［文书］其会规议定每年五月二十五日**会酌**，务要先兑后饮，幸勿拖欠抵搪，亦不能以会抵会。

——《光绪三年（1877）<u>朱汝舟</u>等立会书》，黄山市档案馆藏

会酌，多见于钱会会书，指钱会组织定期做会时所举办的酒宴。

会酌是参会者的权利，也是基层民众经济互助和社会交往之一重要方式。在钱会会书中，会酌往往作为一项内容载入会书，如"每年做会之日，得会者办酌，邀集诸位先付洋银浇会而后饮酒"[①]。

【婚书】

［文书一］立卖**婚书**人<u>李有功</u>。今因无银支用，自情愿将己仆<u>胡长富</u>卖与亲人汪名下为仆，当日得受财礼银六两整。其银当日收足，其人随即过门听从使唤，无得异说。及有重复、来历不明等情，尽身承当，不累买主之事。倘有风烛不常，天之命也。今恐无凭，立此**婚书**存照。

顺治十二年（1655）十一月二十五日立卖**婚书**人：<u>李有功</u>

---

① 《光绪二年李育英立会书》，黄山市档案馆藏。

四　稀俗词例释　/　155

中见人：<u>李有缘</u>、<u>李心如</u>

——《<u>有义之父胡长富、母秋喜身契来历</u>》，《元至正二年（1342）至乾隆二十八年（1763）（休宁县）藤溪王氏立文约誊契簿》，南京大学历史系资料室藏

[文书二] 立**婚书**人<u>程庆余</u>。今身亲生第二女名<u>凤姣</u>，年十九岁，七月十七日子时生。自托媒说合，许配<u>江</u>名下义男<u>进顺</u>为室，三面议定财礼银贰拾两正。其银当日收足，其女随即过门婚配。此系两相情愿，并无异说。今恐无凭，立此**婚书**百子·千孙存照。

乾隆十一年（1746）十月 日立**婚书**：<u>程庆余</u>

凭媒：<u>黄友华</u>、<u>刘满贵</u>、<u>程天元</u>、<u>程季阳</u>、<u>程汉文</u>、<u>江廷益</u>、<u>方万章</u>

依口代书：<u>项岱青</u>、<u>项新柏</u>

——《故纸堆》，丙册，第 10—11 页

[文书三] 立**婚书**人<u>柯良田</u>奶奶出卖媳妇[与]六都二图<u>汪</u>宅，为伊央媒择配<u>汪正顺</u>君继配，现年二十二岁。因媒人前来议，言定行聘英洋一百二十元整，其洋交媒人送至老田<u>柯良田</u>奶奶自己收足。其媳妇即刻由媒人送至新管<u>汪正顺</u>为妻。此系凭说合两厢情愿，并无纠葛。倘有异言，俱身亲婆承当。恐口无凭，立此出卖媳妇**婚书**永远存照。

中华民国十一年（1922）七月吉日大发

亲婆自卖媳妇人：<u>良田</u>

孺人：柯门叶氏（划圈，并按压指印）

媒人、中保人：自己合意成说

代笔：<u>程日生</u>

——《故纸堆》，丙册，第 133 页

婚书，本是一种男女约定婚姻的凭证，一般而言，真正意义上的婚书，当由家长主导，并以家长为主体而订立，如以上文书二。然而，在迄今遗存的徽州文书中，纯粹的男女婚约文书遗存稀少。值得一提的是，在徽州文书中，关于庄仆、义男的买卖、投赘的拟制婚书则颇为多见。另外，尚见为寡媳另择门户而订立的婚书，如以上文书三。此类婚书具

有人口买卖性质，材料中即明确书写有"出卖媳妇"字样。

从传统婚书内容看，具有人身性契约的婚书，与物权性契约格式颇为类似，传统婚姻关系的缔结亦离不开"托媒说合""央媒择配"。所举婚书之例，较为鲜活地反映了传统民间婚姻关系之实态。婚书与物权性契约不同的是，照证不动产的契约具有世代存传的必要，而婚书所约定的婚姻关系一旦及身而止，其效力和保存价值也就随即丧失，这当是民间婚书遗存相对较少的原因之一。

【伙约】

[文书] 立合同**伙约**人金时宜、金元玘、金怡富、叶记、金灿等。今因三保土名……山一号，因荒芜多年，难以虚供。今邀集人等前去开播锄种以上供，[务]要[同心]协力，毋得懈怠推诿退缩，致误公事。日后成材，主力两半均分。日后出口，伙内眼同公捛，毋得私捛。倘有力坌出卖，先遵伙内，毋得变卖他人。恐后无凭，立此**伙约**存照。

康熙四十五年（1706）七月初八日立合同**伙约**人金时宜（等9人）

——《祁门县二十二都红紫金氏文书》，《徽州文书》第1辑，第10卷，第87页

伙约，系共同联合经营而立的契约，多见于佃仆联合经营山林等活动之中。

【伙地】

[文书一] 土名前门坦**火（伙）儿地**，系盈字十七号廿一号地，屋范、许二家住歇。

——《嘉靖四十一年（1562）休宁吕积瑚等立分单》，《徽州千年契约文书》宋元明编，第5卷，第443页

[文书二] 其山于**火（伙）地**内密种杉苗遍山。

——《天顺四年（1460）江振宅租山契》，《徽州千年契约文书》宋元明编，第1卷，第167页

伙地，即出租的土地，一般租佃给宗族隶属的伙佃耕种，即所谓"种主之田"，伙佃须为主人提供劳役服务。

【伙佃（火佃）】

[文书一] 夫妇合葬本里申明亭店背后，土名社屋充口**火佃**屋右边。

——《明代祁门赤桥方氏阄书》，南京大学历史系资料室藏

[文书二] 具告执照人<u>李樑</u>，告为恳恩赐照以□□□□□□□事，身等承祖买受<u>李茂</u>、<u>李权</u>土名黄土岭，<u>黄胜保</u>、<u>胜佑</u>**伙佃**庄基地壹备，与不才房弟<u>李祥</u>共业，<u>祥</u>欺身糊口中州，得重价卖与族人<u>李涛</u>为业。

——《嘉靖五年（1526）<u>李樑</u>立保产执照》，《徽州千年契约文书》宋元明编，第2卷，第32页

[文书三] 东南隅三畺立地契人<u>夏无期</u>，原因<u>江</u>宅六房共为保祖缺用无口出办，将承祖**火佃**空地一片，坐落土名包隐庄，系新丈鞠字一千六百六十四号，计步式百九步三分，税八分三厘柒毫。

——《天启元年（1621）休宁夏无期卖火佃地赤契》，《徽州千年契约文书》宋元明编，第4卷，第44页

[文书四] 立议合同<u>李宗德</u>、<u>宗厚</u>、<u>宗荣</u>、<u>宗礼</u>、<u>宗义</u>五大房支下等。为因祖业三保长州等处**伙佃**庄基，向系本祠全业。

——《顺治九年（1652）<u>李宗德</u>等五大房立合约》，《徽州千年契约文书》清民国编，第1卷，第38页

伙佃（或作火佃），系租佃山场的佃仆。

【J】

【急公会】

[文书一] 七都三图具呈一甲排年<u>汪应兆</u>等，呈为立会**急公**，直陈颠末，叩恩准照，以垂永久事……今众排合同公立文契，出卖价银八十两，将此价置肥田八十砠。众排齐议立一公会于四甲，名曰**急公会**。每年租谷轮流挨值，现年者收取变价，代四甲上纳虚粮。

——《康熙三十年（1691）歙县七都三图汪应兆等立具呈》，载《槐溪张氏茂荆堂田契册》，上海图书馆藏

[文书二] 当成契日，得受契价九五色银五十两整。其银身等领去，

公同酌议，代二甲立一**急公会**，各甲遵守久远办公。

——《清乾隆四十七年（1782）休宁县里长程文明等立代户卖空地契》，参见《中国历代契约汇编考释》，第1290页

急公会，民间因赋役所立会社名称。由明至清，在徽州基层社会，因承纳赋役而置业设会颇为多见，此类会组织多称为"急公会""排年会"等。

【寄粮（诡寄）】

[文书一] 绩溪县七都十甲立**受寄代纳**合同人黄希中，今有歙县本家堂兄黄全初、完初等，买到绩溪县土名中王水竹坞口等处风水，因无寄庄户籍，自愿**受寄**本户，代为支解税粮。每地一亩照官则加耗上纳，递年钱粮依期收领完官，彼此不得生情异说。恐后无凭，立此合同一样三纸为照。

——《万历三十三年（1605）黄希中立寄粮合同》，《明清徽州社会经济资料丛编》第一集，第564—565页

[文书二] 九都三图立议约**寄单**合同人程进法亲人杨招龙。招龙买到本图三甲胡海户丁胡元地壹业（略）。同亲相议，将税凭中**立寄**在本图十甲程进法户内寄户当差。每年硬贴钱粮边锏银等项捌分，递年程进法付代纳完官，日后听从亲人告户收税过户，两家即无拦阻异说。今恐无凭，立此合同一样贰张各执一张存照。

——《崇祯十二年（1639）杨招龙等寄粮立合同》，《徽州千年契约文书》宋元明编，第4卷，第416页

[文书三] 立议合同邵绳初、程业伦，今有邵绳初买到十六都十二图十甲孙廷玺户丁孙宗顺，国字叁千贰佰六十贰号，山税贰厘，土名木瓜坞。今因绳初祖籍隔邑，未立户名。今将山税贰厘**转寄**十六都二图七甲程登元户内输纳粮差。三面言定每年交纳粮银壹分代行上纳，并轮役贴费在内，两无异说。倘绳初另立户名，听从起割，无得阻拦。今恐无凭，立此存照。

——《康熙五十九年（1720）邵绳初等立寄粮合同》，《徽州社会经济史资料丛编》，第一集，第568页

[文书四] 除其遵依申报外，诚恐各册里奉行不力，仍蹈旧套式，或花分、**诡寄**躲避差徭。况田亩自有收除，而人丁必期时定。今查往例，先给供单与册里书算，星散人户当面亲填"四柱"，务照实征原额，户籍及成丁不成丁，年岁首状亲填明白，不许花分**诡寄**，册里书算确查的实，毋许通同作弊，如违察出，按法一体治罪，填完汇缴发造丁口，听候编审毋迟，速速。

——《康熙十年（1671）休宁县颁编审人丁亲供首状单》，安徽师范大学图书馆藏

寄粮或称诡寄。关于诡寄，《天下郡国利病书》载："何言乎诡寄？多田之家，或诡入于乡宦举荐，或诡入于生员吏承，或诡入于坊长里长，或诡入于灶户贫甲，或以文职立寄庄，或以军职立寄庄，或以军人立寄庄。夫乡宦于各县占产寄庄，犹可言也，而本县寄庄，何为者哉？军官占产寄庄，犹可言也，而军人寄庄，何为者哉？率不过巧为花分，以邻国为壑耳。""诡寄者避重而就轻者也"。①

从明清徽州赋役文书看，寄粮多系将特定产业不另立户籍，而是寄附于其他户籍之上，并与所寄附户籍签订输纳粮差合约。在徽州，寄粮现象产生原因是多方面的：或因所买田土坐落异地，不便设立户籍，所谓"祖籍隔邑，未立户名"；或产业细小，难予立户，"买业人如无纳粮户名，所买之业又极细微，每寄附于第三人之旧户中完纳，以避立户之房费，谓之'寄粮'"。② 当然，民间寄粮是民间田土流动频繁而规避官府赋役的产物，是明清赋役制度在实际运行中滋生的弊端之一。

【家伙】

[文书] 立还文书人<u>汪富隆</u>、<u>和隆</u>。今自愿托中投到三四都<u>谢宗成</u>公祠庄屋，楼房三间，门壁等物厨房、猪栏、牛栏、厕所、园地、山场并农器**家伙**、碓磨俱全。

——《顺治六年（1649）祁门<u>汪富隆</u>等立还文书》，《徽州千年契约

---

① 《天下郡国利病书·浙江》"引《宁波府志·田赋书》"。
② 《民事习惯调查报告录·休宁县习惯》，中国政法大学出版社2000年版，第531页。

文书》清民国编，第1卷，第22页。

民间俗称农具、器具等生产生活用品为家伙。《汉语大词典》："家伙，器具。"

【甲首】

[文书一] 十西都谢敦本堂，今有众存荒田一备，坐落土名程婆坞等号。今因排下**甲首**凌家为事缺少使用，三大房商议，自情愿将前田内取早谷租田柒秤出卖于同分人谢锐名下为业。

——《嘉靖四十三年（1564）祁门十西都谢敦本堂立卖田契》，《徽州千年契约文书》宋元明编，第2卷，第366页

[文书二] 十一都方文礼同侄天遂，今为**甲首**户役无钱支解，叔侄商议自情愿将故父买受得四保土名甘子坞朝山背后荒田一坵，其田东南至山，西至底田，北至山嘴及溪，四至内尽数立契出卖与弟方文威、现兄弟名下耕种管业。当日面议时价纹银一两五钱整。

——《万历方氏〈祖业录〉》，《徽州千年契约文书》宋元明编，第7卷，第7页

甲首本是明代里甲制度下的一种职役。明代里甲制度规定：于一里之内设置十户里长户，"岁役里长一人"，名曰"见（现）年"，"十年而周，终而复始"，故曰"排年"。里长户之下，其余一百户为"甲首户"。

关于甲首户学术界有认为一里之内只有十户甲首户；有认为一里之内有百户甲首户。栾成显先生对此曾作过专门考证，认为明代是把一切有能力征纳赋役的人户都编为甲首，甲首实为封建国家统治下的编户齐民。因此，明代的甲首不当作一甲"首领"来理解，其每里的甲首户数，亦应以《明实录》等明代绝大多数史籍以及黄册原文书所载为准，每里里长户之外的百户均为甲首户。①

【甲户（甲下户）】

[文书一] 立议合同汪兴、吴宗睦、戴宗远、金华宗、王宗章、朱淳

---

① 参见栾成显《论明代甲首户》，《中国史研究》1999年第1期。

义、叶涌等。缘因雍正五年奉旨各都图添设保正，续奉县主票唤本里举报，是以合里公议，分作四阄，对神拈定，轮流承充，不得推诿。所有工食银十二两，每年在于本里二十九**甲户**内公派，以为承充之人料理公务等用。其承充之人一应公务，尽在承值，不得误事。所有分阄条款另列于后。

——《雍正五年（1727）汪兴等立合同》，安徽师范大学图书馆藏

[文书二] **甲户**：程永槐田二分五厘二毫一丝二忽；吴应芳田四亩五分八厘九毫五丝四忽；查兴旺田十五亩九分八厘一毫八丝七忽；毕旺祖田二亩五分六厘八毫一丝四忽……

——《雍正王鼎盛户实征册底》，写本1册，《安徽师范大学馆藏千年徽州契约文书集萃》，第3册

[文书三] **甲下户**：一户吴应芳田四亩五分八厘九毫五丝四忽；一户毕旺祖田二亩五分六厘八毫一丝四忽；一户程永槐田二分五厘二毫一丝二忽；一户查兴旺田十五亩九分八厘一毫八丝七忽……

——《乾隆元年（1736）起至三十年（1765）止王鼎盛户各位便查清册》，写本1册，《安徽师范大学馆藏千年徽州契约文书集萃》，第3册

[文书四] 立议重立合同里户王大用户王廷爵等，**甲户**黄发龙户黄君先等。缘黄发龙户钱粮于乾隆二十一年（1756）附在王大用户下，随已立有合墨，自愿津贴使费，原无异说……

——《清乾隆三十年（1765）三月里户王大用户王廷爵等立议重立合同》，《徽州文书》第2辑，第1卷，第59页

甲户（甲下户）是指明清图甲户籍中，总户之下的子户（户丁）。有学者认为，随着由明至清图甲结构的变动，使得小姓原有里甲户籍湮没于图甲总户之后，沦为"甲户、甲下户"。[①]

在徽州，一甲总户多由特定村族大姓把持，其他小姓或散居人户所立的赋役户籍，多隶属于大姓户籍之下，与大姓总户下设置的子户性质相同。以上文书四中，黄姓的甲户附在一甲里户（总户）之下；文书二、三中，吴应芳、毕旺祖、程永槐、查兴旺作为甲户（甲下户），隶属于祁门县二十

[①] 参见黄忠鑫《明代前期里甲赋役制度下的徽州社会》，《中山大学学报》2018年第1期。

二都二图四甲总户王鼎盛户之下，与王鼎盛户下王氏子户性质相同。

【加批】

[文书] 契内改"等"字、"来"字、"脚"字、"旧"字、"据"字、"后"字，共改六字。又**批**（押）。

——《中国历代契约汇编考释》，第 1397 页

加批（或称批、又批、再批），指附载于契约之尾的补充性条文。由于格式契文难于赅包民间买卖之复杂关系，土地买卖契约中往往出现加批条文。民间私约中屡见这种自由、灵活的加批形式，作为格式契文未尽事宜之补充，在明清徽州契约中颇为常见。契约中加批的内容主要涉及以下方面：

一是对契约中的改字、添字、衍字予以说明（抄契、草底例外）。以预防因私自窜改契文而致纷争。《名公书判清明集》即有"于干照内增益亩数，更改字画，浓淡疏密，班班可考"而致纠纷者。① 又如嘉庆间，黟县程嘉培于原买小买契约上挖改契文，图谋霸占程联梯等全业，而致业主投告族保，讦告至县。② 因此，在契约签订时，对于需要修改的内容，以当众加批的形式附于契尾，并要求修改者签押以凭，成为民间私约预杜后患的重要方式。

二是加批契价收受。卖主收足契价，或另立收字；或于格式契文中予以说明；或加批"其价当日收足讫"等字样。

三是加批上手契之交付。土地买卖契约对上手契（包括买契、典契、阄书、佃批、垦照、相关票据等）的交代，抑或见于格式契文，或加批于契尾。

【加添（加价、加找、加绝、贴绝）】

[文书一] 立**加添**人丁祚宏，情因父将基屋一契卖与堂叔**声杨**为业，今因父故乏费，托中向说，议处声杨加银三两八钱整，以为目前棺木费

---

① 《名公书判清明集》卷五《户婚门》，中华书局点校本 1987 年版，第 154 页。
② 刘伯山主编：《徽州文书》第 1 辑第 3 册，第 29—32 页。

用，并出屋香伙（火）之礼。

——《丁祚宏卖屋加添契》，《明清徽州社会经济资料丛编》第一集，第495页

[文书二] 再批：十一年十一月凭亲房程永贵**加价**元[银]二两，自愿不取[赎]。以作永远存照。

——《歙县程德盛退小买田批》，《明清徽州社会经济资料丛编》第一集，第196页

[文书三] 立杜退**加找**小买田批人侄男鲍大成，同弟灶明，今因正用，自愿将父置小买田一坵，计税三亩，土名胡村前，凭原中加找杜退与四伯父名下作种。

——《歙县鲍大成等退加找小买田批》，《明清徽州社会经济资料丛编》第一集，第207页

[材料四—1] 立**贴绝**池荡文契郁炳先，有祖遗池荡一处，于康熙三十年间凭中陈思泉等绝卖与江处管业，当得过价讫。今复央原中陈思泉等至江处加贴绝银叁两正（整）。自贴之后永无异说，恐后无凭，立此贴绝池荡文契为照。

——《康熙三十年（1691）郁炳先立卖池荡贴绝契》，载《清代休宁首村朱氏文书》，安徽大学徽学研究中心藏

[材料四—2] 立**绝卖二次加绝**文契郁炳先，因先年契卖池荡一处，当得过价讫。又于康熙三十年得过加绝银讫。今复央原中陈思泉等至江处加贴绝银贰两正（整）。自加之后再无不尽不绝，永无异说，恐后无凭，立此二贴绝契为照。

——《康熙三十年（1691）郁炳先立卖池荡三次加绝契》，载《清代休宁首村朱氏文书》，安徽大学徽学研究中心藏

[材料四—3] 立**绝卖三次加绝**池荡文契郁炳先，有祖遗池荡一处，于康熙三十年间凭中陈思泉等绝卖与江处管业，当得过价讫。今复央原中陈思泉等至江处加贴绝银一两正（整）。自贴绝之后一卖三绝，尽情尽理，再无不尽不绝，永无异言，立此三贴绝文契为照。

——《康熙三十年（1691）郁炳先立卖池荡三次加绝契》，载《清代休宁首村朱氏文书》，安徽大学徽学研究中心藏

加添，又名找价、加价、加找、加绝、贴绝等，系土地从活卖到绝卖过程中，买方需要向卖方支付一定的差价，由此形成土地买卖的加添、找价"乡例"。据学者考察，"找价"一次多见于典契，"加价"则用于活卖契。①

从契约文书看，特别在清代江南不少地区，土地买卖中的加添、找价不限于活卖，甚至绝卖中亦存在加添情形，日趋成为一种陋俗，一定程度上制约了传统土地的自由交易。究其原因，宋代至明清，土地交易更加频繁。"一田二主""一田多主"日趋普遍，活卖、绝卖所在多见。特别是明代中期以后，随着高利贷资本渗透农村土地市场，土地契约关系发生明显变化，加上土地交易与税粮推收不同步等等，引发了"找价""回赎"等行为。②

在清代江南，民间土地关系流动中，广泛存在"找价""招贴""回赎"等习俗。即卖主在土地原卖之外，一次或多次向买主索要契价之外的钱银。以上材料四即系同一产业出现三次找价的记载。另据《云间据目抄》载："田产交易，昔年亦有卖价不敷之说，自海公以后则加叹杜绝，遂为定例。有一产而加五六次者，初犹无赖小人为之，近年则士类效尤，腆然不顾名义矣。"③

对于民间出现的找价习俗，清代国家法颇有规定，如清代雍正八年原定"如契末载绝卖字样，或注明年限回赎者，并听回赎；若卖主无力回赎，许凭中公估找贴一次，另立绝卖契纸。"至乾隆十八年，为了减少找赎纠纷，定为"如系典契，务于契内注明回赎字样；如系卖契，亦于契内注明永不回赎字样，其自乾隆十八年定例以前，典、卖契载不时之产，如在三十年以内，契无绝卖字样者，听其照例分别找赎，若远在三十年以外，契内虽无绝卖字样，但未注明回赎者，即以绝产论，概不许找赎"（参见光绪《大清会典事例》）。此种习俗至民国仍旧存在，据《民事习惯调查报告录》记载："不动产买主于支付价金，领受买得物后，

---

① 郑力民：《明清徽州土地典当蠡测》，《中国史研究》1991年第3期。
② 杨国桢：《明清土地契约文书研究》（修订本），中国人民大学出版社2009年版，第20—29页。
③ 范濂：《云间据目抄》卷二。

卖业人于正价外，另索找价一次，名曰添。其设立之书据，名曰加添字，一曰增加字，找价之额总以不逾正价十分之一为限。"①

【嫁妆（费）】

[文书] 近思倘有不测，预凭中将土名板溪田租三百秤批于（其）二女淑音、澜音以为**嫁妆**之需。

——《嘉靖三十五年（1556）汪于祚立批契》，王钰欣、周绍泉主编：《徽州千年契约文书》宋元明编，第2卷，第240页

嫁妆（费），同于娶亲费，系家庭为女儿出嫁而置办的资产。中国传统社会的习惯是"男承家产、女承衣箱"，即父母有为女儿备置嫁妆的义务。费孝通先生曾言：家庭财产传递的一个重要步骤发生于结婚时，男女双方的父母均要以聘礼和嫁妆的形式供给新婚夫妇属于个体家庭的核心财产。分家又是父母将财产传递给下一代的另一个重要步骤。②

【兼祧】

[文书] 立出继文书字人许宏贵，情缘身先考垚公所生三子，长正富，次正辉，身考正亮居三。因二房正辉公长子宏云出继长房正富公为嗣，次子宏桃未婚过世，本支乏嗣，身自情愿将亲生一子名叫来喜出继承祧宏桃公为嗣。所有宏桃公名下产业应由来喜执管。至于日后身若添丁，来喜归于承祧宏桃公方面，脱离本身支。身次子归于本身支线。设若不出，喜兼祧两房，决无异议。恐口无凭，立此出继文书存照。惟冀子孙繁衍，万世其昌。

中华民国三十一年（1942）小阳月吉日立出继书人：许宏贵

族长：许宏灶

凭亲房：许有发、许庆堂、

许成元

---

① 前南京国民政府司法行政部：《民事习惯调查报告录》，中国政法大学出版社1998年版，第424页。

② 费孝通：《江村经济》，商务印书馆2001年版，第70—71页。

族证：<u>许元寿</u>

村证：<u>汪贵成</u>、<u>许成玉</u>、<u>许广铸</u>

代笔：<u>许耀堂</u>

——安徽师范大学皖南历史文化研究中心藏

兼祧，即一个男子同时作为其父母之家和过继之家的继承人，同时享受双边财产继承权利，同时履行门户、宗祧等义务。兼祧多见于血缘关系亲近的同宗亲属的家庭之间。

【监租】

[文书] 立卖契人<u>洪金富</u>同侄<u>春生</u>，有承祖民水田一备，坐落本都九保八百六十一号，计丈则二百零三步七分五厘，与石公相共，本身田公实得乙（一）百零乙（一）步八分七厘五毫，计递年实**监租**三秤有零。

——《崇祯二年（1629）<u>洪金富</u>等卖水田白契》，《徽州千年契约文书》宋元明编，第4卷，第283页

章有义先生认为，监租指临时议租，是因农田歉收，佃户要求少交，而由地主届时临田查看收成，议定应交数额。①

【监照】

[文书一] 户部准发给**执照**事。山东巡抚<u>周</u>奏：山东河患极重，历年民不聊生，非别省被偏灾可比。拟请将山东五成赈捐、收捐、翎枝、衔封、贡监预颁空白执照一折。光绪二十八年九月十五日奉朱批：着照所请该衙门知道，钦此。嗣据该抚奏请，后照川省赈捐成规，照减一成，以四成实银上兑。经本部议准，于光绪二十九年二月二十五日奉□□原议，钦此。钦遵各在案。今据俊秀<u>朱荣庆</u>，系安徽歙县人，捐年三十六岁，身中、面白、无须，交正项银肆拾叁两贰钱，准报捐监生。每例银百两交饭银一两五钱，照费银叁钱，于光绪　年　月　日交山东劝捐工赈沪局照数收讫，给予亲填，部邑并填明，照报截下送部查封以留核实，

---

① 章有义：《近代徽州租佃关系案例研究》，中国社会科学出版社1988年版，第62页。

须至执照者。

　　曾祖长德、祖福寿、父灶珵

　　右照给朱荣庆收执

　　关顾二十九年七月二十一日

　　部行

　　按：中缝有"服字第壹仟陆百拾陆号"字样

——黄山市朱英寿藏

　　[文书二] 国子监为给发执照事。准户部咨称，山东巡抚周奏，山东河患极重，历年民不聊生，非别省被偏灾可比，拟请将山东五成赈捐、收捐、贡监豫（预）颁空白执照一折。光绪二十八年（1902）九月十五日奉朱批着照所请该衙门知道。钦此。钦遵各在案。今据朱荣庆，系安徽徽州府歙县人，年三十六岁，身中、面白、无须，于光绪　年　月　日由俊秀在山东劝捐工赈沪局捐纳监生，应交解本监饭银照费，按每张交饭银壹两五钱，照费银贰钱，□应给予监照以杜假冒、顶替等弊。须至照者。

　　曾祖长德、祖福寿、父灶珵

　　右照给朱荣庆收执

　　光绪二十九（1903）年七月二十一日给

　　监行　第捌次发

——黄山市朱英寿藏

　　监照，执照之一种类型，清代由户部或国子监颁发给捐纳监生者的证明性质的文书。以上所引两则材料系户部和国子监分别颁发给歙县朱荣庆的执照和监照，弥足珍贵，从中可看出清代户部赈捐和国子监下发监照的具体情形。

【监分】

　　[文书] 律字勾分得田地山塘开后　本都六保礼字号田　一土名雄源呈四坞口　勾分原买方轮兄弟全业　契本勾收　佃人见（现）**监分**约租玖秤。

——《正统休宁李氏宗祠簿》，《徽州千年契约文书》宋元明编，第5卷，第255页监分，即地主临田监割，依据收成情况征收田租。

【见背】

[文书] 行年十七，问医摄生，变产营房，冀免父母垂忧而扩祖宗德业。不期严君**见背**，兄又续亡，茕茕孑立，形影相吊。

——《康熙五十五年（1716）九月施文烨立嘱书》，黄山市档案馆藏

见背，系父母或长辈去世的一种委婉说法。另外，上引文书中"严君"指父亲。

【匠籍（匠户、匠役）】

[文书一] 供息状人<u>李溥</u>，年三十岁，系祁门县十一都**匠籍**。状息为与休宁县三十三都<u>李齐</u>互争坟山界，不合添捏希抬假棺葬父坟，评告到府，蒙批各县公正老人踏勘，连人送审间，复蒙发与值亭老人覆审送官。有本家原买<u>李美</u>、<u>李黑</u>承租<u>李廷秀</u>、<u>李俊梅</u>仝业山文契贰道，蒙令赎还<u>李美</u>、<u>李黑</u>所有契内价银贰两，本身领讫，今二家凭亲朋劝谕，遵奉教民榜内一款，思系农忙时月，自能舍忍，不愿终讼，其山照依画图定界，东西管业，归一无争，供息是实。

弘治九年（1496）七月日供息状人：<u>李溥</u>（押）

——《徽州千年契约文书》宋元明编，第1卷，第274页

[文书二] 立议单人<u>王汝传</u>、<u>王汝侃</u>、<u>王汝亿</u>、侄<u>显元</u>等。承祖**匠户**有<u>丛理公</u>，同<u>丛璋公</u>共遗临街出面屋基地一片，计地一百六十余步，与民户<u>王德宽</u>兄弟等地共号相联。其<u>丛璋公</u>子孙久留于外，所该**匠役**俱是本家承当……祖遗**匠役**律难分息，其前地税派入各房输纳，亩步自有祖遗文书开载清白。枝下子孙永守前规，毋许变易等事。自今立议之后，务必同心协力，择吉兴工建造，乃光前裕后之盛事也。凡吾弟侄合志者如议幸甚。

万历三十年（1602）七月初三日立议单人：<u>王汝传</u>（等）

——《元至正二年（1342）至乾隆二十八年（1763）（休宁县）藤溪王氏立文约誊契簿》，南京大学历史系资料室藏

匠籍又称匠户，明代户籍分军、民、匠、灶。明初，沿袭元代将手

工业者一律编入匠籍，匠籍不能参加科举跻身士流，一般地位低于民户，匠籍分轮班和住坐。匠籍同于军户、灶户，"役皆永充"，世代沿袭，不能分户。明代中期以后，随着纳银代役制度的实施，匠籍特别是轮班匠的人身束缚开始松弛，逐渐名存实亡。至清代顺治间大力推行"除匠籍为民"，匠籍制度被废除。

匠役，与明代嘉万以后实行纳银代役有关，以上材料二系万历年间承祖匠户各房支所立的议单，从"子孙久留于外""派入各房输纳"可以看出纳银代役制度实施后，匠户人身束缚得以解放。

【绛帐】

[文书] 关书。岁次己卯，教请特选田老夫子老先生**绛帐**一载，门生八名，束金贰拾壹千文。侍教弟曹春寅、朱炳珠仝顿首拜。

——黄山市中国徽文化博物馆藏

绛帐，即延师入塾，教馆授徒。

《汉语大词典》引《后汉书·马融传》："融才高博洽，为世通儒，教养诸生，常有千数……达生任性，不拘儒者之节。居宇器服，多存侈饰。常坐高堂，施绛纱帐，前授圣徒，后列女乐，弟子以次相传，鲜有入其室者。"后以"绛帐"为师门、讲席之敬称。

【角】

[文书] 西都李友仁，同侄思胜、思礼等，承祖地一段，坐落本都八保，土名黄瓜园，系经理吊字上（三）百七十四号，计地三**角**。

——《景泰七年（1456）祁门李友仁等卖地赤契》，《明清徽州社会经济资料丛编》第二集，第190页

角，传统衡量田地面积的单位，一般以六十步为一角，四角合一亩。

宋元时期，计量田土面积普遍使用亩、角、步换算分法，即二百四十步为一亩，六十步为一角，四角为一亩（参见赵彦卫《云麓漫钞》）。到了明代，土地面积度量单位已改为亩、分、厘、毫等，采取十进制。而从徽州相关文书看，明代前期，徽州民间仍存在以亩角、亩步为土地面积度量和计算单位，属于传统习惯的延续。明代中期以后，"角"基本

上不再使用。田地面积多使用"亩分厘毫丝忽"等度量单位。

【脚力】

[文书]支三钱谢中；支二钱四分酒水；支三分**脚力**；仍一钱三分刊版

崇祯十四年九月十五日立合同人：<u>张尚涌</u>、<u>张之遵</u>、<u>张之问</u>

——《槐溪张氏茂荆堂田契册》，上海图书馆藏（藏号：线普563598）

脚力，即跑路的辛苦费。

【借字】

[文书一]立**借字**<u>程朗庭</u>。今借到振安伯名下银三十两整，其银比即收足，其利交白谷贰担、黄豆八斗整，租斗送门交纳。愿将首字……以上两号业抵押。应凭早晚取赎，两无推却异说。恐口无凭，立此存照。

道光元年（1821）十二月初一日立**借字**人：<u>程朗庭</u>（押）

凭中：<u>叔程永昌</u>（押）

——《道光元年（1821）程朗庭立借字》，《歙县18都3图6甲程氏文书》，安徽大学徽学研究中心藏

[文书二]立**借字**<u>汪晓峰</u>。今借到黄名下九五平九七色银二十两整，言定照典起息，决不短少。恐口无凭，立此**借字**存照。

当付天字二千九百九十三号、三千〇一号田归户二号作押，如有利钱不清，听从执归管业无辞。

道光二年（1822）十二月 日立**借字**：<u>汪晓峰</u>（押）

凭中：<u>王蔚文</u>（押）

——安徽师范大学图书馆藏

[文书三]立**借字**约人五挈众，今借到祈丰会大众名下光洋二十三元整，其洋当即是挈收领，其利一分五厘行息，候至来年正月初十日将利付众。恐口无凭，立此借约存照。

咸丰三年（1853）二月初十日立借约人五挈众：<u>承发</u>、<u>任高</u>、<u>尔珍</u>、

知彰、荣发

——黄山市档案馆藏

借字，民间借贷而书立的契约。所举文书二是在印制的图版契纸上书写的，可见民间借约发生颇为普遍。一般借贷者依据所借本金按照乡例支付利息，或"照典起息"，并以货产作为抵押。

【晋主】

[文书] 盖闻水源木本，必溯由来。祖德宗功，尤宜崇报，所以馨香当荐享，而祠宇贵经营也。窃以晋宗至德统祠，丙午之岁拆旧重新，枕龙山而鸿基广阔，朝凤楼而鸟革高骞，非徒壮其高瞻，洵足安其灵爽。左昭右穆，绵百世以承祧，春祈秋尝，历千年而配享，可谓本源茂实，枝叶蕃昌也……是以因公集议，询众筹谋，佥同有成规之可守，非踵事而增华，或取济于茶厘，或取资于铺项，各宜踊跃无吝捐输，庶几集腋成裘，鸠工告竣。至于**栗主神牌**源流，必加深考，粉牒祀谱世系，渐次详登。从此螽斯麟趾，长发其祥。依然松茂竹葱，载笃其庆。谨启。

一议店捐茶捐行捐收缴之日，祠内给有收票，告成**晋主**之时，各将收票送投祠内合成洋蚨壹佰元**晋主**位壹座，永远不祧，以昭奖励。其有不足数者，或找捐足，或于他人处凑足捐票均可。

同治七年（1868）正月　日至德祠文会、司祠、司事 全具

——嘉庆元年徽州陈黄氏立阄书》，《故纸堆》丙册，第30—31页

晋主（又称进主），进入公祠享受公祭的已故祖先，一般简略书写祖先名状于木牌（即上引文书中的"栗主神牌"），置入公祠，享受公祭。置入公祠受祭的祖先，由其支下子孙或支付钱财，或捐赠货产，取得晋主资格。

【禁步】

[文书] 今因缺少钱粮无措，自情愿托中将前四至内山，合湾南北二培直上至降，内除存留本家祖坟**禁步**，上自坟脑，下至兜金，横过五丈及大樟树二根外，其余山坦并在山松杉杂木内取一半。

——《天启六年（1626）方梓茂卖山白契》，《徽州千年契约文书》

宋元明编，第4卷，第203页

禁步系坟墓及其附着物直接占据的土地①。各地风俗规定的坟墓禁步大小不一。在徽州，禁步亦指墓葬的一种规制，是指以墓冢为中心周围一定区域，禁步依身份地位高下而有大小之分，庶民墓葬禁步一般为九步。② 上引文书中禁步的范围即"上自坟脑，下至兜金，横过五丈及大樟树二根"。另外，坟茔禁步之内的树木是禁止砍伐的，认为对坟茔或村寨有荫庇作用的树木，哪怕是在远处，也禁止侵损。③

【进主银】

[文书一] 收道生**进主银**一钱。

——《天启元年（1621）休宁程氏立〈清明挂栢簿〉》，《徽州千年契约文书》宋元明编，第8卷，第199页

[文书二] **进主立户之银**，必先照会诸族，交清祀首，收入公匣。

——《新安徐氏墓祠规》，刊本1册，安徽大学徽学研究中心藏

[文书三] 遗据录、**进主簿**、上丁簿、老人礼生簿、办祭胙簿、收租簿、收支簿，上班交下班藏于和字号公匣。

——咸丰《绩溪黄氏家庙遗据录》卷1，《祠制·斯文管匣》，安徽省图书馆藏

进主银，又名进主钱，神主银等，系为已故父祖等的牌位能入祠供奉而向祠堂交纳的银钱。参见"神主银"条。

【旌善亭】

[文书] 直隶徽州府祁门县为民情事。据六都一图排年里老程芳等申奉本县帖文，依奉前去会同各役从实体勘得本都**旌善**、**申明**二亭，地基坐落大溪边委的积年，被洪水冲塌。

——《万历祁门布政公誊契簿》，载《徽州千年契约文书》宋元明

---

① 何小平：《清代习惯法：墓地所有权研究》，人民出版社2012年版，第46页。
② 康熙《休宁县志》，《艺文·纪述》。
③ 叶显恩：《明清徽州农村社会与佃仆制》，安徽人民出版社1983年版，第220页。

编，第 7 卷，第 200 页

旌善亭，明代在基层社会设置的可供里老宣扬教化，处理纠纷，裁判事务的场所。

明初洪武间，规定："天下邑里皆置申明、旌善二亭，民有善恶，则书于此，以示劝惩。凡户婚、田土、斗殴常事，里老于此剖决。"① 据万历间休宁县程一枝所纂《程典》载，"洪武八年我县建申明旌善二亭于诸乡"②，可见，在明初徽州，旌善、申明二亭设置当较为普遍。

【经理（清册、弓口册）】

[文书一] 十三都<u>康邦材</u>等，今有族人<u>康武</u>等承伊故祖契买本家故祖<u>康庆隆</u>、<u>庆善</u>承父<u>康宏远</u>名目，**经理**八百七十九号，坐落本都七保土名武溪刘家住后山一角二十步。

——《嘉靖祁门十三都康邦材等立卖山契》，《徽州千年签约文书》宋元明编，卷 5，第 267 页

[文书二] 同立志者束心立文，一体登名注簿，又将本都三保**经理**自七百七十九号起，至八百零一号止，土名胡家坑，系五二派下先年卖与祠内，契据今查明认契退来山陆股归与永清祠。契买亦归塾学管业，设立塾学，培养人才，惟读书者，选其贤才而举之。

——《祁门十三都康氏文书》，安徽大学徽学研究中心特藏室藏

[文书三] 十六都二图吴宗祠，今将续创□字□号下田壹亩五分，土名疏塘下，又塘税壹分陆厘，其田四至**照依清册**，今将前项四至内田尽行立契出卖于本都一图<u>吴鲁</u>为业。

——《嘉靖四十二年（1563）吴宗祠立卖田契》，《徽州千年契约文书》宋元明编，第 2 卷，第 333 页

[文书四] 一议图正<u>陈程芳</u>管造丈量**弓口册**籍，三村朋管。

——《顺治四年（1647）休宁县九都一图立清丈合同》，载《康熙休宁陈氏置产簿》，南京大学历史系资料室藏

---

① 《宣宗实录》，宣德七年正月乙酉。
② 万历《程典六·本宗年表》，明程一枝纂修，安徽省图书馆藏。

经理（册）即鱼鳞图册，又称清册、保簿、弓口册等。

经理，原为整顿田制之意。《元史》载："经界废而后有经理。鲁之履亩，汉之核亩，皆其制也。夫民之强者田多而税少，弱者产去而税存，非经理固无以去其害。然经理之制，苟有不善，则其害又将有甚焉者矣。"①

【阄书（阄分）】

[文书一] 十七都四图江村立**阄书**分单合同人<u>洪岩德</u>同弟<u>齐德</u>、<u>玄德</u>等。原吾祖讳<u>玄鼎</u>，祖母<u>李氏</u>，生父叔三人。父讳<u>仁荣</u>，生子<u>岩德</u>；叔讳<u>仁传</u>，生子<u>齐德</u>，次子<u>道德</u>早逝；季叔讳<u>仁儦</u>，生子<u>玄德</u>、<u>茂德</u>。后庶又生叔四人，俱各婚娶。祖遗产业等物，照子七房均分，各本经营无异，阄书并存后。（下略）

万历二十八年（1600）八月二十五日立**阄书**分单人：<u>洪齐德</u>、<u>岩德</u>、<u>玄德</u>、<u>茂德</u>。

——《万历休宁<u>洪岩德</u>等立阄书》，《徽州千年契约文书》宋元明编，第 7 卷，第 310—346 页

[文书二] 立**分单**合同人<u>应蛟</u>、<u>应祥</u>、<u>应麟</u>，今因承父土名杨默林，有平坦菓木宽阔繁多，恐致荒芜，凭父仝中议作天、地、人、和四大阄，品搭均平，屋围定界，眼同**龟（阄）分**，永远管业。

——《康熙二十五年（1686）□<u>应蛟</u>等立分单合同》，《徽州千年契约文书》清民国编，第 1 卷，第 96 页

[文书三] 立批约字人<u>汪维辏</u>、<u>汪天龙</u>父维□。为因承祖分受之业各有**阄书**为凭。内因<u>汪维辏</u>于向年遭回禄，以致各业不知其细，难以心明。今因化字号屋业土名新厅又小厅坦住基致控堂侄<u>汪天龙</u>，及至阅明**阄书**以致明白。

——《乾隆二年<u>汪维辏</u>等立合同》，黄山学院图书馆藏

[文书四] 孰意原鸰堪伤，长二三兄相继谢世，自顾手足惟袭一人，持家风，理店务，内外纷营，势难兼及，颇喜诸侄俱能营为，因于道光

---

① 《元史》卷九十三《食货一·经理》。

二年曾将休西上口店业，凭公作价品定**阄分**，业务受理经营。

——《道光六年（1826）黟县程姓阄书》，章有义：《明清及近代农业史论集》，第336页

阄书，系家庭分家析产所订立的文书，因分家时财产等按照诸子均分，以拈阄的形式进行，故名阄分，所立文书称阄书。

分家阄书的起源与中国传统社会的诸子均分制密切相关。在中国传统社会中，一般在有子继承的正常情况下，家产和宗祧继承采取的是诸子均分制，即对家庭产业采取诸子平均分析的分配方式。中国诸子均分制为主体的传统家产继承方式，一般认为到战国时期才定型。[①] 至迟到唐代，诸子均分制的规定已见诸法律条文，即所谓"应分田宅及财物者，兄弟均分"[②]。但唐代国家法律规定的前提是家长过世之后才允许别籍异财。唐代分家阄书从遗存的敦煌文书可得以印证。如《十世纪敦煌分家契》明确记载："右件分割家口活具十（什）物，叔侄对坐，以诸亲近，一一对直再三，准折均亭［平］，抛钩为定。"[③] 从中可见唐代分家已有阄分和平分两个基本原则。有些分家书还标注"兄弟三人停［平］分为定""两家停［平］分"等。[④] 宋元明清时期，有关析产分户的规定基本上沿袭《唐律疏议》的原则和宗旨。[⑤] 宋代以降，我国民间分家析产成为一种普遍存在社会现象，由此产生大量分家阄书，并遗存至今。

从明清徽州分家阄书看，其名称不一而足，有阄书、分书、分单、支书、关书、标书、标单、析产阄书、勾书、议墨、分产分墨、阄分合同、分产议约等等，其中，以阄书、分书之称为常见。这些名称总体上可以从两个方面加以考察。一是就分家阄书的文本性质而言，大多称"书""单""议墨""合墨""合同""文约""簿书"等，大致看来，分家阄书的议立多按照房分原则，一式复份，其属于合同契约性质的法权

[①] 邢铁：《家产继承史论》第一章，云南大学出版社2000年版。

[②]《唐律疏议》卷一十二《户婚》。

[③]《敦煌宝藏》第44册，第161—164页，斯5647号。

[④] 张传玺：《中国历代契约汇编考释》，北京大学出版社1995年版，第454—471页。

[⑤] 参见《宋刑统》卷十二《户婚律·卑幼私用财》；《大元通制条格》卷三《户令·亲在分居》。

文书，并在家产产生纠纷时具有凭据作用。二是就分家析产的行为方式而言，有所谓"摽""勾""支""关""阄"等，因此，分家书又称"摽书""勾书""支书""关书""阄书"。

分家阄书一般有序文、各阄分所得田产赀财之详细开列两大部分。序文属分书所立之契约部分，一般涉及家世、身世介绍，所生子女及其婚嫁情况，分析原因，家产概况，分析原则，阄分字号，拈阄结果，违约处罚等内容。序文末尾有主盟者、受分人、亲人、族人、见人及代书人等的署名画押。各阄分田产赀财清单，则一一详细胪列品搭分析的各项土地赀财情况。分家阄书一般均为一式数份，运用"天地人和""仁义礼智""和气""松竹梅""福禄寿"等吉祥性文字予以编号，每一字号书写一本，以受分人所拈之阄为定，各收一本，相互署名画押，故又有"连环阄书"之称。

分家阄书形制有散件与簿册之分。散件分家阄分的书立程序与合同文书十分类似。一些大户的分家析产尤其是复次分析，赀产殷实之家的多房继承以及后来子孙将家族历代阄书汇辑成编等，由此形成内容丰富的簿册阄书亦颇为常见。簿册阄书一般详细记载了家庭宗族产业分割再分割过程，其少则十几页，多者数十页，甚至或有达百页以上者。迄今遗存的明清徽州分家阄书数以千计。

【酒水钱（酒食银、酒酌）】

[文书一] 立加小买田价字人吴顺安同弟顺祥、来安、德安，今加到郑澹宁堂名下为业，得受本足典钱四千文整。其钱当即收足。其田交原主管业。言定半纪为满，听凭二共原价取赎，两无异说。今恐无凭，立加小买田字存照。再批：**酒水钱**三百文。又照。

——《歙县吴顺安等加小买田价字》，《明清徽州社会经济资料丛编》第一集，第421页

[文书二] 今因欠江三孙会银，将前田转佃与房东李名下为业，得受价银并**酒食银**二两八钱。

——《休宁县李奇付转佃田约》，《明清徽州社会经济资料丛编》第一集，第424页

[文书三] 其山价银因山与胡姓毗连，其程村碣胡兆万仝胡村磜胡君信将坟山出拚，以致毗连砍斫过界。今汪、黄、凌、江四姓人查契托中黄圣旺、义顺、汪景儒向姓理论，蒙中劝息，胡姓自愿退出价银三两，客人复另立承拚，客人又出**酒酌**银贰钱五分，其山价银俱系托中**酒酌**劳谢，中资一并用银二两一钱。

——《嘉庆二十二年（1817）祁门凌氏立合同文约誊契簿》，《徽州千年契约文书》清民国编，第1卷，第220页

酒食、酒水、酒酌，系土地典当、买卖等过程中，宴请参与契约签订的第三方人士，支出一般由买方（受典方）承担，亦存在由卖方（出典方）承担的情形。

在传统土地买卖中，酬谢中证等是普遍存在的乡土礼俗。土地交易成功后，需要礼节性举办宴会，以酬谢参证契约交易的局外人士，并借助众人场合公开买卖事实，以杜预后违约行为的发生。酬请谢中具有浓厚的乡土礼节性，并长期广泛存在，至民国间，据安徽五河县调查："不动产之卖买，先有中人一二或三四人说合，成契后，由买主按照价额另出一成与说合之中人摊分，名曰'酬劳金'。至临时于契内列名之中人，只由买主请吃喜酒，不摊分中资。又有卖主急于变产，托人觅卖，成契后，除买主应给中资外，卖主亦应酌为酬谢，但其数目多寡并无一定。"①酒酌等作为契约交易的附属性开支，数目不斐，一定程度上制约了民间土地的自由交易。

【具结】

[文书] 仰原差胡靖即往拾玖都半边莲地方，督同干证、原被人犯并乡约、保甲，将汪廉行所盗葬叶都春祖坟傍地立刻眼同起举平改，**具结**回报，毋违须牌。

顺治二年（1645）十一月十四日

——《徽州千年契约文书》清民国编，第1卷，第13页

具结（或称甘结），系出具调查结果而上行官府的文书。参见"甘

---

① 《民事习惯调查报告录》，第543页。

结"条。

【居间】

[文书]二十一都二图立卖契许士知,今将自置十甲李应元户下化字二千七百四十五号,田一亩四厘九毫,土名五亩圻。(略)四至照依清册,凭中立契出卖与荫祠内为业,三面议定时值价纹银七十两整。银、契当即两相交付。其税听凭目下于本图十甲李应元名下过割,入祠内支解。今恐无凭,立此卖契存照。

康熙十二年(1673)二月 日立卖契:许士知

居间:许季清、许良玉、许来于、许泰于

——《歙县许士知卖田契》,《明清徽州社会经济资料丛编》第一集,第87页

居间,即中人,参见"中人"条。

【局】

[文书一]两房子孙人等,务要同心一气,以门户、**乡局**为重,永远遵守。

——《入清源约出晓起约叙记》,安徽师范大学图书馆藏

[文书二]然后对神拈阄,所有**山局**工食费用,每亩内除贰分。或有出备银钱物货,付**局**公用者,照价得山,众等无得异说。**立局**之后,务必齐心协力,无许怠惰萎靡,克众肥己。

——《王、盛、吴众姓立山林议约》,上海图书馆藏

[文书三]会内立司事公事他出,舆马之费与到**局**议事供给,俱在会内开销。

——《鼎元文会同志录》,上海图书馆藏

局系公众事务、公共事业管理机构。

设局管理,在明清徽州地方文献中颇为习见。[①] 通常地,因编修方

[①] 王振忠先生认为,徽州地方文献中涉及的"局"有两种含义:一是与风水有关,即体现人地关系的形势;二是组织机构。本文所涉各种类型的"局"的含义属于后者。

志、编印谱牒往往设立所谓的志局、谱局。如弘治间为编纂《徽州府志》，即"设局于紫阳观，以远市嚣"①；又如，嘉庆间，龚自珍主持《徽州府志》编修，亲撰《与徽州府志局纂修诸子书》②；再如，同治间，祁门武溪陈氏"择吉开局"，以编印族谱③，等等。另外，见于徽州地方文献中的集善局、公济局、育婴局、体仁局、救生局、医局、粮局等亦不一而足，均系管理民间捐输而建立的慈善组织机构。

不唯如此，设局还体现于一县、一乡、一村、一族事务的组织和管理上，即所谓的"乡局""村局""族局""公局"等。如清代乾隆间，祁门县重修县城城垣而"开局捐输"。④清代祁门县南乡设有乡局以管理一乡事务，乾隆四十四年（1779），该乡局为复修儒学而倡导乐输，当地康淑武祀因捐资而经由"南乡公局"颁发收票⑤；又如，清代休宁县首村朱氏所立的控诉呈稿中，署有"二十九都月潭局董朱益园和息词"⑥，这里的"局"即月潭村族事务的管理机构，"局董"即管理者之称谓。

更为灵活的设局还体现在日常契约关系中。在明清徽州，为有效履行合同约定，往往设立临时性的局。例如，乾隆二十八年（1763），徽州王、盛、吴等众姓成立管理山场的"山局"，规定"对神拈阄，所有山局工食费用，每亩内除贰分。或有出备银钱物货，付局公用者，照价得山，众等无得异说。立局之后，务必齐心协力"。其中的王氏为管理本族份额山场，又"订立合同议约，设局于本族祠内"。⑦又，咸丰六年（1856），徽州王氏因诉讼需要而统合族人订立赴讼合文，要求"族人俱要入局，不得退缩"⑧。可见，设局管理实属徽州民间自我管理之一重要机制，既存在功能性强，组织化程度高，长效运行的机构性局，也存在为履行契约事务，保障契约实施而设立的临时性局。一个局须完成设局规定的事

---

① 弘治《徽州府志·汪舜民序》。
② 夏田蓝：《龚定庵全集类编》，中国书店出版社1991年版。
③ 《祁门武溪陈氏宗谱》卷首《胡永迎序》同治十二年重修本。
④ 《祁门修改城垣簿》卷首《修改城垣始末》，国家图书馆藏。
⑤ 《康义祠置产簿》，南京大学历史学资料室藏。
⑥ 《休宁首村朱氏文书》，安徽大学徽学研究中心藏。
⑦ 《王、盛、吴众姓立合山议约》1册，上海图书馆藏。
⑧ 张海鹏、王廷元等：《明清徽商资料选编》辑录，第32页。

务，方可"散局"。如《顺治四年（1647）休宁县吴士鋐等立清丈合同》有"丈量完日，有名任事之人候造册解上方许散局，毋得推捱不理，违者罚银二十两公用"①。

从管理和运行机制上看，"局"与"会"很大程度上有共通之处，亦颇具差异。从上海图书馆所藏的《鼎元同志录》看，会属于公众组织，局实乃承担组织运行和管理的事务性机构。鼎元文会作为通都的公众组织，其会产经营、会务管理等职能由专门设置的"会局"负责。从《同志录》可见，实际掌握会局的往往是一都之内各村族士绅集团，有关会局的创设、会则的制定、会务的监督、重大事务的决策和处理等，均由士绅集团操控。"会局"设置具体管理者多人，称为"司事"，具体经管招佃收租、缴纳赋税、出粜租谷、生放会资以及会产及收支管理等事务。因"会内司事之人，公事之兴废系焉，责承最重"，《公议规则》制定有约束司事的严格措施。司事人选通过定期荐举产生，"必公举读书老成者任之，荐出稳重之人入局"。任期结束，"自行卸任"，并做好会务接管。司事的收入并不丰厚，每年"给食用谷贰石，辛力谷贰石"。设立会局为鼎元文会组织化和长效运行提高了较为成熟的保障机制。

【具禀】

[文书一]**具禀**候选郎中<u>朱继昌</u>，候选知州同<u>朱文炳</u>，盐课提举<u>朱以庄</u>，职员<u>朱永昌</u>，即用知县举人<u>朱锌</u>，职员<u>朱世浤</u>，六品衔生员<u>朱起凤</u>，廪生<u>朱鼎科</u>，<u>朱奉生</u>，生员<u>朱观光</u>、<u>朱恒</u>、<u>朱英</u>、<u>朱恒龄</u>、<u>朱熙宇</u>、<u>朱康庆</u>、<u>朱其镛</u>、<u>朱增璜</u>，耆民<u>朱介山</u>，抱呈<u>朱升</u>，禀为乘乱盗葬向理诱延吁恩保祖事。

——《休宁首村朱氏文书》，安徽大学徽学研究中心藏

[文书二]**具禀**监生<u>潘元宽</u>、<u>潘崇德</u>，生员<u>潘崇仁</u>、<u>潘崇照</u>，禀为现今改刊，再叩准易，款类合宜，以成信志事。

——歙县档案管藏

[文书三]**具禀状**人<u>康百老</u>，禀为遵宪案断恳照杜害上供国课下保民

---

① 安徽师范大学图书馆藏。

业事，宪天金断，铁案如山，钧照一赐，恩流千古。

——《祁门县康氏文书》，安徽大学徽学研究中心藏

具禀，诉状的一种。[日]滋贺秀三认为，这种禀状一般指从公益立场出发，由绅衿身份者及总理、庄正等地方斡旋人与同族长老、其他当事人周围的人等作为当事人提出，并写在任意纸张上的诉状。① 因此，"具禀"含有"联名上诉"的意味。另外，以上文书一中所谓"抱呈朱升"作何理解呢？这从诉状文书的格式规定中可得到答案。原来，清代关于民间诉讼的限制方面很多，其中，对于"绅衿、妇女、老幼、废疾"等，无抱告或抱呈，一般不予受理。②

【绝卖】

[文书一] 四至照依现管，凭族、房长立[契]**绝卖**与徽歙洪立本庄名下全业，得受价纹银八两五钱整。

——《歙县王阿金卖田契》，《明清徽州社会经济资料丛编》第一集，第170页

[文书二] 立自情愿**绝卖**会契人道敖。原身承父阄分得大祠修庆会一股，今因缺用，自情愿托中立契**绝卖**与叔名下九七色银四两整。

——《□□元年道敖立绝卖会契》，黄山市档案馆藏

[文书三] 立**绝卖**三次加绝池荡文契郁炳先，有祖遗池荡一处，于康熙三十年（1691）间凭中陈思泉等**绝卖**与江处管业，当得过价讫。今复央原中陈思泉等至江处加贴绝银一两正（整）。自贴绝之后一卖三绝，尽情尽理，再无不尽不绝，永无异言，立此三贴绝文契为照。

——《休宁二十六都首村朱氏文书》，安徽大学徽学研究中心藏

绝卖即一次性卖断，卖主嗣后不得向买主取赎或找价。参见"出断"条。

与绝卖相对的是活卖和当卖（典卖）。活卖指卖主保留日后可以赎回

---

① 参见滋贺秀三著，林干译《诉讼案件所再现的文书类型》，《松辽学刊》2001年第1期。

② 参见《徽州千年契约文书》清民国编，卷一，第390页。

和加价的权利。当卖（典卖）与活卖不同的是，前者一般以所卖产业作为担保或抵押，不涉及所有权转移，且典当价往往低于活卖价。

【K】

【磡（墈）】

［文书一］三月初六，本门长养头兆祚在石壁**磡**做风水失火燃烧，幸众支丁竭力扑灭。

——《同治金氏封禁山场禁约》，安徽大学徽学研究中心藏

［文书二］屋**墈**下兄今意欲加塝改造。

——《道光十七年（1837）余宗等立合墨》，黄山市档案馆藏

磡（墈），陡峭的堤岸、地势等。

【砍劙（砍撥）】

［文书一］俱系众共兴养，毋许入山**砍劙**。

——《万历十二年（1584）康仪等立分单合同》，《徽州千年契约文书》宋元明编，第3卷，第140页

［文书二］四至内凭中出佃与许名下前去**砍撥**、锄种，扦苗，遍山稠密，五尺一株。

——《康熙五十年（1711）汪鲁候等立出佃约》，安徽师范大学图书馆藏

［文书三］四至之内是身承去砍**劙**掘种，密撒松子，不得抛荒尺土。

——《民国九年（1920）李柏茂承种山约》，《徽州千年契约文书》清民国编，第3卷，第471页

砍劙，又作砍撥，全部砍除。①

【看倖】

［文书一］今来弟兄益众，而于栽种、**看倖**等项其事难拘壹，以致荒

---

① 参见储小旵、张丽《契约文书札记五则》，《中国农史》2012年第4期。

荡不顾。

——《明代祁门赤桥方氏阄书》，南京大学历史系资料室藏

[文书二] 十西都谢元坚，是祖振安、振民于上年间，将本都八保南口源，土名紫圵、叶家庄、葱菜坞等号东西二培，原立合同将其山骨三大分中内取一分，合断与三四都谢彦良、彦成前去用工剟作，以准栽苗、隔火、**看倅**工食。

——《祁门县谢元坚立断山文约》，《明清徽州社会经济资料丛编》第一集，第 452 页

看倅，即专门看管，负责照看之义。

【客租】

[文书] 立典约兄世杨，今因不便无银支用，自情愿将承父续置典首坦一处，土名况排，计**客租**八砠正。凭中出与弟名下为业。

——《清嘉庆八年（1803）二月兄世杨立典坦约》，《徽州文书》第 1 辑，第 1 卷，第 52 页

客即额，客租即租佃一块田地需要缴纳的固定租额，这一固定租额往往成为特定田土面积的代称。如《民事习惯调查报告录》载："额租者，系佃人承揽时，凭中言定年纳租额，毫无增减。"[1]

【坑】

[文书] 帮材祖买本都康仲辛名目经理八百七十二号山三十步，俱坐落本都七保土名后一**坑**，东西相连。

——《徽州千年契约文书》宋元明编，第 5 卷，第 267 页

坑，两山之间相对低凹的地带。

徽州属于山区，"坑"系当地人对山区特有地形之一称谓，徽州文书中，不少村名、地名、土名即称为"某某坑"。

---

[1] 前南京国民政府司法行政部：《民事习惯调查报告录》，中国政法大学出版社 1998 年版，第 423 页。

【掯】

[文书一] 至于支下轮值公事，俱有津贴定规，即排年保长亦有贴办定例，俱定有日期，司匦支发，不得因身值办，藉端勒**掯**。

——《歙县虹梁村程氏德卿公匦规条》，安徽大学程自信教授藏

[文书二] 为此帖仰各里各排花户，各照户内实在丁米数目，悉照新例议贴银两，照数敷付应役之人，以便攒造黄册。里排毋得阻扰，花户毋得短**掯**。

——《康熙元年（1662）祁门县津贴造册银两帖文》，《徽州千年契约文书》清民国编，第1卷，第57页

[文书三] 署江南徽州府休宁县正堂加十级纪录十次**汤**，为特再申禁以杜霸踞，以除民累事。照得本县下车查的，休邑向有火夫违例私分地段，串同霸踞，凡遇民间收敛出殡，高抬工价，任意**掯**勒本家，另雇他人即滋生事端，实为民家大累，屡经各前县示禁有案。

——《道光二十九年（1849）休宁县告示》，《徽州千年契约文书》清民国编，第2卷，第22页

[文书四] 据该贡生等禀称：有旧欠未完，差代垫纳，持串诈索，非给至十余倍，**掯**串不付，若向理论，则呈串禀追。

——黄山市档案馆藏

掯，从中作梗，故意刁难。在徽州文书中，常见"掯勒""强掯""掯索""掯串""短掯""掯欠"等用词。

【口食（养膳、供膳）】

[文书一] 四都六图立卖契妇汪阿方，今因缺少衣棺，无处取办，自情愿浼中将身**口食田**一坵，坐落土名滁村干上三角，系生字三千六百六十乙（一）号，计税乙（一）亩……尽行立契出卖与族叔汪名下为业。

——《休宁汪姓誊契簿辑要》，章有义：《明清及近代农业史论集》，第396页

[文书二] 父母存堂**口食田**并当入产业计开于后。

——《民国二十四年（1935）宋启登立阄书》，安徽师范大学皖南历

史文化研究中心藏

［文书三］立主议合墨**汪茂千**率遵男**绍高**、**绍祖**、**绍峰**，缘乾隆五十一年（1786）十一月分授三子，比时阄书内原提众存，予夫妇生为**口食**，殁为常贮田租。

——《嘉庆十九年（1814）**汪茂千立分家合墨**》，安徽省图书馆藏

［文书四］立合同簿人**程本和**、**本初**、**本良**同侄**君瑞**等，先年承祖赀产，四房已有天地人和阄书分析矣。其所存祀产，并祖母**吴氏太孺人**奉养**口食租**分及余产业，共计五百有零。

——《万历**程本和**等立阄书》，《徽州千年契约文书》宋元明编，第8卷

［文书五］并外江右珠山田亩、庄屋等业，内扒田四十亩为氏**养膳**。

——《道光二十九年（1849），婺源**詹汪氏立阄书**》，安徽大学徽学研究中心特藏室藏

［文书六］再批：母亲三人均**供膳**。

——《嘉庆元年（1796）徽州**陈黄氏立阄书**》，《故纸堆》丙册，第15页

口食田，或养膳田、口食、口食租、膳田、膳租、供膳等，系家庭分析之际，留存田地或田租以赡养父母。口食田于父母死后或兄弟再行分析，或公存以为祀产。留存赡养父母口食田者多为殷实之户，实际上，贫寒之家涉及双亲赡养，往往由析分之后的兄弟共同承当。如《道光徽州罗母谢氏立遗嘱》中，明确谢氏赡养由"兄弟三人结派出钱米，各人定派出户米壹石贰斗。又派出钱贰千文，倘交水米者每斗加一升，其钱米定要经中人手交数清白"①。明清徽州文书中关于口食田的记载颇为多见，反映民间于父母在世兄弟普遍分家析产的现实。

【L】

【来脚（上手、老契）】

［文书一］其有**上手来脚**与别产相连，缴付不便，日后要用刷出

---

① 安徽大学徽学研究中心特藏室藏。

存照。

——《天启元年（1621）祁门郑阿汪等卖山赤契》，《徽州千年契约文书》宋元明编，第4卷，第26页

[文书二] 所有原买**老契**并文约租约倘有未尽日后查出不得行用。

——《祁门凌氏誊契簿》，《徽州千年契约文书》清民国编，第11卷

上手，即上手契，系传统土地买卖中，相对于现卖所立新契而言的原卖契约，又称"来脚、上首、老契、原契"等。

由于土地流转频繁，一块土地随着时间的推移常常经历多次权益转移，从而，其地权经历复次买卖亦形成原卖与现卖之多份契约。来脚契与现卖契约均可照证相对应的地权，并具有法律效力。

从宋代开始即规定，土地买卖中须将上手契随同新契一并交付钱主收执。所谓"置买产业，皆须凭上手干照"。① "所买无上手，不可行用。"②

明清徽州土地买卖契约中，往往交代上手契、来脚契的缴付情况，并成为契约之一格式化内容，多以加批文字出现于契尾。从大量记载看，对上手契的处理主要有：（1）随即缴付；（2）因某种原因而不及缴付者，或在契约中加以说明，或"抄与付照"；（3）不能缴付者注明"日后赍出，不再行用"或交代"某某收贮"。

【来龙（来脉）】

[文书一] 房东郑定、佛右、一诚、维烈四大分等。今将十六都四保，土名张弯企山浮杉松木十备，其界上至黄滕坑口界，下至上坞公界。本家坟后**来龙**，并屋后即杀牛弯浮杉松木出拚与倪南明、陈付旺、汪师保名下。

——《万历十六年（1588）郑定等立拚约》，《徽州千年契约文书》宋元明编，第3卷，第198页

---

① 朱熹：《饶州州院申潜彝招桂节夫周氏阿刘诉占产事》，载《后村先生大全集》卷一九三《书判》。

② 《名公书判清明集》卷五《户婚门·争业类·干照不明合行拘毁》，中华书局点校本1987年版。

[文书二]立当约人<u>王正芳</u>，今因本户户丁懋第，困乏无措，将［欲砍］伐竹园土毕众存荫木。此系百余年培养，以为保护一户**来龙**命脉，伐之必致不吉。

——《崇祯十五年（1642）<u>王正芳</u>立当约》，载《元至正二年（1342）至乾隆二十八年（1763）（休宁县）藤溪王氏立文约誊契簿》，南京大学历史系资料室藏

[文书三]立齐心合同文书<u>胡宗朝</u>等。今因长湾口墓山**来龙**，则合族之干，系命脉之所，开祖以来向无侵害。今因王姓侵犯兹土，皆因人心不一，以致外人相欺。今合门人等齐心约束，歃血定盟。自立之后，俱要同心，毋得结外害内，官司等事，必要挺身为祖，毋得徇情躲缩。如有以上此情，<u>查出</u>合族人等呈送官理，定以不孝罪论。恐后无凭，立此文约为照。

顺治七年（1650）四月初四日立齐心文约人：<u>胡宗朝</u>［等］

——《明清徽州社会经济资料丛编》第1集，第567页

[文书四]拆石取土，除**来龙**、水口、坟、屋前后之外，定从其便。开路放洪，遵依旧例。

——《王、盛、吴众姓立合山议约》，上海图书馆藏

[文书五]据吴口称：屋后系吴厝**来脉**，或恐日后损挖，有伤于前。

——《崇祯祁门李氏抄契簿》，《徽州千年契约文书》宋元明编，第10卷，第82页

来龙（来脉），在徽州主要指祖坟山周遭区域，一般蓄养树木予以保护，禁止开挖和破坏。

按：《汉语大词典》释曰："旧时堪舆家以山势为龙，称其起伏绵亘的姿态为龙脉。来龙，指龙脉的来源。"又有风水术中，称主山为来龙。徽州人因其强烈的风水意识和宗族观念，对于修墓和保护祖坟乃至周围的风水尤为重视。为此也常常酿成讼端，徽州学宦程敏政云"夫徽州之讼虽曰繁，然争之大要有三，曰田，曰坟，曰继"。

【兰谱】

[文书]**兰谱**。<u>胡能发</u>，字<u>介眉</u>，号<u>耀山</u>，咸丰甲寅年（1854）拾月

初四日吉时生，居徽州府绩溪县东乡十四都黄白里。

　　曾祖考<u>其郁</u>公，祖考<u>有正</u>公，父考<u>绍宝</u>公，妻娶<u>邵</u>氏，慈侍下

　　如（愚）胞弟<u>胡能发</u>顿首拜

　　<u>汪心莲</u>仁兄大人惠存

　　光绪七年（1881）次辛巳六月 日吉订

　　——《光绪七年（1881）绩溪<u>胡能发</u>兰谱》，载《徽州千年契约文书》清民国编，第3卷，第113页

　　兰谱是"金兰小谱"或"金兰谱"的简称，也叫"金兰簿"，系义结兄弟而签立的人际关系契约。兰谱实际书写涉及个人履历，家庭成员的家世、履历，结拜者须相互交换兰谱为凭。

　　"金兰"语出《易·系辞》"二人同心，其利断金；同心之言，其臭如兰"。即心如金子一般纯真、坚固，彼此品性投合，似兰花一样馨香。王振忠先生研究指出，兰谱的前身是旧时"结义文书"，至迟在敦煌文书中即已出现。①

【拦占（占栏）】

　　[文书一] 如有内外人**拦占**，尽是出卖主之当，不涉买主之事。

　　——《祁门县<u>金阿程</u>卖山赤契》，《明清徽州社会经济资料丛编》第一集，第353页

　　[文书二] 其山地未卖之先即不曾与家外人重复交易，如有家外人**占栏**，并是卖人之当，不涉买人之事。

　　——《永乐二年（1404）祁门<u>谢曙先</u>卖山地赤契》，《徽州千年契约文书》宋元明编，第1卷，第59页

　　[文书三] 未卖之先即不从与他人重复交易，倘有内外亲房**栏占**，尽是出卖人之当，不及买主之事。

　　拦（栏）占，俗语词，即强制阻拦、占有。

---

① 参见王振忠《晚清民国时期徽州文书中的兰谱》，《安徽史学》2000年第3期。

【老人（劝谕老人、理判老人）】

[文书一] 供息状人<u>汪廷振</u>，五十三岁，系祁门县十一都一图民。状息与本都<u>黄文让</u>、<u>程仕文</u>、<u>程仕通</u>等互争本都土名方标坞山，系祖汪景诜经理。二家讦告府县，蒙批**老人**<u>吴光</u>、<u>李尚春</u>、<u>方斌</u>勘报，参看契字。

——《弘治十二年（1499）<u>汪廷振</u>立供息状》，载《各姓宗枝》，上海图书馆藏，藏号 563402

[文书二] 嘉靖元年（1522）四月十三日立还文书人：谢思志（押）

同侄：谢汪隆（押）

劝谕老人：<u>李克绍</u>（押）

见人：谢纮一（押）

坟邻：汪天贵（押）

——《嘉靖元年（1522）祁门县十西都<u>谢思志</u>等立还文书》，《徽州千年契约文书》宋元明编，第 2 卷，第 5 页

[文书三] 宣德二年（1427）丁未岁九月初六日：谢荣祥（等）

见人：谢从政（等）

理判老人：<u>谢尹奋</u>

——《宣德二年（1427）祁门县十西都<u>谢应祥</u>等立还退契》，《徽州千年契约文书》宋元明编，第 1 卷，第 111 页

老人，系明代乡里从事教化民众，劝导风气、裁判纠纷者的称谓，一般选择年高望重者担任。

明洪武年间，朱元璋曾昭示天下："民间户婚、田土、斗殴、相争，一切小事，须要经由本里老人、里甲断决，若系奸盗、诈伪、人命重事方许赴官陈告。"[1] 所谓"里老"系里长与老人合称，此即国家实行与里甲制相关联的里老制，且明确以里老为中心的地方基层理讼制度的确立。按照明初《教民榜文》的规定，老人一般于里中"推举平日公直，人所敬服者"充任。[2] 其主要职能是解决乡里纠纷、劝导和教化民众，并与地

---

[1] 《皇明制书》卷八《教民榜文》，北京图书馆古籍珍本丛刊（46）。

[2] 同上。

方里长、甲首一道行使对地方社会管理。在这一制度下，国家禁止民间一般性纠纷和诉讼越级上诉。"民间户婚、田土、斗殴、相争一切小事，不许辄便告官，务要经由本管里甲老人理断。"① 明初为了便于里甲老人处理地方事务，于洪武间规定："天下邑里皆置申明、旌善二亭，民有善恶，则书于此，以示劝惩。凡户婚、田土、斗殴常事，里老于此剖决。"② 因此，老人又称"值亭老人""理判老人""谕判老人""劝谕老人"。当然，民间里老的调处和仲裁主要体现为非制度性的情理说合和道德劝谕。

在徽州文书中，常见民间纠纷和诉讼通过"投告老人""状投里老"等予以解决。总体而言，在徽州，于明代中期以前，里长和老人均具有调处乃至仲裁民间纠纷的权力。成化、弘治以后，明初规定的由基层里老管理地方纠纷和诉讼的局面逐步被打破，径自告官、越级上诉的现象日益增多。明代中期以后，里老虽然在徽州依旧存在，并在地方事务中仍发挥一定作用，但其地位和影响日趋下降。

【力坌（利分、力分）】

[文书一] 今将前项新壮（立）四至内山并**力坌**、浮木，大小土名不开写字号，本身五分中该得一分。

——《弘治十四年（1501）祁门谈永迪卖山赤契》，《徽州千年契约文书》宋元明编，第1卷，第293页

[文书二] **力坌**出典，先尽山主，不得私与他人，有此，力归主管。如山主不受，然后另典，毋得异说。

——《王、盛、吴众姓立合山议约》，上海图书馆藏

[文书三] 是身合伙承种芝麻山粟等物，栽插苗木以作六大汖（股），所有本山兴种杂粮照依六汖（股）均共，日后兴养苗木，山东得五五，兴养得四五。其**力坌**亦照六汖（股）均分，倘有本山锄种苞芦，亦照六汖（股）均种，毋许倚强混种。

——《清咸丰三年（1853）十月吴德侯等立议合同文约》，《徽州文

---

① 《皇明制书》卷八《教民榜文》，北京图书馆古籍珍本丛刊（46）。
② 《宣宗实录》，宣德七年正月月乙酉。

书》第 2 辑，第 2 卷，第 74 页

[文书四] 今出与仆人黄法生等前去照管兴养，松杉竹木尽行一并兴养，成材之日照依主利（力）三七相分，主得七分，利得三分。所有**利分**，无许变卖他人，只许凑与山主。

——《祁门三四都一图小洲王氏文书》，《徽州文书》第 2 辑第 1 册，第 18 页

[文书五] 三四都黄富、胡三、凌云等，三门商议，先年各出银买山壹源，坐落八保土名盘坑……递年锄种蓄养松杉等木。因人心不齐，难藏荒废，讨柴为由侵损松杉等木。今黄富、胡三、凌云等商议立簿三本，壹则誊写契书文约，二则言立合同。各人股分用工栽养蓄木，无得依前荒废，毋盗木肥己。每年清明后一日三门承股份人等俱要到山，头年拨山，第二年栽苗，其苗必稠密。如在家不去者，当日同众记明，**力坌**则无。

万历三十二年（1604）五月初二日立禁议约合文人：黄富、胡三、凌云

代书人：谢弼

——《嘉庆祁门凌氏誊契簿》，《徽州千年契约文书》清民国编，第 11 卷

[文书六]（拚山林）共价五十五两整，内除银十一两**力坌**，又除银二两中资，实银四十二两正，照各股分相分。

——《嘉庆祁门凌氏合同文约誊契簿》，《徽州千年契约文书》清民国编，第 11 卷，第 250 页

[文书七] 或抽分、或拚价，其**力分**须看山之远近，然后多寡抽与，勿令厚于业主，自取跳梁之辱也。

——《雍正九年（1731）黄氏立赞字号山册》，安徽师范大学皖南历史文化研究中心藏

力坌，或称力分、利分、蓄养力分、长养力分、掌养力分、栽养力分等，多见于徽州山林契约文书，含义有二：一是指山林经营权（田皮），如上引文书一、文书二、文书三；二是指垦殖耕种山林的付出的劳力代价，如上引文书六。

如前所述，在明清徽州，土地所有权一般称为田骨，使用权称为田皮，田皮也称力坌。另外，涉及山林土地经营的租约中，一般都有田土中施加粪草等肥料的规定。由于租佃时间长，田地和山场管理下了劳动力，土地增加了肥力，在质上有了变化，土地价值有了升值，因此这块田土所下劳力的代价，即称为力分。这种佃权即称为力分田，或称粪草田。土地所有者如果要改变与原佃户的租佃关系，就必须付给原佃户力分银或粪草银后方能转佃。而佃户在租佃期间，也可将自己所拥有的力分田和粪草田出卖或典当。①

【力人】

[文书] 其浮木仍依三大分均分，主得贰分，**力人**得壹分。

——《休宁县谢彦良卖山契》，《明清徽州社会经济资料丛编》第一集，第325页

力人即承揽山林经营的佃户之称，多见于徽州山林经营文书中。

【里户】

[文书一] 乾隆壬午年（1762），上巡幸江南，见各属城垣有坍塌之处，谕令修葺。安徽共计三十三城，祁在檄修之内。府主王尚湄禀称：徽邑愿捐金十八万扒济他邑城工。科派祁捐二万。县主吴嘉善传集城乡绅士、**里户**，计议输将，奈祁地瘠民贫，实难捐解。只可照旧捐修本邑城垣。梦吴主力却府派，劝谕合邑**里户**、绅士、商贾人等，自捐自修……

——《祁门修改城垣簿》卷首《修改城垣始末》，国家图书馆藏

[文书二] 立议重立合同**里户**王大用户王廷爵等……

——《清乾隆三十年（1765）三月里户王大用户王廷爵等立议重立合同》，《徽州文书》第2辑，第1卷，第59页

里户，即图甲制下的一甲"总户"。从徽州看，由明至清，随着里甲制过渡到图甲制，一图分为十甲，每甲因赋役征缴而编制一甲"总户"。

---

① 严桂夫、王国键：《徽州文书档案》，安徽人民出版社2005年版，第98页。

一图十甲的构成，以及每甲设置"总户"，当源于明代以来里甲制。明代里甲制编制按照110户为里，里分为十甲，每甲有1户里长和10户甲首构成。其时，黄册里甲作为国家实施的重要赋役制度，基本适应了当时人口流动性小，跨都跨图的田土交易并不常见，小农经济颇为稳定的社会现实。且通过黄册因时大造，原则上亦可即时反映各户人丁事产的实际变动。然而，明代中期以后，土地流动愈益频繁，黄册制度日渐衰落，里甲赋役趋于定额化。随着明末和清前期一条鞭法的推行，地丁合并，赋役归一，里甲因赋役而编户的职能大大减弱了。与此同时，以图为基础，继承里甲组织形式，融合具有管理地籍的都保职能于图甲体系，一图赋予特定字号，归户管理跨都跨图、流动不居的田土，以确保税粮征收的图甲制逐渐形成。本具有即时反映各户人丁事产实际的黄册由实变虚，110户的"里长—甲首"结构随着黄册户籍陈陈相因，逐步演化为图甲制下虚拟名称的"总户—子户"形式。以既有的一里十甲为基础，渐渐形成一图十甲格局。

【里书（册书）】

［文书一］自卖年起至大造年止，秋粮夏麦各项杂派银两尽行收足。其税粮听从买主执此推单到<u>里书</u>处，即行推入西南隅二图<u>苏宏</u>户内办纳。

——《万历休宁苏氏抄契簿》，《徽州千年契约文书》宋元明编，第6卷，第402页

［文书二］立承管约人<u>黄记仁</u>，今承到本家<u>黄记寿</u>户，应充四甲<u>册书</u>，前去应管点卯，领本图底册。

——《弘光元年（1645）<u>黄记仁</u>立承管里役文书》，《徽州千年契约文书》清民国编，第1卷，第5页

［文书三］立议合同人<u>鼎采</u>同弟<u>鼎捐</u>侄<u>福铨</u>、<u>福锠</u>。缘因父手所置屋宇田地产业，情因于咸丰二年（1852）阄分，商于<u>册书</u>花拨，意欲各纳各粮。不料<u>册书</u>要费太重，是以公同酌议，其田地税亩，原在各户内未拨，每岁上下两忙，三人各照阄书税亩派出，一同完纳，毋得留难。今欲有凭，立此合同三纸，各执一纸存照。

——《故纸堆》丙册，第25页

里书，或称册书，明清里甲中，"向例每里设立里书一名，专管本里田亩推收造册"，"各里之有里书，经管推收造册，此不可少之役，各省攸同也"。①《清经世文编》亦云："江浙各县，每于经制吏书之外，每里各有册书一名，或号里书，或称扇书，专司书算，似不可少。然此辈智昏于见〔现〕金，术工于舞弊，乘今大造之时，每人各出顶首银若干，买定里区。至造册之弊，移甲换乙，漏富差贫，即前花分、诡寄之弊，皆出其手。"② 因此，里书和里长一样，属于里甲中实际掌握作为钱粮交纳根据的田土推收之登记和造册。在徽州，册书多由里长户兼任，各里第 10 牌里长由于须承担十年大造册籍任务，故又称"册年里长"，简称册里（参见"册里"条）。

【理治（理值）】

［文书一］当日面议时值价纹银一两二钱整，在手足讫。其山好歹买人自见，来历不明卖人**理值**。自定之后各不许悔，如违甘罚银一半公用，仍依此文为准。

——《天启三年（1623）祁门查四卖山赤契》，《徽州千年契约文书》宋元明编，第 4 卷，第 126 页

［文书二］四至内新造坟茔长养树木，荫护坟茔无得侵害，若有此情经公**理治**。

——《天启四年（1624）吴士奇等看坟、租佃契》，《徽州千年契约文书》宋元明编，卷 4，第 140 页

理值，即理治，指民间纠纷或诉讼的情理调处。在明清时期的徽州，地方纠纷和诉讼多于民间范畴内得以调处。民间调处的途径灵活多样。里甲、里老、乡约、保甲等基层组织；宗族、文会等社会团体；中人等民间群体，均发挥着重要作用。大体看来，明代中期以前，民间调处多由里甲中的里长和老人来加以调处和裁判的。明代中期以降迄至有清，这种里老调处逐步被保甲、乡约调处所取代。且，明代中期以后，徽州

---

① 康熙《编审事宜》，安徽省图书馆藏。
② 《清经世文编》卷三十《户政五》。

宗族、文会等民间团体在民间调处中所发挥的作用越来越大。另外，中人的调处是调适传统徽州民间契约关系的重要方面。凡此种种，使得肇始于明清徽州民间的纠纷和诉讼，经过各种形式的民间调处，又多停息于民间。总体而言，各种调处形式均具有利用"情理"说合和道德劝谕的非制度化手段予以理处的鲜明特点，故在民间文书中集中体现为"理治"等习俗性表达。

【领札（扎）】

[文书一] 其谷当成契日一并收足，更不另立**领札**。

——《休宁县杨以清卖田赤契》，《明清徽州社会经济资料丛编》第一集，第21页

[文书二] 其艮（银）当成契日一并交收足讫，别不立**领扎**。

——《万历休宁苏氏抄契簿》，《徽州千年契约文书》宋元明编，第6卷，第316页

领扎，应做领札，系收领凭据，所引材料中的"领札"即领到契价而书立的收据。

【另户（另户册）】

[文书] 祁门县正堂柯为遵章编查**另户**事。兹将牌甲内一家为九家所不联者，开明曾犯何款，编作**另户**，另给门牌，交地保就近管束。俟其改过自新，方准取结入甲，如并无过犯，各该户不得故意留难抑勒，须至**另户册**者。

此册即汇订该户所居地方编查户口册后

计开：西乡二十二都一图　高塘村 镇　　距城一百十五里

　　　经董　　　　　地保

一户 王和塪现年37岁系　本 省本州岛（县）人以／为业 祖父母、父母、妻妾、女媳、孙男女、胞伯叔、兄嫂、弟弟妇、友、伙计、雇工男女1丁口

前户因　　故不入甲登明

——《光绪祁门县22都户口环册》①

"另户"主要指游惰、惯盗、匪犯等素行不法之人户。② 另户册系指户籍登记中，由于"各居民不屑（与另户）为伍，即行摘出，别立一册"，这种册籍被称作"另户册""弃民簿"等，有别于保甲所编制的良民"烟户册"。③ 在清代，"另户"多由各地地保收管，"凡差使往来，罚充供役，该地但有失事即于此辈根求"。地保并定期"将该户等有无改悔情事，赍册送县，以凭稽察示惩"。"如实系改悔"，经保结方准入甲为良。④ 所引材料中，另户不但"另给门牌"，且要求"汇订该地方所编户口册后"，在保甲册编制中区别对待，并独立成编。

【闼】

[文书] 立分单人吴玉愊、二弟玉闼、三弟玉忻。

——《乾隆五十二年（1787）吴玉愊等立分单》，黄山市档案馆藏

闼（閖），徽州俗字，音"lu（鹿），或 luo（罗）"。以为幼犬，在徽州多见称与人名，或专称小男孩。据《（绩溪）庙子山王氏谱》载：

閖，读若罗，去声。字书无此字，谓幼犬。乡村幼犬见生人则避入门内而吠，会意犬在门内为閖。今谓人怕见生人，为门内狗，即切閖。⑤

又据孟庆惠称：

歙县话把犬名叫作閖閖[lǖlǖ]，因为犬的生命力很强，又会看守门户，所以当地人用犬名比称孩子。人名也爱用这个字。"閖閖相"是亲昵

---

① 《祁门县（二十二都）户口环册》，1 册，系安徽省黄山市徽州博物馆陈琪馆长收藏，承蒙惠示，谨致谢忱。该册籍中，另户册独立成编，中缝印有"另户册"字样。

② 关于另户，参见刘道胜《清代基层社会的地保》，《中国农史》2009 年第 2 期。

③ 据清代叶世倬云，"另户"源于明代王阳明所倡导的"弃旧图新簿"。（清）叶世倬：《为编审保甲示》，（清）徐栋辑、张霞云校点《保甲书》卷二《成规上》，安徽师范大学出版社 2012 年版，第 20 页。

④ （清）王凤生：《保甲事宜》《弭盗条约》，（清）徐栋辑、张霞云校点《保甲书》卷二《成规上》《成规下》，安徽师范大学出版社 2012 年版，第 25、59 页。

⑤ 王集成纂：《绩溪庙子山王氏谱》卷十《宅里略·土字》，1931 年铅印本，上海图书馆藏。

地骂小孩的常用词。"闪"是会意字，意味看守门户的狗。①

韩士奇曾云：

现代著名作家胡适也创造了一个"閦"字。胡适是安徽绩溪人，是白话文的倡导者，据现代上海大场医院耳穴专家、胡适的侄儿胡地松回忆，抗日战争胜利后不久，胡适到上海河南中路一百八十四号"胡开文发记笔墨店"看望堂兄胡洪发（1891—1973），他喜欢发小胡洪发小儿胡地松，问胡地松"长大后做什么？"小胡地松说"当医生"。胡适很高兴，当场教他识一个"閦"字（安徽绩溪音读"lù 鹿"），并接着说："这个字拆开来叫门内狗，只会在门里逞凶，到外面就不行了"，他教侄儿长大要做一个有用的人。然而，这个"閦"字没有流行起来。②

韩氏认为閦字系胡适所造并非事实。实际上，在徽州很早就使用"閦"这一俗字。如民国《（歙县）北岸吴慎德堂族谱》载：

卷八世系图记云："士閦，松球之长子，生于乾隆辛巳年；士閦，文灶之子，生于嘉庆七年；起景，士熙之子，名三閦，字仰山；起閦，士寿之子；起达，士熊之长子，名连閦。"③

又如《乾隆五十二年（1787）吴玉愊等立分单》中有"立分单人吴玉愊、二弟玉閦、三弟玉忻，今身父生兄弟三人，俱以完娶"。

可见，在徽州，閦（闪）作为名字，至迟在乾隆年间即已行用。

【M】

【毛（系、勿）】

［文书］潜川坐落南边，新丈宾字二千二百七号，土名女儿石坐，南边地税二厘五**系**，山税五分六厘二**毛**，见（现）业十五都十一畐汪忠等。东至汪思明军庄田，西至汪仕贤、吴膳莹田，南至自田塘，北至丁福生、

---

① 孟庆惠：《歙县方言的ABB、BAA式结构》，《安徽师范大学学报》（哲学社会科学版）1981年第4期。
② 韩士奇：《现代文人的自创字》，《书屋》2007年第3期。
③ 民国《（歙县）北岸吴慎德堂族谱》卷八《世系图记》，1921年木活字本，上海图书馆藏。

<u>汪元</u>等田。分装<u>汪忠</u>等山四分二厘九**毛**九**系**五**勿**五。

——《崇祯歙县吴氏家志》，《徽州千年契约文书》宋元明编，第 9 卷，第 19 页

"毛"即"毫"，"系"即"丝"，"勿"即"忽"，均系度量面积的细小单位。明清时期，对土地面积的计量，以及官府征收税额的计算，均精确到多位尾数，因此，衡量单位亦十分细琐。据《休宁县都图甲全录》载："论粮数：石斗升合勺抄撮圭粟粒颗颖黍稷；论田亩亩：分厘毫丝忽微纤沙尘埃渺漠逡巡溟清须。"①

在迄今遗存的徽州黄册、易知由单、归户册、实征册、编审册等官私文书中，涉及税亩、税粮数额的此类繁琐记载颇为多见。对此，在清代即曾引起官员的非议。如康熙间，光禄寺卿龚佳育即曾谏议："江浙税粮起运，存留条目烦琐。近例：有司必合计州县之田刊入由单，尾数稍有不符，动行驳改，名为易知，在百姓实难。请先米止升合勺，银止分厘毫，自抄撮丝微以下悉删除之。而升秒为合，升丝为毫，斯勘算易明，赋额仍无亏损，乃更定由单式。"②

【梅花银（狮头银、细丝银）】

[文书一] 面议时值**梅花艮**（银）二钱，在手前去。

——《成化祁门胡氏抄契簿》，《徽州千年契约文书》宋元明编，第 5 卷，第 134 页

[文书二] 今为无钱支用，情愿将前田尽数立契出卖与<u>谢彦昌</u>名下凑叚（段），永远管业，面议时价**狮头银**□两六钱正。

——《天顺六年（1462）祁门<u>李付</u>同卖田赤契》，《徽州千年契约文书》宋元明编，第 1 卷，第 174 页

[文书三] 面议时价**细丝银**柒钱伍分，在手前去。

——《休宁县王思舜卖山赤契》，《明清徽州社会经济资料丛编》第

---

① 《休宁县都图甲全录》，抄本 1 册，安徽师范大学图书馆藏。

② 朱彝尊：《朝议大夫户科给事中降补国子监学正赵君吉士墓志铭》，载钱仪吉《碑传集》卷九五《康熙朝守令中之中》。

一集，第 343 页

梅花银、狮头银、细丝银是纹银的一种。明清时期以纹银为标准银，成色较高。纹银表面有皱纹，形状各异，以纹定名，有细丝银、狮银、梅花银等。① 因此，由于纹银银色和造型的不同，有白银、狮银、细丝银、细丝白银等各种不同名称，纹银成为通货后，初步离开首饰形式。②

【盟誓（誓章）】

[文书一] 桃源洪儒、洪莹、洪谏、洪应阳、洪天宁、洪立、洪时孙、洪嘉凤人等族众，承祖口立禁约……今族众**歃血为盟**，每房各议二人同心协力，恢复祖业庇荫树木，后人不敢效尤。自**盟誓**之后，**遵文者祖宗互（护）佑，百事昌盛。违文者、徇私者必遭天谴，子孙不得昌大**。今恐无凭，立此誓词为照。

——《隆庆五年（1571）祁门桃源洪儒等立禁约》，《中国历代契约汇编考释》，第 1080 页

[文书二] 立合同十一都上五保公正吴杰孙、公副李源义、弓手吴庆昌、图手李有荣、书手孙珂吉、算手张庆等。今奉院、道、府、县示谕清丈事例，此系重务，犹恐人心不一，故六姓议立合同。各人的名任事不得懈怠，以致临期有误。所有支费纸笔等项，悉照概县大例。自议之后朔望**盟神歃血**。

一清丈之时，先一日齐至永禧寺**盟神歃血**，毋得徇私。

——《顺治四年（1647）休宁十一都吴杰孙等立清丈合同》，安徽师范大学图书馆藏

[文书三] 立**誓章**族长世德等合族公议创造仪门。四围墙垣封固永成规模体统，伏念支下有志者务当同心竭力，秉公执正，而祖灵必佑，丝毫莫爽也。今尤恐支下贤愚不等，心有公私邪正，在任事者必致**盟神立誓**，自供以戒，切期无私。共襄美全，乃思木本水源，以尽追远报本之意也。如有支下不肖，生端诽谤，唆使坏乱，罔与任事者横循是非，合

---

① 张传玺：《中国历代契约会编考释》，北京大学出版社 1995 年版，第 770 页。
② 傅衣凌：《明代前期徽州土地买卖契约中的通货》，《社会科学战线》1980 年第 3 期。

众则必齐集公举，以作不孝论攻之，如有费用，为首者均派，毋得推委。若退缩者依**此誓章天诛地灭。**

一管账经手银两出入徇情克剥怀私者天诛地灭。

一经手用银钱，余出平色，侵渔入己者天诛地灭。

一出门买料等物，通同作弊，私得偏手，虚开花帐者，男盗女娼。

一买物不节俭，以众事为可亏，恣意滥费者天诛地灭。

一同事间有直言者，因而背地造谤，虚驾是非者天诛地灭，男盗女娼。

一管工人徇情怀私利己者天诛地灭。

一匠作求索工用并索酒食私造器用者天诛地灭。

一督工买料管揽等项与祖宗尽力，不得取索工食，违者天诛地灭。

一私借祠物，不通众议致忘索取者天诛地灭。

以上条款在任事者十人务当同心立志，始终如一，**歃血盟神**，如有不肖生端异议，不遵规例挟弱欺侮，通众齐集公举，毋得推委，不出者天诛地灭，秉事者尽心竭力，神明鉴察，各宜慎之。

康熙三十八年（1699）孟秋月谷旦日立

——《康熙三十八年（1699）族长（朱）<u>世德</u>等合族立誓章》，载《休宁首村朱氏文书》，安徽大学徽学研究中心藏

[文书四] 具<u>誓状</u>分山首事<u>盛</u>，为恳神鉴殛事。情因曈内山场东自住后，起至龙潭合岸石壁坞止，近因人心不古，□卖无算……谚云："阳间一文钱，阴间一行簿"。因是身等佥议，**鸣神矢誓**：或清单虽传，自祖父内有瞒垄徇私者，冥冥之中，神明早已鉴察，大则斩绝其嗣，小则男盗女娼；如无等情，改祸成祥，克昌厥后，此**誓**。

乾隆二十八年（1763）分山首事：<u>盛尚昱</u>（等）

——《<u>王、盛、吴</u>众姓立合山议约》，上海图书馆藏

盟誓，或称誓章，在徽州文书常具体表达为"盟神歃血""鸣神矢誓"，系基于人们信仰和禁忌上的某种共同心理，而借助祖先和神灵的无形力量制约的违约观念，多见于合同契约中。

契约关系广泛而深入地内在于传统徽州社会，而维系契约关系，支撑"民从私约"的信用因素是多方面的。其中，诉诸盟誓是保障契约实

施的手段之一。顾炎武曾云:"国乱无政,小民有情而不得中,有冤而不得理,于是不得不诉之于神,而诅盟之事起矣。"① 可见,诅咒盟誓其源甚久。关于盟誓,《礼记·曲礼》载:"约信曰誓,莅牲曰盟。"即"盟"主要体现为歃血取信之仪式,而"誓"则侧重以言语为约,二者均有"示信"之义。如众所知,先秦时期,盟誓颇为盛行,在《尚书》《左传》《国语》等典籍中即保存了不少先秦时期的盟誓之词。

实际上,在生存风险和社会安全较为脆弱的中国传统基层社会中,诅咒和盟誓作为一种传统文化在民间社会长期存在,直到明清,诅咒和盟誓屡屡可见与民间文书之中,成为制约违约行为发生的重要手段之一。在徽州文书中,常常只是象征地将诅咒和盟誓写入契约文本,而类似上引文书三中专门性盟誓誓章颇为稀见,特色鲜明。

【民田】

[文书]立卖契人<u>洪学富</u>,今有承祖标分**民田**乙(一)备,坐落本都,土名百堨名桥,斯计早租拾秤,丈则亩步自有鳞册证。

——《天启二年(1622)<u>洪学富</u>卖田白契》,《徽州千年契约文书》宋元明编,第4卷,第57页

民田,与官田相对,系官田之外私人所有的田地。据《明史》载:"明土田之制,凡二等:曰官田,曰民田。初,官田皆宋、元时入官田地。厥后有还官田,没官田,断入官田,学田,皇庄,牧马草场,城壖苜蓿地,牲地,园陵坟地,公占隙地,诸王、公主、勋戚、大臣、内监、寺观赐乞庄田,百官职田,边臣养廉田,军、民、商、屯田,通谓之官田。其余为民田。"②

【螟蛉】

[文书一]而<u>宪章</u>又已故殁,仅存**螟蛉**一子,乳名<u>孙仈</u>,屡年误公,遗累身等。是以公同具呈在前任<u>胡</u>县主台前控理,蒙批"差押取

---

① 顾炎武:《日知录集释》,上海古籍出版社2006年版,第108页。
② 《明史》卷七十七《食货一·田制》。

赎还公"。

——《中国历代契约汇编考释》,第 1290 页

[文书二] 立允续继书人佳福公支下江济禄。盖闻移花接木,插柳成荫;祖宗无遗,螟蛉可祀。

——《民国二十九年（1940）江济禄立允继书》,安徽师范大学皖南历史文化研究中心藏

螟蛉（螟蛉子）,又称"义男",抚养的异姓继子。

《毛诗正义》有"螟蛉有子,蜾蠃负之"之句①,后世将异姓继子称为"螟蛉子"。古代螟蛉子又称义男,如《元典章》中有"南方士民为无孕嗣,多养他子以为义男,目即螟蛉"②。

【浼中（央中）】

[文书一]（休宁）四都六图汪村立卖男婚书人余福盛同妻吴氏,今因钱粮紧急又无食用,同妻商议,自情愿浼中将亲生长男名唤百龄,于己卯年（康熙三十八年（1699））三月二十五日亥时生,凭媒出卖于项名下为仆。

[文书二] 立当字人世阴会支丁余家纯、兆智、兆法。缘因急需,家给不敷,无处设法。自心情愿将会祠己租,土名平田里田一坵,计租柒砠零拾斤正（整）。今央中说合,出当与黄连祖名下为业。

——《咸丰八年（1858）余家纯等立当字》,安徽省图书馆藏

浼（音 mei）,同"浼",请托。浼中,或称央中,即请托中人。

【N】

【纳监】

[文书] 龙源汪于祚,有父参政翁生有五子,二弟于祥不幸早殇,三弟于礼病在危笃,身思手足之情不能享无故之乐。参政翁存日于身纳监

---

① 《毛诗正义》卷十二之三《小雅·小宛》。
② 《元典章·户部三·承继》"禁乞养异姓子"条。

之需是系众贴备。四弟于佑在学，日后纳监众将板溪田租三百秤贴备。近思倘有不测，预凭中将土名板溪田租三百秤批于礼二女淑音、澜音以为嫁妆之需，以敌纳监之费。自立文约，并无异言。今恐无凭，立此为照。再批：贴备于礼二女田租随听收租，以备还钱、衣服、针线之用，只此。

嘉靖三十五年（1556）正月初五日立议约人：汪于祚（等）

主盟母亲：张氏

中见人：汪永保、汪棠

——《嘉靖三十五年（1556）汪于祚**批契**》，《徽州千年契约文书》宋元明编，第2卷，第240页

纳监，即通过捐纳获得监生资格或身份。

【能干】

[文书] 但老**能干**已成古人，理宜安享祭祀。而新**能干**名虽登龛，其人现在者多祠事谙练，即故者之子孙，耳闻目见，亦熟识祠事。

——《绩溪黄氏家庙遗据录》卷1，《祠制·能干查刷》，咸丰刊本，安徽省图书馆藏

能干，宗族管理者称谓之一，从材料记载看，能干系"谙练祠事""熟识祠事"者。

【粘勾】

[文书] 将土名、佃户、租数、品搭**粘勾**，开列于后。

——《万历二十四年（1596）张顼等立合同文书》，《徽州千年契约文书》宋元明编，第3卷，第282页

勾即阄，粘勾即拈阄。参见"阄书"条。

【P】

【扒入（扒纳）】

[文书一] 四至、字号、步数，自有丈册可照。所有税粮随契**扒入**鸣

景名下共（供）解无词。

——《休宁县程文质卖田赤契》，《明清徽州社会经济资料丛编》第一集，第74页

[文书二] 一切不明等事，尽是出卖人承当，不涉买人之事。其税粮本户随即**扒纳**无词。

——《崇祯七年（1634）许有定卖田赤契》，《明清徽州社会经济资料丛编》第二辑，第122页

扒入、扒纳，即按出卖产业分扒税粮予以推收。

【排年】

[文书一] 东都壹贰图**排年**张祖、张钰、李廷珖、李伯清等，窃见本都山多田寡，各家户役因赖山利以供解，近被无耻刁徒不时入山侵害，嘉靖三十年（1551），祖、珖等已立合同禁约请给县示，禁革杉木毋许偷盗。

——《嘉靖三十五年（1556）祁门县十东都张祖等立合同禁约》，《徽州千年契约文书》宋元明编，第2卷，第242页

[文书二] 三都六图立议墨人吴一坤、余尚镇。今因二甲户役，先年原有合墨，吴、余两姓朋充，历经数轮无异。缘因康熙二十二年（1683）轮役，吴姓一半因年幼不能承充，凭排议费叁两，贴余代管。后三十二年又轮，因其叔侄未谙，吴出役费柒两，请凭**排年**，仍浼余姓料理。

——《康熙四十一年（1702）吴一坤等立里役议墨》，南京大学历史系资料室藏

排年，系明代里甲轮流应役之下，尚在空歇的里长户。明代里甲编制原则是：以一百一十户为里，一里之中，推丁粮多者十户为里长，余百户为甲首，分为十甲，岁役里长一人，甲首十人，管摄一里之事。当年应役者曰"见（现）年"，空歇者曰"排年"，凡十年一周。先后则各以丁粮多寡为次。每里编为一册，册之首总为一图。其里中鳏寡孤独不任役者，则带管于百一十户之外，而列于图后，名曰畸零。[①]

[①] 正德《大明会典》卷二十一《户部六·户口二·攒造黄册》。

四　稀俗词例释　/　205

【排年会】

[文书一] 九都一图立议约里排<u>郑积盈</u>、<u>程世和</u>、<u>陈世芳</u>、<u>陈泰茂</u>、<u>汪辰祖</u>、<u>陈衡俊</u>、<u>陈梁</u>、<u>陈世明</u>。今因国课催限甚紧，奈因百家人户藐法坐抗缓，以致拖延愆期。本图钱粮浩大，理合照卯上纳。矧今县主督比甚严，现役责并奚堪。今各**排年**共立**平济义会**，每甲出银贰两官等兑，朋助均济，轮流交领，预备济急应卯上纳。其银今付贰甲现役<u>程世和</u>收领，每年加一分二厘钱起息，至次年二月十一日本利一并兑出付下轮现役收领，挨次贮蓄，永为定规。会众面议递年钱粮以三月十五日为期，各甲俱要一齐磨面完纳。如一排不完者，各排齐出催促，立要即完，不许容情。如违抗拒，呈县究治。如是齐完国课，共乐雍熙。今恐无凭，立此会议永远存照。

天启三年（1623）二月十一日立议约合同里排：一甲<u>郑积盈</u>、二甲<u>程世和</u>、四甲<u>陈世芳</u>、六甲<u>陈泰茂</u>、七甲<u>汪辰祖</u>、八甲<u>陈衡俊</u>、九甲<u>陈梁</u>、十甲<u>陈世明</u>户丁昷、昶

——《康熙休宁县陈氏置产簿》，南京大学历史系资料室藏

[文书二] 三甲现年带管，本家各房照粮加五贴费，并各花户钱粮加倍贴役，共约银十二两。外又**排年会**收毛谷十担零，作银价八两。所有**排年会**内田税钱粮一两二钱，一并在内还纳，仍余多少概作工食一切等项无异。

——《乾隆三十八年（1773）<u>吴元璋</u>等立充当里役合同》，安徽师范大学图书馆藏

排年会，系明清时期，为应承里役，里甲排年或人户设立的会组织。有些排年会还另有名称，如以上文书一中的"平济义会"，该会实际上是各排年倡立的排年会。

【排日账】

[文书] **排日账**，<u>凌远福</u>，习本，中华民国甲子年岁在杏花月十七日写。十七日，天晴，己亥属木，值成亢宿，肖猪。父亲在家领团嬉。母亲在家做杂事。<u>远贵</u>兄颜溪做事。<u>起家</u>嫂后底坞烧炭煤。<u>远炆</u>兄颜溪做

事。囡英嫂后底烧炭煤。远锦兄上山掘笋。远温兄上海做生意。先生凌子三家具膳。本身攻书……

——《中华民国甲子（1924）凌远福立排日账》，安徽师范大学皖南历史文化研究中心藏

排日账，系逐日记载家庭成员日常活动的日记类文献。此类文献又有《工夫账》《家用账簿》《日流记集》《日计》等之称，多属写本，以清代特别晚清民国为多见。据学者考察，排日账大多为私塾学生所记录，写排日账在婺源县非常普遍。① 排日账对于社会史特别日常社会史研究具有重要价值②。

【牌】

[文书一] 休宁县正堂管为晓谕事，奉本府**信牌**，内开奉布政司**宪牌**，内开奉巡抚部院**宪牌**，饬行推收税亩，攒造实征清册，照则征输钱粮一案。

——《康熙十六年（1677）休宁县印给花户亲供税亩单》，安徽师范大学图书馆藏

[文书二] 仰原差胡靖即往拾玖都半边莲地方，督同干证、原被人犯并乡约、保甲，将汪廉行所盗葬叶都春祖坟傍地立刻眼同起举平改，具结回报，毋违须**牌**。

右差胡靖，准此

顺治二年（1645）十一月十四日

——《徽州千年契约文书》清民国编，第1卷，第13页

---

① 参见黄志繁、邵鸿《晚清至民国徽州小农的生产与生活——对5本婺源县排日账的分析》，《近代史研究》2008年第2期。
② 相关研究参见黄志繁、邵鸿《19世纪40年代徽州小农家庭的生产和生活——介绍一份小农家庭生产活动日记簿》，《华南研究资料中心通讯》第27期（2002年4月）；黄志繁、邵鸿《晚清至民国徽州小农的生产与生活——对5本婺源县排日账的分析》，《近代史研究》2008年第2期；王振忠《排日账所见清末徽州农村的日常生活——以婺源〈龙源欧阳起瑛家用账簿〉抄本为中心》，《中国社会历史评论》第13卷，天津古籍出版社2012年版；刘永华《从"排日账"看晚清徽州乡民的活动空间》，《历史研究》2014年第5期。

牌本是因公使用驿递的凭证，从徽州文书看，牌系明代特别是清地方行政中常用的正式下行文书，或称"牌""信牌""宪牌"等。明清徽州文书中，"帖"以明代为多见，到了清代，除了"帖"之外，还出现类似于"帖"，形式更加简易的"牌""札"等。

【盘串】

[文书] 排头**盘串**、酒肴一两 茶果茶叶银三钱。

——《嘉靖四十年（1561）孙时立阄书》，《徽州千年契约文书》宋元明编，第5卷，第417页

盘串即盘缠，谐音。

【赔赆】

[文书一] 立卖契本都二图十排吴熙志、吴宗等。今因八甲排年程万实子孙遗下外地丁粮及现役，历皆十排代赔代役，经今七十余载，累无底止。今又轮值现年，无力**赔赆**。为此十排凭中，将其遗存，旧遐字一千八百九十五号。

——《崇祯十五年（1642）休宁程氏立〈置产簿〉》，《徽州千年契约文书》宋元明编，第10卷，第411页

[文书二] 立兑契人侄**有初**。今因虚空，客货无钱**赔赆**，托中向叔相商，自情愿将承父祖摽分……出兑与叔文进名下管业。

——《乾隆康义祠置产簿》，南京大学历史系资料室藏

赔赆（赆音 bi）即赔垫、赔给、赔补。

【朋充（朋应）】

[文书一] 今将阄管月分以开弓之日为首月，逢闰月四股**朋应**。

——《顺治四年（1647）张义朋等立签报图正合同》，载《槐溪张氏茂荆堂田契册》，上海图书馆藏

[文书二] 立议合同务本堂支下济公房懋禄、其涛等，汛公房秉廉、兆楠等，溥公房秉谦、文胤等。本户九甲李昌义户役，原四大房历照祖墨两房**朋充**一届。前庚寅限本堂同宗厚公堂充当里排十载，今庚子限该

宗德公房与宗义公房两房**朋充**。

——《顺治十八年（1661）务本堂支下立赋役合同》，徽州文化博物馆藏

[文书三] 立议合同采公边张之问、之章、之闵、之翁等，乐公边张孔生、汝健等，原承祖本公里役，续后采公边认充粮长，乐公认充里长，历年无异。近因乐公边粮少力薄，不能充当，因是合众公议，粮里**朋充**。

——《康熙九年（1670）张之问等立里役合同》，载《槐溪张氏茂荆堂田契册》，上海图书馆藏

朋充（朋应），系指在基层职役和民间管理中存在的合伙充任之现象，属于民间为应对职役而采取灵活充任的形式之一。尤其在清代，朋充职役颇为多见。如《钦定大清会典事例》载："在京各牙行领帖开张，照五年编审例清查换帖，若有棍徒顶冒**朋充**，巧立名色，霸开总行，逼勒商人不许别投，拖欠客本，久占累商者，问罪枷号一月，发附近充军。"① 又，清康熙间黄六鸿曾云："排甲中有粮多一人难催，或当官报认，或私帮朋充。"②

【配享】

[文书] 南山公子廷文、廷武捐租九十秤为公堂，秤为南山公历世**配享**。少峰公子文周、文祜捐租六十秤，秤为公堂，秤为少峰公历世**配享**。一则不负二租当时同迁之志；二则俾父得与**配享**之荣。

——《道光三年（1823）休宁孙世德祠簿抄白》，《徽州千年契约文书》清民国编，第12卷

配享，系宗族接受特定祖先神主牌位进入公祠接受祠祭。

【披桸】

[文书一] 今将前项捌至内基地并房屋，上至椽瓦，下至地栿、软磉

---

① （清）昆冈等修，刘启端等纂：《钦定大清会典事例》卷七六五《刑部四十三·户律市廛》，《续修四库全书·史部·政书类》，上海古籍出版社2002年版，第809册，第424页。

② 黄六鸿：《福惠全书》卷之七《钱谷部二·比较》。

及**披梧**小屋、四围板壁贰处，通兴陆分中取壹分，尽行立契出卖与同都族兄<u>汪异常</u>名下，面议时价白银壹两捌钱整。

——《休宁县汪异佐卖屋赤契》，《明清徽州社会经济资料丛编》第一集，第 468 页

[文书二] 五百五十三号，土名沙塔坦地，成园北头地七十三步，并在上**披培**屋、厕所及树木。又取里面鱼池边<u>浮屋</u>三间贴补。

披梧，俗谓正屋傍的披厢小舍。梧即陪，助也，为正室之辅助。①

【批契（批受）】

[文书一] 十西都<u>胡氏</u>，原承故夫**批受**山地一片，坐落本保，土名周家山。

——《永乐四年（1406）胡氏卖山地白契》，《明清徽州社会经济资料丛编》第二辑，第 174 页

[文书二] 二十七都立**批遗**祖父<u>朱廷鹏</u>，因次男世学早丧无嗣，只有一女名<u>酉英</u>。身今年老，将土名坑底租壹拾砠零拾斤，批与酉英，以为遗念，永远收用，立此批遗存照。

崇祯五年（1632）五月 日立批遗祖父：<u>朱廷鹏</u>

同男：<u>世宝</u>

——转引自章有义《明清徽州土地关系研究》，第 75 页

[文书三] 立**批契**人<u>邱王氏</u>，原氏夫兄弟有二各产，承翁在日俱已阄分，各管无异。不料氏苦命蹇，生子有三，子媳俱亡，夫又早故，苦节守志。因贫无人承继，可怜孤立毫无堪慰。今年近古稀，诚恐一息不存，虑殁后丧费无措，以及各祖标扫，钱粮门户一切尽托族亲立契逐开于后，尽行批与里门敏效祀、清明会内人名下执管，以作永远标祀。钱粮、门户俱系众管，不得问及于氏，差不祥（详）明于今日，设一旦殁后，亲房争分未便，氏九泉之下亦所不安。氏苦□□，既无人承继，不但生者之不安，亦虑死者之无衣（依）。氏为管后之计，自愿将各产尽批与清明会内以［杜］争端。今欲有凭，立此**批契**永远存照。

---

① 参见黄宗羲《古歙乡音集正》抄本，复旦大学图书馆藏。

嘉庆二十一年（1816）二月十八日立**批契**人：邱王氏

中见：族长邱□

——《徽州文书》第 1 辑，第六卷，第 104 页

批契，或称批受、批遗，是所有者将土地等产业无偿让渡给特定继承人而订立的文契，具有预先处置家产的继承性和赠予性。在徽州文书中，批契发生的范畴有：一是家长尊长生前安排家产的继承，具有遗嘱性质，如上引文书三；二是乏嗣家庭批产入族，如上引文书二；三是家族内财产无偿让渡。批契一般属长辈批给晚辈，系家族内部通过捐赠实现财产转移的方式之一。以"批受"的形式转移财产，宋代就已经出现，明清时期，批契作为实现财产转移的法律文书，既不同于土地买卖契约，也与分家阄书有别。在徽州，批契作为一种成熟的法律文书，在财产（主要是不动产）转移中占有一定的地位。[1]

【偏手】

[文书一] 今将三个共出买册四两五钱开支于后：支三两六钱册三部，支二钱**偏手**，支三钱谢中，支二钱四分酒水，支三分脚力，仍一钱三分刊版

——《崇祯十四年（1641）张尚涌等立合同》，载《槐溪张氏茂荆堂田契册》，上海图书馆藏

[文书二] 媒钱三钱五分，又程孔友**偏手**四钱，共计七钱零五分。

——《雍正十一年（1733）汪松如立卖仆文书》，转引自章有义《明清徽州土地关系研究》，第 116 页

[文书三] 七月初四用白银七两，又**偏手**三钱七分，买到本都二图孙彦名、彦端户田。

七月用价白银二十两，又**偏手**二两三、梭布二疋，买到汪实田。

十一月二十九日用价白银一两四钱，又**偏手**二钱三分，买到四都方用得山。

——《明代休宁率东程氏置产簿》，安徽省博物馆藏

---

[1] 参见阿风《明代徽州批契与其法律意义》，《中国史研究》1997 年第 3 期。

从相关徽州文书记载看，契约中往往是在"中人"同时又兼"代书"的情形下，方有此种称谓，因此，偏手当指中人同时又兼代书者。确切含义有待进一步考实。

【票】

[文书一] 歙县正堂加二级祝，为弃业完公事。据程正寅状禀词称：身遗两淮运司，课项五百两，止存原典，已故无后。族人程学礼市屋二所，计价三百二十两。身具限运司案下，回籍变卖完公，将此屋凭中汪以礼议价转归程元秩。议定契成，忽遭财豪程自西契内居间程学礼之子，即住本屋肘壁，久涎凑锦，蓄意吞占。窥身契成，恃同恶兄程瑞光打降凶阻，致元秩悔交不成，情由具禀在案等情，据此合行饬处。为此，票仰原中约保即查程正寅所禀云已屋，今转归于程元秩为业，其程自西、程瑞光有无凶阻及打降凶占缘由，逐一从公处明，立即赴县回报以凭核夺施行，毋得徇庇迟延，如违提究，速速须**票**。

右**票**仰原中约保，准此

康熙三十八年（1699）六月二十六日承

（原**票**赍回）

——《歙县程氏文书》，安徽大学徽学研究中心特藏室藏，包号024

[文书二] 休宁县正堂朱为惨遭回禄等事。据程佐即、程升具禀前事，合饬查覆。为此，**票**仰本禀持交保甲，协同册正即将所禀粘单内产业契墨被毁情由查明确实，粘**票**覆县以凭核夺施行，毋得舛错捏覆，速速须**票**。

右**票**仰保甲册正，准此。

雍正四年（1726）十二月初六 日承

县　　　　登内号讫　限　　　日覆

——《崇祯休宁程氏置产簿》，载《徽州千年契约文书》宋元明编，第10卷，第439页

[文书三] 立议合同汪兴、吴宗睦、戴宗远、金华宗、王宗章、朱淳义、叶涌等，缘因雍正五年奉旨各都图添设保正，续奉县主**票唤**本里举报。是以合里公议，分作四阄，对神拈定，轮流承充，不得推诿。所有

工食银十二两每年在于本里二十九甲户内公派,以为承充之人料理公务等用。其承充之人一应公务尽在承值,不得误事。所有分阄条款另列于后。今恐无凭,立此合同一样四张,每阄各执一张存照。

雍正五年(1727)闰三月 日立议合同:汪兴(等)

——《雍正五年(1727)汪兴等立议合同》,安徽师范大学图书馆藏

票,系官府为了差遣胥役、地方胥吏、基层管理人员等执行任务而签发的凭证。票的种类不一,名称有宪票、府票、信票、正堂票、印票、牌票、拘票等①,不同差票体现的功能亦颇有差异。就民间诉讼环节而言,民间诉状经官府认定有必要受理而作出"遵""准照""准此"等批复后,随即着令差役等执"票"代表官府介入民间诉讼的处理,履行调查、取证、督责、调解、遏暴、查封、传讯、缉捕等事宜。② 这种差票一般书写在印有格式文字的专用纸张上,从有些差票所钤盖的半印形式看,于下行民间的官府差票等以外,地方官府档案中当保留有内容相关的记录。

从现存文书看,官府为了慎重解决相关诉讼而下发的"票"颇为多见,主要责令地方胥役、胥吏、宗族、保甲、中人、乡约等对具体案情和事务予以勘验和核实者。因此,民间诉讼中的"票",属官府处理案件而形成的中期性质的文书。这种"票"的行文格式一般可分为三个部分:一是"票头",主要明确地方府县长官之功名姓氏,以增加其权威性。二是叙述案情缘由,大多以"事据"开头,或简单概括原诉状内容而标之以"具禀前事""故尔云云"等语,或照录相关诉状详细经过。三是具体指令性文字,多以"为此"二字为标志,属于"票"的主体内容,责令相关方面对案件予以调查和核实等。

【票唤】

[文书一] 立议合同汪兴、吴宗睦、戴宗远、金华宗、王宗章、朱淳

---

① 清代官票形式,参见《徽州千年契约文书》清民国编,卷一,第415—419页。

② 参见[日]滋贺秀三《清代州县衙门诉讼的若干研究心得》,载《日本学者研究中国史论着选译》,中华书局1992年版。

义、叶涌等，缘因雍正五年奉旨各都图添设保正，续奉县主**票唤**本里举报。是以合里公议，分作四阄，对神拈定，轮流承充，不得推诿。

——《雍正五年（1727）汪兴等立佥报保正合同》，安徽师范大学图书馆藏

［文书二］倘官内有事**票唤**，不拘唤何一名，总是三人相帮管办。

——《乾隆四十一年（1776）李子学等立同心充当保长议墨》，《徽州文书》第4辑，第1卷，第379页

［文书三］倘族内有事**票唤**保甲长，是其股之事，亦系本股自承在官，保长的名早为调理，不得混扯别股或本户公事，另议一人出身，择能言者入官答应。

——《祁门十三都康氏文书》，安徽大学徽学研究中心特藏室藏

票唤，官府通过下发"票""牌"等下行文书，以督促执行公务，或催促地方签报基层职役等。

【平伙】

［文书］定晒谷之日众出谷贰秤，以付六人收晒**平伙**。

——《道光至同治太子神会簿》，藏南京大学历史系资料室

平伙，众人聚餐之俗称。

【Q】

【七折钱】

［文书一］前已立契卖与章名下为业，今前契得受价纹银十两，身不愿取赎，复凭中找到章名下**七折典钱**七两整。

——《道光三年（1823）唐佶人立增找契》，《明清徽州社会经济资料丛编》第一集，第420页

［文书二］荷蒙吴复泰、金同发二号厚情假货重开，乙丑岁议作四股合做。迨至戊辰年正月，共集成正本**七折钱**文陆百两足。

——《清光绪五年（1879）黟县十都章绍丰等立合墨》，《徽州文书》第1辑，第5卷，第269页

七折钱，即银一两等于钱七百文。七折钱出现始于清代乾隆以后，特别集中于在江浙、福建等南方地区，其时由于铜钱使用日趋增多，银一两等于钱七百文的比价较为稳定，渐渐形成以"两"作为铜钱货币单位。①

【期票】

［文书一］立<u>期票</u>人<u>吴景华</u>，今期到族侄<u>超士</u>名下土名涧下屋，价银柒折钱叁佰拾两整。其钱凭中期至来年六月择期出屋之日兑付，清还不误。恐口无凭，立此<u>期票</u>存照为用。

嘉庆五年（1800）十二月　日立<u>期票</u>人：<u>吴景华</u>
　　　　　　　　　　　　　　中见：<u>吴九如</u>、<u>吴星耀</u>、<u>吴养瞻</u>
　　　　　　　　　　　　　　代书：<u>吴玉六</u>

——徽州人士提供，谨谢

［文书二］<u>期票</u>。立<u>期票方耕之</u>、<u>房济淮</u>。今凭中期到吴名下洋钱五元整，当日言明期至道光二十一年六、九、十二三月付楚，不得有误。立此期票存据。

道光二十年十一月三十日立票

——安徽师范大学图书馆藏（图版）

期票，民间延期支付的凭证，具有预期欠条性质。

【契匣（贮匣）】

［文书一］敬启者吴大宗祠，昔年当受<u>汪剑金</u>等西门市屋一业，计当价银贰百肆拾五两，收租百有余载，曾无异议。不料汪裔<u>得桂</u>于同治三年突起机心，思图霸踞，颠末悉详祠启，兹不复赘。惟<u>得桂</u>所控词内云：于同治元年经伊侄<u>家杰</u>手赎回，系圭交业。不思元年贼氛未靖，人人逃乱初归，清风两袖，<u>家杰</u>素尚清高，是年在溪边村设帐糊口，岂有余赀可以赎业？即或为之，解曰"他处挪移，未尝不可"，不思<u>家杰</u>系读书明

---

① 参见［日］岸本美绪《清代中国的物价与经济波动》，社会科学文献出版社2014年版，第295—318页。

理之儒。当时既办赀取业典契字据，岂不凭中缴回。而我祠**契匣**是年系歙邑北岸支收管，圭难窃出，现今迭交下首，契据均存。而得桂媵禀县，词复以汪又辉当契抄粘呈县，只载当价银肆拾两，与祠契人名银数概不相符。其意无非以家杰已故，死无对证，牵砌抵制，陷圭以不孝不洁之污名。圭素自爱，讵甘受屈，今决意与得桂誓质城隍庙显佑伯座前，神明自知，必加诛殛，皂白自分。否则身为一族罪人，何颜立于人世，情愿以身为殉，与得桂誓不共戴天，特此告白。

同治八年（1869）秋九月日忠孝支四十二世裔孙裕圭拜启

——《故纸堆》丙册，第36页

[文书二] 今立合同一样五纸一纸**贮匣**，各收一纸永远存照。

——《嘉庆二十五年（1820）祁门县历溪王氏玠公秩下启芫等立合文》，安徽师范大学图书馆藏

契匣，家庭以及宗族、家族、会社等民间组织为收藏契据、账簿等贵重物件而设置的器具，并形成严格的管理机制。具体参见"公匣"条。

【契尾】

[文书] 直隶徽州府歙县**契尾**

直隶徽州府歙县为查理税契事。照奉本府，帖文奉道院详批税契年分，银两候作解部之数，各县遵行其数。**契尾**须该府填号给发方兑挂漏，并县用印等。因仰县凡有人民税契，每契文一道，粘连**契尾**一纸。每契价壹两照依旧例纳税银贰分，备行到县。奉此。今当大造之年，合行刊刷**契尾**，请印以便民人报纳施行。须至契尾者。

计开：一据十七都二图**吴震** 用价银**拾玖两肆钱**买到十四都七图**金廷浩** 割税

该纳税银**叁钱捌分捌厘**

右给买主**吴震**收照

万历**十**年（1582）**七**月**二十**日给

笔者按：上引契尾文书"计开"的内容中，黑体系墨迹手填。

——《万历十年（1582）徽州府歙县颁契尾》，安徽师范大学图书馆藏

契尾，又称税契文凭、号纸等，系土地买卖契约闻官纳税（一般征纳标准为契价的百分之二或百分之三不等，上引材料即为百分之二）官府给发的税契凭据，属于契约之附属性官给文书，一般粘连于正契之后，故名"契尾"。在明清徽州契约中，遗存的契尾十分常见，甚或有一契粘连不同时期多份契尾之情形。当然，契尾的存在，原则上与闻官纳税的红契密切相关。而明清时期，大量存在的民间白契（草契），由于未赴官府过割纳税，因此，此类契约也就不存在官给契尾文书。

【契本】

[文书] 律令内一款："诸买卖田宅头匹，务赴投税，除正课外，每**契本**一纸，纳工本铜钱四十文，余外不许多取，违者治罪，钦此。"除钦遵外，议得凡诸人典卖田宅头匹等项交易，立契了毕，随即赴务投税，依例验价，以三十分中取一，就给官降**契本**，每一本纳工本铜钱四十文。匿税者笞五十，价物一半没官。于没官物内，以十分为率，三分付告人充赏。如无官降**契本**，即同匿税。所有**契本**，须议出给者。

——《洪武二十八年（1395）祁门谢士云买山地契》，安徽师范大学图书馆藏

契本，又称官版契纸，系官定契约格式文本，契本上印制有规范田土买卖的格式文字。民间田土买卖要求购买这种官版契纸，立契中只需将买卖内容书写在这种专用契纸上。

契本（官版契纸）的印行肇始于北宋，与当时印刷术的发展密切相关。北宋徽宗于崇宁三年（1104）规定："敕诸县典卖牛畜契书并税租钞旁等，印卖田宅契书，并从官司印卖。除纸笔墨工费用外，量收息钱，助瞻（赡）学用。其收息不得过一倍。"① 所谓"印卖田宅契书"，即系官定契约格式，并统一印刷发行的官版契纸，官版契纸的推行对官府加强契税的征收起了重要作用。南宋时期，政府规定："民间竞产而执出白契者，毋得行。"② 只允许官版契纸闻官纳税。宋代奠定的官版契纸制度

---

① 《宋会要辑稿·食货·钞旁印帖》。
② 李心传：《建炎以来系年要录》卷八十七，"绍兴五年三月"。

在明清尽管屡经兴废，但基本上相延而下。

明代建立后，继续大力推行官版契纸。如明初太祖朱元璋即规定："凡买卖田宅、头匹，务赴投税，除正课外，每契本一纸，纳工本铜钱四十文，余外不许多取。"① 这里所谓的"契本"系花费四十文购买的官版契纸。明初推行的"契本"（即官版契纸），民间立契需支付固定的工本费（即契本税），购买后填写内容即成为正契。② 然明中期以后，随着商品经济的渗透，土地买卖关系的发展，民间白契流行，契本逐渐废止，从一个侧面反映官府对土地买卖的控制日趋松弛。

【佥业（佥业票）】

［文书一］**佥业**纬税票

休宁县十五都四图公正朱茂昌。奉县主严示，眼同业主挨号彻底清查。今照丈明实在田亩验契，纬税票付业主领赴册里归户。但步亩时有更形，业主新旧不一，执此新票为凭。册里验明新票，注填亲供，庶无隐漏。今据册编验单八百九十八号土名黄茅墩。

积一百八十一步七分八厘　中则计田税八分二厘六毫

见（现）业十五都四图七甲朱存志　户丁昌候

雍正七年（1729）又七月　日票

笔者按：所引材料中标注黑体为墨迹手填

——《雍正七年（1729）休宁县颁**佥业**纬税票》，安徽师范大学图书馆藏

［文书二］**佥业**票

休宁县二十三都九图尊县主明示。奉旨请丈过田地山塘，照号查清步则，给发佥票。业主自领付该图册里亲供归户，输纳粮课，无得隐漏。此照。

计开：方字一千二百三十七号　土名　瑶基

中则田一百二十四步四分正（整）

---

① 《皇明制书》卷一《大明令·户令》，北京图书馆古籍珍本丛刊，第46册。
② 关于明代官版契纸格式，参见《徽州千年契约文书》宋元明编，卷四，第462页。

税四分七厘九毫

见（现）业二十二都一图四甲<u>汪廷华</u>户丁

乾隆二十七年（1762）又五月初五日图正吴采若

笔者按：所引材料"计开"中标注的黑体为墨迹手填

——《乾隆二十七年（1762）休宁县颁**佥业票**》，安徽师范大学图书馆藏

[文书三] 立卖契人<u>胡显忠</u>、岩寿叔侄等共有承接**佥业**卿山一号，坐落十二都九保，土名西充源，计山一亩。

——《天启二年（1622）祁门<u>胡显忠</u>等卖山赤契》，《徽州千年契约文书》宋元明编，第4卷，第70页

佥业，或称签业，系土地清丈后经官府认定，载于鱼鳞图册上的各业户之土地产业。①

佥业票，又名归户票（参见"归户票"条）、佥票、佥业归户票、佥业票、纬税票、佥业纬税票、纬税佥业票等，是明清土地清丈对业户所属的某一号田土进行丈量后，发给该业户收执的凭据。另外，民间土地买卖亦须即时到官府进行登记、纳税和推收过割，履行"佥（签）业"手续。这一制度性规定一直沿袭至民国。根据民国时期休宁县的调查："民间所有不动产必由县署立签注册，记明不动产之坐落四至、亩数、税额、户名。签交业户，册存县署。如有买卖，必须报由县署换签、注册，故民间执业最重签册。"②

今存徽州文书中，佥业票十分多见。佥业票中所载田土业主、等则、面积、坐落、土名、四至等信息与官册一致，类似于土地执照，如上引材料一、材料二。业主领票须赴册里登记，由此形成各里（图）归户册。

【圩】

[文书一] 出卖与本图汪村**圩**朱名下为业。

——《顺治休宁朱氏〈祖遗契录〉》，《徽州千年契约文书》清民国

---

① 栾成显：《明清徽州土地佥业考释》，《中国史研究》2010年第4期。
② 《民事习惯调查报告录·休宁县习惯》，中国政法大学出版社2000年版，第532页。

编，第 4 卷，第 195 页

［文书二］去年在本都一图土名茶坑买葬祖父母，同治九年又于一图土名幸田**圲**买葬墓，均在休邑，势难复回原籍，捐考殊属不便。

——《休宁县十九都三图严丹照禀状》，安徽师范大学皖南历史文化研究中心藏

［文书三］立出当佃皮契人姚振坤。今因急用，自情愿央中将己置业一宗，土名西湧后**圲**，田骨十二秤，凭中出当与刘意孙名（下）为业。

——《道光五年（1825）姚振孙立出当田骨契》，安徽师范大学图书馆藏

圲，水边的高地。

【强中】

［文书］其批契因明富恶心狼蠹，私自暗地串托**强中**汪敬茂、黄圣全暗许二人大钱六千文，一同霸占毁界。

——《嘉庆二十二年（1817）祁门凌氏立合同文约誊契簿》，《徽州千年契约文书》清民国编，第 11 卷，第 206 页

强中，或受委托方利诱，或为从中谋利，违反契约公平而强买强卖。

【亲供（亲供单）】

［文书］康熙十年（1671）编审人丁**亲供**首状单

休宁县正堂梁为请定编审划一之期等事。奉巡抚部院、布政使司宪牌前事内开，今照五年编审之期已届，查安徽十府州属编审一案，康熙十年（1671）编审，十一年（1672）升科造册报部。从前作何举行，文到先具遵依众查等因，除其遵依申报外，诚恐各册里奉行不力，仍蹈旧套式，或花分诡寄躲避差徭，况田亩自有收除，而人丁必期时定。今查往例，先给**供单**与册里书算，星散人户当面亲填"四柱"，务照实征原额，户籍及成丁不成丁，年岁首状亲填明白，不许花分诡寄，册里书算确查的实，毋许通同作弊，如违察出，按法一体治罪，填完汇缴发造丁口，听候编审毋迟，速速。

计开：一户

旧管：成丁　田 地 山 塘　共折实田
新收：一收　字 号 税 土名系　年买到　都　图 甲 户下　价银
开除：一推　字 号 税 土名系　年卖到　都　图 甲 为业　价银
实在：成丁　人身年　岁；不成丁
康熙十年月 日给
笔者按：钤有休宁县官印

——《康熙十年（1671）休宁县颁编审人丁**亲供首状单**》，安徽师范大学图书馆藏

亲供，明清黄册和编审册攒造之始，各人户须按照官府颁发的亲供单上的"四柱式"（即旧管、新收、开除、实在），依式填写本户人丁事产，并缴付册里汇编成册。亲供单（又称清册供单、亲供税亩单、亲供首状单），由司府州县依据户部颁发的册式印制，并颁发各人户填写的下行文书。

【清业（清业合同）】

[文书一]立议**清业**分价清单康信祀、荣祀、仁祀。情缘住基朝山横路上截，向蓄树木，近因人心不古，不能成材。是以合房人等眼同众拚，复立兴养。所有拚价银两，照依原股并买受兼赎回股分，照乾隆三十二年拚单分价银。各房执事之人扦押各领各股价银分派。如有各股兄弟分价不清尽是本股领价之人承当。所有股分列载于后，永远为照。

嘉庆三年（1798）十月初七日立议清业分价清单康兴仁堂有分秩下信祀、荣祀、仁祀

——《徽州千年契约文书》清民国编，第 2 卷，第 122 页

[文书二]立永**清**[**业**]**字**人元魁公、元栋公后裔**盛世**、**德恩**等。身等叨沐祖德，人丁渐发，从前所管老产，原各有分单字据，不须赘列。今商议将康公众未分土名老祠边牌坊下首碓屋两间，并置天恒河塥屋宇一所，并门前余地一块以及茅坦厝屋两行，拈阄以忠、恕二字分执，免后争端。详载清晰，一一备列。至从前帐目亦已面算清吉。自分以后各执拈阄管业，仍有众存产业开列于后。今欲有凭，立此一样陆纸各执一纸永远存照。

嘉庆十三年（1808）正月日立永清人：长行元魁公、二行元栋公后裔徐盛世

——《徽州千年契约文书》清民国编，第2卷，第164页

清业合同系按股分或房派进行利益或财产分配所立的合同文书。徽州文书中，一些清业合同具有分家性质，这是由于，一个家庭的家产继承和分割很多情况下不是一次性完成的，往往从当初的父子分析开始，随着世代的衍变，又有兄弟之间分析诸如父母口食田土，叔伯子侄分析诸如众存共业田土等。因此，一个家庭在某一次正式阄分之后，对于祖产、众存共业财产进行复次分割，常常书立有别于正式阄书的清业合同，

【清丈】

［文书一］今奉**清丈**黄字叁百零玖号，其业李御书主名佥其地税，众族合议，不便分散归户，今合并归入十东都二图一甲李时尚户供解。

——《顺治十一年（1654）李来泰等立合文》，《徽州千年契约文书》清民国编，第1卷，第41页

［文书二］休宁县十八都十二图遵旨**清丈**，又奉县主严示，眼同业主丈明归号，彻底清查……

康熙三十七年（1698）三月二十一日公正：戴瑞暄　量手：戴廷正

　　　　　　　　　　　　　　画手：戴文洗　书手：戴恒瑞

　　　　　　　　　　　　　　算手：戴文运　册里：戴盛

——《康熙三十七年休宁纬税票》，安徽师范大学图书馆藏

清丈，即土地丈量。宋元明清，全国性土地清丈主要有南宋绍兴清丈、元代延祐清丈、明初洪武清丈、明代万历清丈以及清初清丈。土地清丈的同时攒造鱼鳞图册（参见"经理"条）。

从徽州地方文献记载中可见宋元明清历次清丈事实。《歙西溪南吴氏先茔志》载："历朝经理：宋额，坐落中鹄乡十六都二保，歌字源六十号，从坟地乙亩二角三十步；元延祐四年（1317）丈量经理编及字二百二十号，下地乙亩乙角四十步，分庄人吴孝先户；明洪武十八年（1385）丈量十六都二保仍作及字二百二十号，下地乙亩乙角四十步……万历九年（1581）清丈十六都一图改编发字二千六百二号，地税三分，土名上

村坟……"①从中可见徽州自南宋至明代万历间，历朝清丈与攒造鱼鳞图册的事实。上引文书二亦涉及清初清丈记载。正因为徽州地区的田土丈量和鱼鳞图册攒造的历史十分悠久，所以才有丰富的鱼鳞图册文书遗存至今。

【青册（清册）】

[文书一] 凡买田地过割之人，有定每田地一亩纳税银三分，查照州县大小，分别上中下三等严造税银**青册**一本，明白开具，随黄册同解赴司，以凭查充等因。

——《嘉靖三十一年（1552）祁门吴岊买田税契凭证》，《徽州千年契约文书》宋元明编，第2卷，第195页

[文书二] 十五都四图立卖地契人吴成甫。今将续置到国字地乙（一）百十号地二十三步半，计税八厘五毛，土名澄塘村，四至照依**清册**，凭中出卖到本都四图吴名下为业。

——《崇祯六年（1633）歙县吴成甫卖地赤契》，《徽州千年契约文书》宋元明编，第4卷，第355页

青册，或称清册，其含义有三：第一，"照依清册"的"清册"指明清鱼鳞图册。第二，指明清时期府县官府保存的人丁、赋役档案。一般上呈户部册籍用黄纸封面，称黄册；而留存司府州县册籍用青纸封面，称青册。青册内详载各户人丁事产。第三，"驳语黄册"或"驳册"也称青册，其上登载查出各地的造册奸弊，奏报之后，转发原造衙门，令其依款登答改造，并限半年以里缴册回报，仍解后湖。② 因此，青册、清册之义须视具体记载而论。

【圲】

[文书] 自愿将自己买受八保土名牌**圲**，月字八百六十二号，计丈田一百二十步，折实租叁秤整。

---

① 《歙西溪南吴氏先茔志》三世祖《历朝经理》。
② 栾成显：《明代黄册研究》，中国社会科学出版社1998年版，第31页。

——《嘉庆二十二年（1817）祁门凌氏立合同文约誊契簿》，《徽州千年契约文书》清民国编，第 11 卷，第 207 页

坵，区划开来的整块田地。

坵亦作丘，作为整块土地的俗称其来甚久。《匡谬正俗》载："唐颜师古云'晋宫阙名所载某舍若干区者，列如丘字。则知区、丘音不别矣'。"①《清律》亦载："方园一区曰坵，坵中分界曰段。"②

在徽州，坵常见于契约中的"土名"，当地习惯称大块土地为坵，小块土地为段。参见"段"条。

【求趁】

[文书] 或因**求趁**搬带家小开店住歇，必须禀过洪主准许，方敢携带，如不准许不敢致违。

——《万历十年（1582）朱福元等立还文书》，《徽州千年契约文书》宋元明编，第 3 卷，第 89 页

求趁，或称求趂、外趁，即谋求生计，外出谋生。

求趁亦偶见于明清典籍文献中，如明代姚舜牧《来恩堂草》卷四载："一、广昌通计成丁三千六百三十七丁，计今编每丁派银二钱四分。中间有粮之丁办此无难，然无粮之光丁什居五六。朝夕求趁，尚苦不敷，而一时催征，实难措办，典衣鬻子，苦不忍言。"又如，明代徐仲田《杀狗记》第六出："（小生）受兄毒打也甘心，无辜赶逐，痛苦难禁。（生）贼泼贱，恼杀人，辄敢抗语来相应。（合）今日里，今日里急离我门。街坊上，街坊上别行求趁。"以上诸例"求趁"均为此意。

【娶亲费】

[文书一] 立阄书人陈黄氏。今不幸先夫于乾隆五十一年病故，所生三子长子定荣、次子定华、三子定金。长次二子俱已完娶。三子未娶。

---

① 参见张传玺主编《中国历代契约粹编》（中），北京大学出版社 2014 年版，第 650 页。
② 《大清律辑注》卷五《户律·田宅·欺瞒田粮"附注"》，《续修四库全书·史部·政书类》，上海古籍出版社 2002 年版，第 863 册，第 349 页。

将做香家伙等物以作**娶亲**之资。

——《故纸堆》丙册，第 15 页

[文书二] 存银二十两贴<u>嘉裕</u>、<u>嘉祥</u>**娶亲**支费。

——《<u>顺治徽州程阿毕立分书</u>》，《徽州千年契约文书》清民国编，第 1 卷，第 21 页

娶亲费，系家庭分家析产之际，留存给未婚之子预后成亲婚配的资产。

一般情况下，多子家庭中诸子的婚姻是整个家庭的事务，分家析产亦往往发生于诸子婚配之后，倘提前分家析产，未婚之子可额外获取一份娶亲资产。

【全业】

[文书] 先考买的山，东包家坟嘴，下至田，西小坞尖，南小坞口直出，北峰。本家**全业**。

——《万历三十二年（1604）祁门<u>郑公佑</u>等立〈分山阄单〉》，《徽州千年契约文书》宋元明编，第 8 卷，第 59 页

全业，系单一户管业一个字号的田土。①

【R】

【认族书】

[文书] 立**认族**书人<u>王子长</u>，缘身二十六祖<u>有材公</u>系<u>赵玄公</u>之孙，由绩邑鹤川前班迁居严州。后因派衍台州。身以务农为业，寄居浙属横畈溪，年今五拾余岁。闻该地与徽相隔不远，于民国十年返徽忍（认）祖。身感族中诸先生建造祠宇，未曾诣严捐资，而又念诸先生德厚功高，情愿助大洋贰佰元作为历来丁口银，以资修理祠宇之费。惟念有材公迄身已历有十二世之远，异乡故土年久归来。承蒙族中诸长暨各房人等认可，

---

① 参见陈柯云《明清徽州地区山林经营中的"力分"问题》，《中国史研究》1987 年第 1 期。

不以身为异类，感激无尽，为此，立**认族书**永远为证。

民国十年（1921）六月 日立认族书人：<u>王子长</u>

亲房：<u>王灶发</u>、<u>以正</u>、<u>以福</u>、<u>以林</u>

亲笔：<u>初九</u>

［笔者按：以上均押］

——《故纸堆》丙册，第128页

认族书颇为稀见。如众所知，明清徽州系典型的宗族社会。与其他地区相比，在徽州，宗法关系无处不在，宗族观念根深蒂固，宗族作为枢纽型组织遍布城镇乡村，深深控制着传统徽州基层社会。那么，面临人口的流动，对于外迁者要求重返归宗，徽州宗族是如何处理的，上引"认族书"可见一斑。所举文书可见，自绩溪迁出并散居严州、台州等地的"有材公"支下，系绩溪鹤川王氏之一支系。迄民国十年（1921），"已历有十二世之远"，王子长要求"返徽认族"。显然，认族需要获得"族中诸长暨各房人等认可"的同时，尚须捐助"大洋贰佰元作为历来丁口银，以资修理祠宇之费"。一般来说，一旦族人外迁，在"尊祖、敬宗、收族"的原则下，其身份的认同主要体现于系谱和观念上。至于寄籍他乡的外迁者回流本土，以及宗族在肯认和接纳上是如何应对的，类似以上所举"认族书"实属罕见。

【入泮】

［文书一］文童**入泮**给花钱三千二百文。

——《鼎元文会同志录》，道光刊本1册，上海图书馆藏

［文书二］客籍**入泮**，必到家人会后方书名，如未归者姑俟之。

"泮"系学校之古称，入学是古代很注重的礼仪，学童先到孔庙中，环绕泮池一周，叫作"游泮、入泮"。泮池作半圆形，中间架一桥，古代天子曰"辟雍"，诸侯曰"泮宫"。明清时期，举凡童生在"童试"中考中秀才，到府县学入学时，需要游泮，然后到正殿祭孔。因此，明清时期的入泮，系指入学府县学。

【孺人】

[文书] 立承祧合墨据人何其荣、何其老，今有房叔祖奕祖公、奕开公、奕赐公，孺人张氏、孺人吴氏。

——《道光二十三年（1843）何其荣等立承祧合墨》，黄山市档案馆藏

孺人，对已婚妇女的尊称。

宋代以前，对中等官吏之母或妻封以孺人，如北宋徽宗正和二年（1112）规定，通直郎以上的母亲或妻，封孺人。宋代以后，凡官宦、士绅、殷实之家夫人亦尊称为"孺人"。

——《中国历代契约粹编》，第 455、474 页

【S】

【三四都】

[文书一] 三四都余九思、汪克惠、谢彦良等三□，各有承祖并续置山地共一源，俱坐落十三都二保土名大径坑，经理俱系□字号。

——《成化十七年（1481）祁门余九思等共管山地合同》，《徽州千年契约文书》宋元明编，第 1 卷，第 210 页

[文书二] 三四都凌贵宗、德宗、胜宗、员宗、有宗兄弟。今承祖产住基、房屋、田地、山场相共未分，因为各爨，耕种不便，兄弟自同商议，凭中族叔添春等前来为中，将户下祖产住基房屋田地山场尽数高低品搭，眼同均做五股，写立分单五纸，各收一纸。

——《嘉庆祁门凌氏誊契簿》，载《徽州千年契约文书》清民国编，第 11 卷

三四都，祁门县都名。系明代前期合并三都、四都为一个都，名为"三四都"①。因此，徽州文书凡记载涉及三四都名称，可判定与祁门县

---

① 万历《祁门志》卷四《人事志·乡市》载："国朝乡仍六，并三四都为一，析十都为东西。"

有关。

【山骨】

[文书] 今来无钱支用，自情愿将前项二号**山骨**并苗木，本位买得九分中内合得五分七厘七，尽数立契出卖与十五都汪立之名下为业。

——《正德十二年（1517）祁门汪晓等卖山赤契》，《徽州千年契约文书》宋元明编，第1卷，第357页

山骨，或称山底、地骨，指山地的所有权。相应地，山皮即系山地的使用权。在徽州，地骨和山骨含有山地之义。如刘和惠研究认为，明代徽州土地买卖契约中常见的"地骨"或"山骨"一词，以往学者多将"地骨"等同于"田骨"和"田底"，买卖"地骨"也就是指买卖田底权，反映了一田二主现象。但刘氏认为："自明迄清山地并没有像农田那样出现土地所有权分割——'一田二主'，地骨和山骨都是徽州土语，山骨是山地别称，而地骨的含义不一，除了是山地的别称外，还是房屋基地的代称。"[①]

【山分（主分）】

[文书一] 郑文质今将九保牛栏山杉枱竹卖与郑复等。见（现）有竹七十根，除在山竹木见（现）复为业。自弘治五年起新出笋竹，文质长养，作对半均分，文质得长养分，郑复得**山分**。

——《弘治四年（1491）郑文质、郑复养立合同》，《徽州千年契约文书》宋元明编，第1卷，第255页

[文书二] 外批：前山故得遵股份山骨并**主分**杉松木，俱在契内。

——《万历十一年（1583）赵德道立卖山白契》，《明清徽州社会经济资料丛编》第二辑，第519页

山分，或称主分，常见于徽州山林文书，系拥有和垄断山林所有权

[①] 刘和惠：《明代徽州地契中的"地骨"和"山骨"》，《徽州社会科学》2003年第6期。

而享有的分籍以及相应的收益。① 与山分、主分相对的是"力坌（分）"。

【膳书】

[文书] 立承作**膳书**人<u>李品超</u>。原因辛巳年膳书轮到五甲<u>金玉</u>、<u>以如</u>、<u>兴兆</u>办理，因伊五甲公托央中与身相商议，贴身洋银十元整，代作辛巳年。所是进册并图差、客差往来费用，俱是身一人料理，不干五甲人等之事。

膳书，膳即缮，膳书即册书。因册书除了登记每年的产业买卖和过税事宜外，尚需承担"粮差催粮吃用膳食"，故称。所引文书中即涉及册书料理"进册并图差、客差往来费用"。

【上首】

[文书一] 原有**上首**、来脚归户别契相连，缴付不便。

——《天启四年（1624）休宁<u>金大兆</u>卖地赤契》，《徽州千年契约文书》宋元明编，第4卷

[文书二] 立卖契<u>李阿汪</u>、<u>阿杨</u>，夫俱外趁，因公将方山祖坟**上首**卖与周、万、许三家名下，迁葬有碍，致本家评告府县，阿等浼族代为调息。

——《顺治十三年（1656）李阿汪等立卖契》，载《徽州千年契约文书》清民国编，第5卷，第30页

[文书三] 奈<u>桂英</u>父手失算，多收**上首**丁地银九钱三分四厘。

——《嘉庆二十二年（1817）立飞洒契》，《徽州千年契约文书》清民国编，第2卷，第251页

首，指当事人或执事人。上首，或指在同一产业的复次交易中，相对于现卖而言的既往交易，既往交易契约也称"上首契"；或系轮流管理中，上一轮管理者。

---

① 参见陈柯云《明清徽州地区山林经营中的"力分"问题》，《中国史研究》1987年第1期。

【上首礼】

［文书一］立收**上首喜礼字**人杨文衣，因上年祖遗破井栏唐家嘴田种三石计租三十六石，契卖汤姓。今汤姓转卖与陈文衣，系属上首，凭中议定上首喜礼大钱四千五百正。比即钱字两交，并无不清。恐后倘有户族人等异说，尽在文衣一力承管，此据。

——《乾隆四十三年（1778）杨文衣立上首喜礼字》，《徽州千年契约文书》清民国编，第2卷，第5页

［文书二］立收**上首喜礼**仁黄纯先（等），因上年有祖遗市房一所出卖与黄毅远，今黄转卖与陈，浼中言明收到陈名下**上首喜礼**大钱贰千四百文正，自收之后无得异说，此据。

立收**上首喜礼**字人黄纯先（等）

嘉庆四年（1799）十二月二十九日 凭中何国珍（等）①

——《徽州千年契约文书》清民国编，第2卷，第132页

［文书三］立**上首酒礼**字人濮恩义、恩金、恩长、本福、本泉等。因先年原民田一业，坐落舍上园井边村大子牛塘、小子牛塘脚下，共计大小田二十一坵，共计田二十一亩零。其田以上俱系本塘管水，来路水沟车取，鱼塘一应俱照正契执业无阻，已经契明价足。奈本邑土俗民情，今请原中说合，立出上首酒礼字与许震旺名下永远执业。当日凭中言明，身得受**上首酒礼**国币洋八元整。其洋及字比即两相明白，（不再）另立收字。其田自得上首之后，永不再增，永不再找，永不生端异说。今欲有凭，立此上首字永远为据存照。

民国二十六年（1937）古九月初一日立**上首酒礼**字人：濮恩义、恩金、恩长仝本福、本泉

凭中：沈鑫堂、濮光培

代笔：濮阳彩华

——《民国二十六年濮恩义等立上首酒礼字》，安徽师范大学皖南历史文化研究中心藏

---

① 《徽州千年契约文书》清民国编，卷二，第132页。

上首礼，指产业交易中，所有者出卖的产业，如买者再次转卖，原卖者在现卖关系中享有一定收益。正如文书三所云，属于民间"土俗民情"。

【上忙（下忙、上下忙）】

[文书一] 立议扶旧规急公文（约），一图五、十甲三房陈希溶公秩下<u>美星</u>、<u>美焰</u>、<u>国珎</u>、<u>守宫</u>、<u>求璲</u>、<u>美颁</u>、<u>美楫</u>等。缘我五、十甲<u>陈世锡</u>户钱粮，先年向有条规，**上忙**不过四月二十，**下忙**不过十月二十，按限完纳，从无蒂欠，逾期议罚，所以众各齐心，早完国课。

——《光绪十三年（1887）<u>陈希溶</u>公秩下等立钱粮合同》，《明清社会经济资料丛编》第一集，第579页

[文书二] 所是进册并图差、客差往来费用，俱是身一人料理，不干五甲人等之事。倘有柜书乡收，无论**上下忙**议定加贴洋六元整。

——《光绪七年（1881）<u>李品超</u>立承作膳书约》，黄山市档案馆藏

上忙（下忙，上下忙），田赋征收用语，上忙，即夏税征收，下忙，即秋税征收，上下忙，系上忙、下忙合称。在田赋征收中，官府下发民户完纳凭证称为"上忙执照""下忙执照""上下忙执照""上下忙串票"。

自唐代实行"两税法"，田赋分夏、秋两季征收，即"夏税"和"秋税"，"夏税无过六月，秋税无过十一月"，这种夏、秋两征田赋延续而下。此后夏、秋两征时间有所不同。如清雍正十三年（1735）规定：地丁钱粮上半年在二月开征，五月截止，名曰"上忙"；下半年八月开征，十一月截止，名曰"下忙"；上下两忙征收的地丁钱粮称为"忙银"。此后"两税"被改名为"上下忙"，并一直沿用到清末。

【上限（下限）】

[文书] 奈人众难合，是以邀同本股玠公秩下人等相商，每年钱粮先期完清，**上限**四月初一日验票，**下限**十月初一日验票。如无票者，即系拖欠顽人，每票罚出钱四百文归众，违者鸣官理治。

——《嘉庆二十五年（1820）<u>王启芫</u>等立赋役合文》，安徽师范大学

图书馆藏

上限即上忙，下限即下忙，参见"上忙（下忙、上下忙）"条。

【申明亭】

[文书一] 直隶徽州府祁门县为民情事。据六都一图排年里老程芳等申奉本县帖文，依奉前去会同各役从实体勘得本都旌善、**申明**二亭，地基坐落大溪边委的积年，被洪水冲塌。

——《万历祁门布政公誊契簿》，载《徽州千年契约文书》宋元明编，第 7 卷，第 200 页

[文书二] 夫妇合葬本里**申明亭**店背后，土名社屋充口火佃屋右边。

——《明代祁门赤桥方氏阄书》，南京大学历史系资料室藏

[文书三] 立应役文书仆人汪付保、汪三保，为因无房住歇，兄弟商议自情愿投东主张名下，土名**申明亭**房屋三间并出入门坦后地□□，是身住歇

——《隆庆六年（1572）汪付保等立应役文书》，《徽州千年契约文书》宋元明编，第 2 卷，第 499 页

申明亭，明代在基层社会设置的可供里老处理纠纷，裁判事务的场所。

明初洪武间，规定："天下邑里皆置申明、旌善二亭，民有善恶，则书于此，以示劝惩。凡户婚、田土、斗殴常事，里老于此剖决。"① 据万历间休宁县程一枝所纂《程典》载"洪武八年我县建申明、旌善二亭于诸乡"②，可见，在明初徽州，旌善、申明二亭设置当较为普遍。

【神主】

[文书一] 西首别屋原为敬奉**神主**，理宜清洁，不得堆塞对象亵渎。

——《乾隆三十八年（1773）黄永华等立议墨合同》，《徽州千年契约文书》清民国编，第 1 卷，第 376 页

---

① 《宣宗实录》，宣德七年正月乙酉。
② 万历《程典六·本宗年表》，明程一枝纂修，安徽省图书馆藏。

[文书二] 今<u>黄浒</u>、<u>黄浩</u>，侄<u>黄中</u>等上痛故叔心塘公功名未就，嗣续无传，用是愿备银一千五百两入众建造黄氏宗祠，于中别奉心塘公夫妇**神主**。

——《乾隆休宁黄氏阄书底册》，《徽州千年契约文书》清民国编，第 9 卷，第 224 页

[文书三] 立议墨族长<u>孙汉三</u>、<u>孙德美</u>、<u>孙于公</u>、<u>孙公甫</u>、<u>孙大章</u>、<u>孙公望</u>、<u>孙敬先</u>、<u>孙东旭</u>、<u>孙诚林</u>。今因世德祀会所有租谷银利以前祠例森严，欠户颗粒分厘不少。的年八月，尽皆归楚存眝。预为冬至团祭及坍毁修理之用。近因执事人懒而不整，以至各户拖欠，但将来一木之损何能修理，必至宗庙难保，**神主**无妥。

——《道光三年（1823）休宁孙世德祠簿抄白》，《徽州千年契约文书》清民国编，第 12 卷，第 52—53 页

神主，即宗族、家族、家庭在祠堂、支祠、厅堂设立已故者的牌位，一般于木牌上书写亡者姓名、行辈、生卒等简单行历，以便享祭。

特定宗祠的神主汇编形成神主簿，又名进主簿，宗族神主簿是拥有入祠享祀资格的族人名号和世系的汇录，由专人理主入册，不断汇辑而成，如《清代歙县庄氏神主牌位誊录册》。① 有些神主簿还刊印成编，并作为宗族日后修谱的依据。如歙县许村许敦本堂于民国间"整理神主簿册，为日后修谱张本"。②

【神主银】

[文书一] 凭中立契出卖与荫祠名下，三面议定得受**神主银**十一两整。

——《歙县<u>许光潢</u>卖田赤契》，《明清徽州社会经济资料丛编》第一集，第 98 页

[文书二] 二十一都二图立交税契支丁<u>元庶</u>、<u>元富</u>，率侄<u>凤祥</u>等凭中

---

① 《徽州文书类目》著录，第 658 页。
② 《清歙县许村许敦本堂神主簿·叙言》，该神主簿有上中下三册，内容有图像、行状、传、事略、墓志铭、祠记、叙言以及许敦本堂始祖至四十一世各代神主名号。黄山学院图书馆藏。

出税与荫祠为业。缘支丁**元庶鲍氏**婶母孀老无依，于嘉庆五年奉**神主**八名入祠，经托族分尊长，将承祖分受住屋一所，土名后库，公同估值价银四十两，归入荫祠，以作进**神主例银**。

——《明清徽州社会经济资料丛编》第一集，第 572 页

神主银，或称神主钱，进主钱。在明清徽州，除生前有功名或德行昭著的族人神主入祠享祭外，一般族人死后，其神主入祠，往往由其子孙按照规定，向祠堂缴纳一定的费用（神主钱）后，方可取得神主入祠享祭权。如清代休宁孙世德祠规定："族众神主入祠每位出银三钱，牌（位）每个价银五分。进神主楼下每位礼银叁钱，楼上捐资三则以上者登。"[①] 因此，通过征收族人进主钱成为一些宗族置产的重要手段之一，并由此产生不少神主入祀契约。

【生理】

[文书] 今值顺治十八年（1661），现里轮该元昌兄弟侄三房与廷信叔侄朋当，因**昌业儒弟基侄**都俱客外**生理**，虽躬其役，凭众议，照家规津贴银三十五两整，贴钥代为承当现里役并拜年四年半。

——《休宁汪姓誊契簿辑要》，章有义：《明清及近代农业史论集》。第 383 页

徽州俗称外出谋生为生理，多指外出经营工商行业。

【生放】

[文书一] 立合同僧**悟林**同长寿会**谢资**等，原会众将递年**生放**银买□五都珠溪僧田，土名方盘圩、葫芦圩田二号，计租三拾秤。

——《长寿会租银合同》，《明清徽州社会经济资料丛编》第一集，第 566 页

[文书二][山木] 拚卖归立**性清**公祀子孙永远**生放**。

——《祁门二十二都红紫金氏文书》，《徽州文书》第 1 辑，第 10 卷，第 234 页

---

① 见《道光三年休宁孙世德祠簿抄白》，《徽州千年契约文书》清民国编，卷十二。

[文书三] 各出钱谷，编立首人，经管**生放**，以为祭祀之用。

——《祁门二十二都红紫金氏文书》，《徽州文书》第 1 辑，10 卷，第 455 页

民间借贷习俗性地称为"生放"。具体地说，债权与债务主体往往具有某种社会关系，多系乡族社会的友情告贷，在自愿互助基础上，以彼此信任为信用，利率亦由当事人依据惯例相互约定。这种民俗意义上的借贷早已有之。据南宋洪迈云："今人出本钱以规利入，俗语谓之放债，又名生放。"洪氏认为，"生放"一语早在汉代就已经出现。① 在徽州，直到明清时期，"生放"一语仍非常习见。大量文书可见，"生放"一语当源于传统民间借贷取利，"生放"的提法在很大程度上带有利用借贷关系而向债务人收取一定利息之意。这与长期以来，特别是宋元时期各地流行的说法相同。可见，民间范畴的出贷取利、放债生息，渊源甚久，长期而广泛地存在于基层社会，实属民间资产生息原始形态的一种。

【生息（生殖）】

[文书一] 当众面兑交二房新（薪）水领做主**生息**，众议自后逐年轮交，永为定例。

——《天启元年（1621）休宁程氏立〈清明挂柏簿〉》，《徽州千年契约文书》宋元明编，第 8 卷，第 199 页

[文书二] 现积贮银二百两，公托永有字号暂行**生息**，候银盈余，公议置租。

——《道光至咸丰继善会簿》，南京大学历史系资料室藏

[文书三] 立议会书人曹骢御，今邀九子银会三十两，有土戥九七色天平兑，八人各敷出银三两七钱五分，共成三十两付与会首领去**生殖**，矢期务要先兑后饮，不得坐会交会，亦不得将往来账目抵算。如有罚银一两会友均分，立此会书为凭，共执存照。

——《乾隆二十六年（1761）曹骢御等立九子银会》，黄山市档案

---

① 洪迈：《容斋五笔》卷六《俗语放钱》，文渊阁《四库全书》本，第 851 册。

馆藏

生息（或称生放、生殖、生利、运利）系指民间利用借贷、合会、典当、融资中的货币流通关系，经营民间资产以取利的金融运行方式。民间生息的途径不一，形式多样，运作灵活，这是传统民间金融活动形式的生动体现。[1] 另，参见"生放"条。

【十东都（十西都）】

[文书一] 其税粮原在**十东都**一图六甲李时华户，二图一甲李时尚户，八甲李时春户供解。今奉清丈黄字叁百零玖号，其业李御书主名金其地税，众族合议，不便分散归户，今合并归入**十东都**二图一甲李时尚户供解。

——《顺治十一年（1654）祁门**十东都**李来泰立合文》，《徽州千年契约文书》清民国编，第1卷，第41页

[文书二] **十西都**谢景辉、景明二大房人等共承祖户里长，今轮该嘉靖二年分应役，因使用繁重，人心不一，难以朋充，同众商议，情愿凭中写立合同议约，以二大分为率，派定轮流充当。

——《嘉靖元年（1522）祁门**十西都**谢景辉等立里役合同》，南京大学历史系资料室藏

十东都、十西都，都名，系祁门县由原十都析分出来的两个都，又称东都、西都。

据万历《祁门志》卷四《人事志·乡市》载："国朝乡仍六，并三四都为一，析十都为东西。"因此，徽州文书凡记载涉及"十东都""十西都""东都""西都"名称，可判定与祁门县有关。

【失卯】

[文书] 如有**失卯**不到，系**失卯**之人支差补比，不得累及下轮接管之人。

——《道光二年程光裕堂立轮充里保合同》，载《歙县程氏文书》，

---

[1] 参见刘道胜《明清徽州民间资产生息与经济互助》，《史学月刊》2013年第12期。

安徽大学徽学研究中心藏

失卯，不能按时。参见"点卯"条。

【实征册（实征清册）】

[文书一] 立承管约人<u>黄记仁</u>，今承到本家黄记寿户应充四甲册书，前去应官点卯，领本图底册造递年**实征**，十年内当官开局公宴等项支费，至大造之年，京府县册各甲排年黄册对同，请排年酒席及上司催趱册书，一应使用杂差，尽是身承管支应，三面议定津贴银肆拾柒两整。（下略）

——《弘光元年（1645）<u>黄记仁立承管册书合文</u>》，《徽州千年契约文书》清民国编，第1卷，第5页

[文书二] 立卖契人<u>汪云漳</u>等，今为积欠累年钱粮及**实征造册**使用无措，将庆字一百六十九号田三厘，土名柿木坞。（下略）

——《崇祯十三年（1640）立〈玘祥公会田地文契抄白〉》，《徽州千年契约文书》宋元明编，第10卷，第261页

[文书三] 其前项三号田，东西四至自有**实簿**盖（赅）载，不及开写。

——《崇祯三年（1630）<u>朱岩保卖田赤契</u>》，《明清徽州社会经济资料丛编》第二集，第116

[文书四] 休宁县正堂管为晓谕事，奉本府信牌，内开奉布政司宪牌，内开奉巡抚部院宪牌，饬行推收税亩，攒造**实征清册**，照则征输钱粮一案。除经出示晓谕外，案照饶寇窃发，散乱版图，民间买卖田地山塘，税亩未经推收，历久淹没无凭。稽查致富者有田无税，贫者无田供役，征输之期莫不以虚粮赔累。为此，本县目击心伤，是以不得不为请订**实征清册**，以苏贫累，除具遵依申严并出示通饬外，合给亲供印单，令册里散给花户，俾各亲填推收税亩，结成实在，付册里汇齐造□，□□□□县查核订定，发造**实征清册**，申送抚宪查核，照则征输钱粮，毋得违错，须至单者。

——《康熙十六年（1677）<u>休宁县印给花户亲供税亩单</u>》，安徽师范大学图书馆藏

实征册，又名实征清册、实簿等，系明清地方官府每年实际编徭征

税时所使用的一种赋役文册。① 从遗存的徽州文书看，实征册早在明代即已出现，且由明至清实征册长期存在。

明清时期的实征册登载的内容和形式，具有前后继承性。明代前期，在明代前期，黄册与社会实际大体一致，黄册即具有实征册之功能，所谓实征，原本即是指据黄册之实而征之。② 黄册采取每十年一大造，造册之年，按照旧管、新收、开除、实在的四柱式，登载各户人丁、事产之变化，即时反映人丁、事产之实在，作为每年实征赋役之依据。然而，明代中期以后，面临生产生活中编户之家的人口、事产逐年异动，变化无常，十年一攒造的黄册难以适应这种人口、事产变化无常的社会实际。因此，十年大造黄册之外，衍生出逐年编造实征之册，从而产生黄册与实征两种赋役册籍并存，即所谓"赋役稽版籍，一岁会实征，十年攒造黄册"③。黄册与实征册之间之一重要区别是，前者大凡"册年过割"，十年一大造；而后者体现为"随即推收"，逐年造册。对此，栾成显先生根据今存明代徽州文书实物研究认为，明代万历间，徽州实征册所载内容仍按照黄册四柱式进行登记，内容几乎均依据各轮黄册所载而定，即使发生土地变动，亦须等到下轮黄册大造的册年方可进行推收，并非完全脱离黄册的另外一种册籍。直到明末，徽州方于十年大造黄册的同时，出现了真正有别于黄册，以"随买随税"为基础而编造的"递年实征册"。④

入清以降，特别在清代前期，实征册作为编审册的之一重要册籍类型继续存在。清初，在攒造黄册的同时，实施了五年编审之制，即十年一造册，五年一编徭，编审制度作为一项基本赋役制度在清代前期大力推行，从而产生编审册。清代编审所编造的册籍除了径称编审册外，又有推收册、实征册等之谓。⑤ 那么，明代至清代前期，实征册、编审册记

---

① 栾成显：《明代黄册制度》，中国社会科学出版社2007年增订本，第209页。
② 同上。
③ 《图书编》卷九十《赋役版籍总论》，转引自栾成显《明代黄册制度》，中国社会科学出版社2007年增订本，第210页。
④ 栾成显：《明代黄册制度》，中国社会科学出版社2007年增订本，第219页。
⑤ 同上书，第241页。

载的内容和登载的格式如何呢？栾成显先生依据文书实物研究认为，实征册、编审册具体登载形式与黄册的四柱式相同，即分旧管、新收、开除、实在四大项，内容涉及丁口和田土。不同于黄册主要表现有：一是实征和编审册籍中的人丁记载采取的是一条鞭法之后的折丁计算，丁不再作为人口单位，而是作为一种银差核算单位；二是田地山塘一律换算为"折实田"，即将地、山、塘等的土地面积，各按一定比例而均折算成相应的田的亩数。这种以折实田统一核算，为税粮征收变为折色银的一条鞭法实施提供了条件。① 编审制度是伴随明代一条鞭法实施到清代雍正摊丁入亩正式施行这一赋役制度改革过程中，于清代前期推行的一种过渡性举措。康熙五十一年（1712），议准"滋生人丁，永不加赋"，雍正七年（1729）前后实行"摊丁入亩"，即完全实施一条鞭法和地丁合一的条件下，编审制度丧失其历史职能和作用，乾隆三十七年（1772），清政府宣布"嗣后编审之例，着永行停止"，编审制度终被废止。②

总之，黄册十年一造，实征则岁岁进行。相较于黄册，实征册更能反映出迅速变化的社会客观情况，内容实际，比较真实有用。③ 由明至清，随着从明代后期推行一条鞭法，到清代雍正年间摊丁入亩的正式施行，实征册的编造在适应明清时期赋役制度不断变革的背景下，亦呈现出阶段性差异。

【世仆（庄仆）】

[文书一] 立文约**仆人**汪记得，身祖原系在千田舜皋公庄上居住，已经数代。近因世乱孤单，不便居住，身将所住东主原屋移在下叶村权居，候世界太平，仍将原屋拆移原地居住，毋得执拗。如违，听东主执文理治。恐后无凭，立此文约一纸付舜皋公秩下收照。

康熙十九年（1680）正月十六日立文约**仆人**汪记得

——《故纸堆》丙册，第 5 页

---

① 栾成显：《明代黄册制度》，中国社会科学出版社 2007 年增订本，第 215、236、242 页。
② 同上书，第 239 页。
③ 栾成显：《明代黄策研究》，中国社会科学出版社 1998 年版，第 211 页。

［文书二］立还**庄仆**文书人<u>许有来</u>。今因家贫无措，是以自愿携妻子投到凌敦义祠名下，蒙给庄屋住歇唤养，田皮坦地耕种资生。所有荒山听凭砍口埋葬。身等合家沾惠，自愿浼央中自还文为仆。嗣后房东秩下不拘冠婚丧祭，拜扫坟茔，一切亲朋迎送等事，听凭呼唤应用，不致懈怠。如违听凭责治，世世子孙不得违文背义。如违者执文鸣官究治，仍依此文为准。恐后无凭，立此还**庄仆**文书永远存照。

大清嘉庆甲子九年（1804）二月十八日立还**庄仆**文书人<u>许有来</u>

——《嘉庆祁门凌氏立合同文约誊契簿》，《徽州千年契约文书》清民国编，第11卷，第314页

［文书三］立加**世仆**文书仆人<u>汪长才</u>、全弟<u>来才</u>、全男<u>金元</u>、<u>天寿</u>。今加到凌敦义堂名下，先年立有文书，沐主给庄屋住歇，豢养田皮、地坦……今又沐主怜身贫困，又加增田皮……增身耕种度活，各号荒山刮埋，可谓生养死葬，世代蒙恩，例应蒙恩服役。主家冠婚、丧祭、拜扫、坟茔、岁暮、扫尘，一切亲朋迎送等事，听凭呼唤应用，不致懈怠。世世子孙毋得悖主负恩，觑地逃走。如违等情，执文鸣官究治，仍依此文为准。今欲有凭，立加**世仆**文书永远存照。

大清道光元年（1821）三月初八日立**世仆**文书仆人<u>汪长才</u>

——《嘉庆祁门凌氏立合同文约誊契簿》，《徽州千年契约文书》清民国编，第11卷，第356页

世仆，系具有经济和人身隶属关系的佃仆，或称庄仆、地仆、庄佃、伴当、伙（火）佃、山仆、住佃、细民、地伙、僮仆等不一而足。在传统徽州，佃仆制度由来已久，顽固存在。世仆住主之屋、葬主之山、种主之田，并对特定家族或宗族承当一定的劳役义务，世代相承，形成主仆之分。主仆之间订立投主、应主、还主等类型的契约文书，制约或调适主仆人身隶属关系。

【首饰花银（首饰）】

［文书一］面议时值价纳官阔绵布陆拾匹，其布当用籼谷及**首饰花银**准还，当日收足无欠。

——《休宁县<u>汪希齐</u>等卖田赤契》，《明清徽州社会经济资料丛编》

第一集，第29页

[文书二] 面议时价**首饂**（饰）一十六两二钱正。

——《嘉靖祁门谢氏抄契簿》，《徽州千年契约文书》宋元明编，第5卷，第292页

首饰花银（首饰），系交易中使用的白银通货。傅衣凌认为，民间交易使用的白银最初是以首饰的形式出现，因成祖初，"惟置造首饰器皿，不在禁例"。为逃避官府的禁令，故一般流通的白银，还是称为手饰银、首饰银、首饰时银、首饰花银，或花银首饰、银货等，均未脱离装饰品的用途。①

【首人】

[文书一] 乾隆二十八年（1763）二月初二日立议约**首人**盛宗象。

——《王、盛、吴众姓立合山议约》，上海图书馆藏

[文书二] **首人**踏勘山界，登山估子，先对神矢誓，毋得徇私为己，有此，神明鉴殛；山垄不无对换接买，以致遗漏等情，各宜赴局查检，毋徒归罪**首人**。

——《王、盛、吴众姓立合山议约》，上海图书馆藏

[文书三] 是以和同商议，每丁各出谷贰秤，编派**首人**营利祭扫，上承祖宗之功德，下启子孙之孝思。

——《祁门县二十二都红紫金氏文书》，《徽州文书》第1辑，第10卷，第100页

[文书四] 今族中多心志略同，欲有增光之意，共十七人，合议各出钱谷，编立**首人**经管生放以为祭祀之用，非为求福之资，实以报恩之意。

——《祁门县二十二都红紫金氏文书》，《徽州文书》第1辑，第10册，第455页

首人（有祀首、司首、年首等具体称谓），系公众事务具体经管者。一般通过推举人选，在宗族中多按照房派荐举产生。

---

① 参见傅衣凌《明代前期徽州土地买卖契约中的通货》，《社会科学战线》1980年第3期。

四　稀俗词例释 / 241

【束金】

[文书一] 关书。岁次己卯，教请特选田老夫子老先生绛帐一载，门生八名，**束金**贰拾壹千文。侍教弟曹春寅、朱炳珠仝顿首拜。

——黄山市中国徽文化博物馆藏

[文书二] 立学关人郑顺法，缘因吾党稚子茅塞心胸，是以通乡共议，敦请胡华明先生降舍训诲一载。仗望诱掖善劝，恩威并行，使稚子之达。愧无厚俸，仰冀海涵。特送关书，以为定妥。

谨詹（将）学友芳名列后：郑传基，**束金**二元五角；郑寿春，**束金**一元五角；郑宝泰，**束金**四元；郑富贵，**束金**一元；郑富妹，**束金**五角；郑昌林，**束金**五角

光绪十二年（1886）正月 日立

——《安徽师范大学皖南历史文化研究中心藏》

束金，即束修之金，旧时入塾的学费。所引材料系指塾师的薪金。

【刷出】

[文书一] 其有上手来脚与别产相连缴付不便，日后要用**刷出**存照。

——《天启元年（1621）祁门郑阿汪等卖山赤契》，《徽州千年契约文书》宋元明编，第4卷，第26页

[文书二] 所有来脚契文未曾检付，日后**刷出**不再行用。

——《元至正二年（1342）至乾隆二十八年（1763）（休宁县）藤溪王氏立文约誊契簿》，南京大学历史系资料室藏

刷出即核查出，查找出，徽州俗语。

【水口】

[文书] 爰是邀同四户合志人等，再扶旧规，严整新约。来龙朝山、**水口**左右、里外青龙庇荫杨林洲树，及新安岭笋竹并合境松杉二木，至于毛炭片柴野火，悉依旧章加禁。

——《祁门二十二都红紫金氏文书》，《徽州文书》第1辑，第10卷，第536页

水口，即流经村落的溪流在村落的出入口处，也是村落之门户。水口分为入水口与出水口两类。《阳宅要览》载："水来处不可有高屋大树、亭台之类，名为天门不开不发丁财；水去处不可散漫无关锁，名为地户不闭乏于财。"① 徽州地区极重风水，故村落水口处多种植护村林，并建有桥梁、亭台、牌坊等建筑，以保护村落风水，象征着村落居民对村庄丁财两旺的美好愿望。也形成了极具特色的水口景致。

【水程（水程字）】

[文书一] 具**水程**人赵凤池。情因执业不便，愿将祖遗宾阳门内坐南朝北，朝街园内住房三间，左齐刘宅，右齐陈姓仓屋，后抵刘园。四至坐落明白，书立浼字悬证，代为觅售。约价大钱悉从公议，立此水程为据。

立水程赵凤池（十）

道光七年（1827）三月吉日具

——安徽师范大学图书馆藏

[文书二] 立**水程字**人刘家驹，情因手头不足，愿将祖遗宾阳门内坐南朝北住房一所，进门巷一条，前一路三间两厦，第二路三间，共屋八间，前齐官街，后抵陈姓晒场，左齐陈宅墙屋，右后半截齐陈姓仓墙，前半截齐赵宅围墙，四至坐落明白，立浼字悬证，代为觅售，其价公平酌议，并无异说，此据。

立水程字人刘家驹

道光七年（1827）三月七日具

——安徽师范大学图书馆藏

[文书三] 立**水程**人王瑞卿仝男王秩然。今有自置土库楼房、铺面共计五重，基地一所，坐落循礼坊坊总正街。前至官街，后抵河水，左至井，宅墙其后重半墙系井脚上墙系王砌，右至本宅墙中间一重系熊宅借脚砌，四至明白。先尽亲族，原业无力承买。今凭经纪亲中公议时值绝价纹九银八百五十两正。其搭贺表礼在内。今招到买主朱名下为业。立

---

① 转自何红雨《徽州民居形态发展研究》，《民俗研究》1987年第4期。

此水程，俟成交吉日，另立正契。其铺面、房楼、铺台、门扇、皷皮、格扇、窗棂、板壁、楼梯俱全（下略）。

——《清康熙中期旅汉口谢氏徽商文书》，《徽州文书》第3辑，第1卷，第3页

水程，又称水程字，系产业正式交易之前而预立的契约。根据民国时期调查，一般不动产买卖契约在未成立之先，由卖主先开列出卖业主、坐落四至、亩数、钱粮、时值价额等标的项目，谓之"水程字"。①

上引文书进一步印证了"水程字"作为一种特殊契约类型在生产生活中的实际应用。具体呈现了物产正式交易之前，卖主选择合适的中证，并与中人之间签订预卖"水程"。因此，水程字具有"央中""浼中"性质，通过请托中证而代觅买主。并且，这种"水程字"还对预卖产业的范围、价格以及亲邻权均作详细标的。一旦买主确定，卖方、买方以及中人再次在"三面议定"的场境下订立正式契约，即"俟成交吉日，另立正契"。可见，在传统社会中，签订"水程字"，是民间田地、房屋等不动产交易的习惯做法，而类似的"水程字"在民间文书中鲜有遗存，弥足珍贵。

【税亩】

[文书一] 休宁县正堂管为晓谕事，奉本府信牌，内开奉布政司宪牌，内开奉巡抚部院宪牌，饬行推收**税亩**，攒造实征清册，照则征输钱粮一案。除经出示晓谕外，案照饶寇窃发，散乱版图，民间买卖田地山塘，**税亩**未经推收，历久淹没无凭。稽查致富者有田无税，贫者无田供役，征输之期莫不以虚粮赔累。

——《康熙十六年（1677）休宁县印给花户亲供税亩单》，安徽师范大学图书馆藏

[文书二] 立议合同人鼎采同弟鼎捐侄福铨、福锠。缘因父手所置屋宇、田地产业，情因于咸丰二年阄分，商于册书花拨，意欲各纳各粮，

---

① 前南京国民政府司法行政部：《民事习惯调查报告录·安徽全省习惯》，中国政法大学出版社1998年版，第525页。

不料册书要费太重。是以公同酌议其田地**税亩**，原在各户内未拨，每岁上下两忙，三人各照阄书**税亩**派出，一同完纳，毋得留难。今欲有凭，立此合同三纸各执一纸存照。

——《故纸堆》丙册，第 25 页

税亩，指把田地山塘等不同类型，每一类型不同等级（上、中、下）的田土的实际面积，折算成纳税的面积。

税亩制的推行当追溯到明代万历九年全国性土地清丈。明代中期以前，土地有官田、民田之分，官、民田又分成田地山塘不同类型，每一种类型的田土再按照上、中、下等划分等则，建立在复杂类型和登记田土基础上的税粮科则十分繁杂，弊端重重。万历清丈开始改革这一弊政，将"官民田地山塘均作一则起科"①。即实行税亩制，大大简化了纳税科则。万历清丈以后，民间契约等文书中，对田土面积的标注多体现为税亩形式，并非实际面积。

需要提及的是，入清以后，税亩制进一步简化，采取的是"折实田"，参见"折实田"条。

【祀会】

[文书] 立合同会书人<u>金元珙</u>等，承祖迁祁而来，至今数百余岁。谱更三世未修，祠至百有未整，将以倾颓，虽欲补理，何由措手。幸兹数人秉公正直，意将青龙杨林余树枝桠取卖百两兴崇**祀会**，以备俾补阙漏，有所广益。

——《徽州文书》第 1 辑，第 10 卷，第 454 页

祀会，为祭祀特定祖先而设置的祭祀组织，在明清徽州普遍存在，多系众存共有。在聚族而居的传统徽州，祭神祀祖是宗族乃至地方社会统合并组织化的重要前提和基础。家户、房派之间，普遍存在层属有别、类型多样的祭祀性共同产业，徽州地方文献和文书中，屡屡可见诸如"某某秩下""某某众""某某支祀""某某公祀""某某祀会""某某堂

---

① 康熙《休宁县志》卷三《食货志》。关于税亩与田土实际面积的折算例证，参见栾成显《明代黄册制度》，中国社会科学出版社 2007 年增订本，第 149 页。

业"等，此类公产，构成明清徽州社会经济之重要组成部分，实乃民间更为微观的实体性合作关系，并主要通过契约关系予以维系。

【四柱式】

[文书一] 今查往例，先给供单与册里书算，星散人户当面亲填**四柱**。务照实征原额，户籍及成丁不成丁年岁首状，亲填明白。不许花分诡寄，册里书算确查的实。毋许通同作弊，如违察出，按法一体治罪。填完汇缴发造丁口，听候编审毋迟。速速。

——《康熙十年（1671）编审人丁亲供首状单》，安徽师范大学图书馆藏

[文书二] 元兆（户）

（原有）田拾七亩乙［一］分三厘一毛［毫］八系［丝］三忽

一分收田乙［一］分乙［一］厘　土名师卜坑　收本户中秋会

一收田六分〇六毛［毫］　　土名松树坞门前　收廷位

一除田六分三厘八毛［毫］九系［丝］　土名南坑埠下　入道缉

一除田六分九厘七毛［毫］　土名车头段　入廷位

实田拾六亩五分乙［一］厘乙［一］毛［毫］九系［丝］三勿［忽］

——《雍正王鼎盛户实征册底》雍正六年"元兆户"条，安徽师范大学图书馆藏

四柱式，是指在明清黄册、实征册、编审册、归户册等册籍中，登载人丁事产的格式分为"旧管（原有）、新收、开除、实在"四个方面，称为四柱式。如上引文书二出自清代雍正年间的一种归户册，大体可以看出清代归户册中四柱式的形式。

【缩脚会】

[文书] 盖闻友者缓急相济，通财之义也。兹予有窘迫之急，欲呼将伯之助，是以邀集凌德水诸公亲友助我百金之会。若蒙金诺，不吝赞襄，由是积水成川，庶免鲋鱼困涸之厄也。其会共计十股，名曰**"缩脚会"**，其会洋交与首会领用，历年按次缩付，每股付洋各有不等，无论收与未

收，按第限定，第会收有先后，故付有多寡。其会议定一年一次，准于月 日届期风雨无阻，咸仰诸公俱要现洋齐集，交与首会，再交领会之人。所有会外往来账目，不得于会内抵塞，惟冀诸公慎始敬终，免致贻累，则本甚了，感激靡涯矣。

——黄山市档案馆藏

缩脚会，又名缩金会，是传统钱会中摇会的一种类型。具体来说，此类钱会人数一般在10人左右，转会少则两三月，多至半年一期。首期会额归会首领用。自第二期起，用抽签摇骰之法，以点多者得会，点同尽先不尽后，每期会额固定不变。该会因"轻会"（即未得会者）所交纳会金逐期减少，故称"缩金会"。又因行会至一定程度后，"重会"（即已得会者）所填会金总数超过会额，轻会可摊得余利若干，又称"重头轻脚会"。①

【T】

【坮】

[文书一] 政字七百三十五号，计山一分四厘三毫，土名施家**坮**，本家该山四厘六毫。

——《明天顺七年（1463）黄氏析产华字阄书》，载田涛等《田藏契约文书粹编》

[文书二] 缘身于面前**坮**种有柽子一带，与细毛毗连。

——《洪乾章立争讼底蕴》，安徽师范大学皖南历史文化研究中心藏

坮，徽州俗字，土音读ta，指山下较为开阔地带。亦作"汰"，即山下靠近水的空旷地带。据笔者调查了解，相传清代歙县昌溪吴氏茶商，婚姻上存在"两头大"。一般本土正妻地位高，而经商地所娶妻妾尽管口头许诺为正房，但回到徽州本土宗族往往不予承认，不能进村，更不能进入祠堂。相传吴氏商人基于安置异地妻妾，确保其身份和权益，在村子附近相对空旷地带（即"坮"）建造可供异地妻妾住居的房屋。当地谚

---

① 关于合会，参见王宗培《中国之合会》，中国合作学社1931年版，第33页。

语有"昌溪十八圹，圹圹都是吴姓的"之说法。

【踏勘（体勘）】

[文书一] 状息为与休宁县三十三都<u>李齐</u>互争坟山界，不合添捏希抬假棺葬父坟，评告到府，蒙批各县公正老人**踏勘**，连人送审间，复蒙发与值亭老人覆审送官。

——《徽州千年契约文书》宋元明编，第1卷，第274页

[文书二] 首人**踏勘**山界，登山估子，先对神矢誓，毋得徇私为己。有此，神明鉴殛。

——《王、盛、吴众姓立合山议约》，上海图书馆藏

[文书三] 直隶徽州府祁门县为民情事。据六都一图排年里老<u>程芳</u>等申奉本县帖文，依奉前去会同各役从实**体勘**得本都旌善、申明二亭，地基坐落大溪边委的积年，被洪水冲塌。

——《万历祁门布政公眷契簿》，载《徽州千年契约文书》宋元明编，第7卷，第200页

踏勘（体勘），实地察看，现场查验。

【坦】

[文书] 立阄单弟<u>长元</u>，将自置屋宇、田地、茶棵、荳**坦**、园地等业，逐宗载明，高低、远近、肥瘦眼同对神焚香品搭天、地二阄。

——《光绪三十年（1904）<u>长元</u>等立阄书》，黄山市档案馆藏

坦，主要用来种植豆、麦、粟等谷物的整块土地。

据民国《(黟县)环山余氏宗谱》载："大概种蔬者曰园，种稻者曰田，不种稻而种其他之谷物者，皆谓之坦。租息田收谷，坦收豆、麦、粟，或单收豆，或兼收麦、粟，或折为钱米。"①

【梯己】

[文书] 十五都七保<u>王景期</u>、<u>王景荣</u>、<u>王景华</u>，<u>元(原)</u>与<u>王景祥</u>

---

① 民国《(黟县)环山余氏宗谱》卷二十二《丛录·祀田》。

□□共承父王子龙梯己有本都七保汪坑源土名小源夏（下）山一十六亩三角四十五步。

——《元元统三年（1335）祁门县王景期等卖山地赤契》，《中国历代契约粹编》，第482页

梯己，或作体己，俗称个人私有的财物。清翟灏《通俗编》二三《财货梯己》引宋郑思肖《心史》："元人谓自己物则曰梯己物"。①

【田骨】

[文书一] 休宁县三十一都陈以成同弟陈以璇。承祖父共有田二号，坐落祁门县十一都四保……其二号以成同弟合得分数田骨八分有零，尽行出卖与祁门县十一都程兴名下。

——《景泰四年（1453）休宁县三十一都陈以成等立卖田契》，安徽省博物馆藏，转引自刘淼《明清时期徽州民田买卖制度》，《阜阳师院学报》1987年第1期

[文书二] 今为缺少支用，自情愿将前三项四至内田骨尽行凭中立契出卖与同户张濠、汀、楷、齐保名下。

——《万历休宁〈齐保公置产簿〉》，《徽州千年契约文书》宋元明编，第7卷，第66页

田骨即田地的所有权。相应地，田地的使用权称"田皮"。

从文书一记载来看，田骨之称于明代景泰年间即在徽州出现，反映明代前期徽州田地占有关系和租佃关系已出现分化趋向。

【田皮】

[文书] 立兑换田皮契人凌记旺，今有承祖阄分田皮一坵，坐落八保土名小塘坞口，计田三分，因叔祖房弟迁居做造屋宇在于旁边，猪鸡耗散，自愿将田凭中面出兑与叔祖明华、明富，房弟记鸾三人名下前去做屋管业。明华将自己买受土名合坵靠山田皮一坵，计田六分，明富将自己承父阄分土名坑口田皮六分，记鸾将自己买受土名黄家坞口田皮八分，

---

① 参见张传玺主编《中国历代契约粹编》，北京大学出版社2014年版，第482—483页。

三人共田三号，出兑与记旺名下前去耕种交租管业。

——《乾隆四十六年（1781）祁门县凌记旺等立兑换田皮契》，载《(嘉庆二十二年祁门凌氏立)〈合同文约誊契簿〉》，《徽州千年契约文书》清民国编，第11卷，第208页

田皮，即田地经营权，相应地，田地的所有权称"田骨"。

【添丁银（主丁银、诞子银）】

[文书一] 在会者，产子产孙，**添丁银**二钱，于摽祀日交会首注簿。

——《忠孝城南吴氏宗谱·公立城南支祖清明摽祀会序》

[文书二] **主丁银**，旧未定例。置产随有随用，以致应祭不敷，无所底止。今刊簿后定例，三年统行进主**上丁**一次，一切捐银不作别用，尽归公匣。置买祭产。庶事望其小补于将来。

——《绩溪黄氏家庙遗据录》卷1，《祠制·主丁凡例》，咸丰刊本，安徽省图书馆藏

[文书三] 凡有得子者，无论长幼，三朝之日三房房长同年首往得子之家恭贺，或五朝十日为规。祠内取**诞子银**壹钱归公匣生息。

——《祁门十三都康氏文书》，安徽大学徽学研究中心藏

[文书四] 得子公堂**礼银**一钱为则，厚薄者五钱为止，听自乐愿。

——《万历休宁张氏建厅簿》，《徽州千年契约文书》宋元明编，第6卷，第75—76页

添丁银，或称主丁银、诞子银等，生子之家向所属宗族、会社等组织缴纳的费用。一般宗族、会社设有"上丁簿"，由专人登记管理。添丁银是徽州宗族、会社资产来源之一途径。

【帖（照帖）】

[文书一] 徽州府祁门县永乐十四年（1416）七月 日。据三四都里长汪琼申奉，**帖**文为开垦事，依奉得告人康庆元开垦荒田，委系积荒之数。

计开（略）

右**帖**下告人康庆元　　　　准此

永乐十四年七月十五日

——《永乐十四年（1416）祁门康庆原垦荒帖文》，《徽州千年契约文书》宋元明编，第 1 卷，第 78 页

[文书二] 特授祁门县正堂加五级纪录五次吴，为惨被回禄屋焚契毁，恳恩给**帖**，事据大俊、记鸾具禀前事，词称：身等三四都黄家坞口居民，农种为业。前月二十九日，身等外出农工，住屋关锁，不料屋内火起，身等全居三间土库楼屋一重并余屋一间焚烧。所有契匣并农器家伙等项一光。族人往田报知，奔救不熄，迫投保甲地邻黄圣云、黄圣旺、胡孔玉、胡伯茂等验明。但毁契墨仍系坟山等业，共计三十九号，土名叶家坞源等处。幸有誊契原簿房兄另屋收贮。幸得查识，若不叩赏给帖，诚恐山业被人争占。宪驾公旋为此粘单报明。付乞恩怜灾赤，赏准给**帖**，以保弱业，载得上报等情。县据此随饬保甲、地邻查覆去后。兹据保长黄圣云，甲长胡孔玉，地邻胡伯茂、黄圣旺等以遵结查实覆事，具禀并投具甘结前来。除批示合行给**帖**执业。为此，帖业户凌大俊、记鸾等，所有被焚山场共计三十九号，土名叶（家）源等处，契纸悉照给**帖**执业。如有地棍藉焚冒争等情，许即指名赴县具禀以凭，察究该业户等。亦不得业焚混占他业。如违定行照律治罪。断不宽宥。凛遵毋须至结（给）**帖**者照

　　计开山场三十九号（略）
　　右帖给业户凌大俊等照
　　乾隆四十九年（1784）五月初三日　请县**帖**
　　刑部：汪大章，字辉远

——《嘉庆祁门凌氏誊契簿》，《徽州千年契约文书》清民国编，第 11 卷

[文书三] 立合同会约人族长洪廷谘等。我家尚书恭靖公乃世世不迁之祖，其贻（遗）有谕坟山、祠屋及第宅、祭田、牌坊、基址，正所以表国恩，留先泽，尤当世世守之勿失。近因不肖子孙希图盗卖，已经告府，恳有**照帖**。自后各宜遵守，无生异心。违者执此经公，以不孝论罪。其**照帖**随光裕会轮管收执，倘有遗失，定罚白银一百两，仍责令告补。今恐众心无凭，立此合同会约为照。

万历卅五年（1607）二月二十六日：洪廷谘（等10人）

——安徽省博物馆编：《徽州社会经济资料丛编》第一集，第566页，中国社会科学出版社1988年版

"帖"又名"照帖"，它是一种府之于州县、州县之于民间等自上而下发布相关指令的官文书，即所谓"催取下属用帖"。① 从上引材料看，下发民间的贴具有合法凭证和执照性质。入清以后，下行的帖逐渐形式更加简便的牌、札所代替。

【贴备】

［文书］今因里役辛苦，**贴备**鞋袜，自情愿将前山出卖与侄名下为业，面议当受价银三钱正，手足讫。

——《顺治祁门汪氏抄契簿》，《徽州千年契约文书》清民国编，第4卷，第172页

贴备，徽州俗语，即以财物形式予以弥补、补贴。

【头】

［文书］如有悔易者，甘罚宝钞贰拾**头**与不悔人用，仍依此文为凭。

——《永乐四年（1406）祁门谢志显卖园地赤契》，《徽州千年契约文书》宋元明编，第1卷，第63页

头，系徽州对钞币单位"贯"的俗称。②

【投柜】

［文书一］立议合墨十一都五图人等，原奉宪草各图自立甲催，以给国课。后复奉宪草，去甲催，示花户自行**投柜**交纳。

——《乾隆四十六年（1781）十一都五图人等立合墨》，《徽州社会经济史资料丛编》第一集，第570页

［文书二］自议之后，各宜遵守，后满之日，以后十年经收本甲**投**

---

① 黄六鸿：《福惠全书》卷四。
② 参见张传玺《中国历代契约会编考释》，北京大学出版社1995年版，第733页。

柜，照股拈阄轮管。

——《崇祯六年（1633）方魁元立里役合同》，《徽州千年契约文书》宋元明编，第 4 卷，第 350 页

投柜，即钱粮花户"自行纳柜"的赋役征纳方式。明代"一条鞭法"之后，即出现"投柜缴纳"方式。所谓"自条鞭法行，州县派征钱粮，俱令花户自行纳柜，里书排年无所容其奸，法至善也"①。投柜产生后，花户不再经由里甲催征，可以赴官府设置的钱粮定点缴纳处"自行纳柜"，借以克服民间赋役包揽等弊端。

【投状（具状、具投）】

[文书一] 具**投状**人程兆荣、大庆。投为恃豪强占、理论凶拒，巫叩转呈，究强究占、还基保业、扶懦安良事。

计开：被：程合林系恃豪强占人；程名远系主唆把持人。

证：身家承祖遗基地一块，土名汪山坞，系民字六十三号，计地八步，计税四厘。业票户管炳据，历守无异。今被豪恶程合林兄弟将承祖基地强占竖造。比因户管业票系身叔程观奇向带在宝应，今春方行赶回，执据鸣公向理。拒伊拂众，置若罔闻。伏乞秉公呈究。

文会先生尊前实行。

嘉庆十二年（1807）五月日具

——参见俞江《论清代"细事"类案件的投鸣与乡里调处——以新出徽州投状文书为线索》，《法学》2013 年第 6 期

[文书二] **具状**人胡启春，投为朋奸赚据，架害图讹，迫叩公论，惩刁安良事。伏乞贵族长老大人呈行。

被：痞棍胡观社、朋通、胡启元、胡春和。

证：惨身自幼失怙，兼病耳聋，向习锡工，安分守己。社亦自小出贸数年，一归与身如马牛之风，顺逆各别，素无沾染。祸因胡积淦昔曾邀钱会一股，念三年第二会系身摇收，次年此会虽散，身仍每会加二卸出，及至会满未欠分文。而社之会本首会欠否，与身无涉。讵社今恃五

---

① 《万历实录》卷五七六。

品功牌之势，欺压身系乡愚，敢朋<u>启元</u>将身典契赚去，不独陷身价业两空，且敢搭架图诈，诚为藐法已极。为此，乞呈惩刁，以安良懦，感德之至。

光绪三十三年（1907）十一月日具

——安徽师范大学皖南历史文化研究中心藏

[文书三] **具投**人<u>胡有金</u>，投为藐中背据，纵火入室，祸患难防，迫鸣追究，保屋安居事。伏乞族长老大人呈行。

被：势恶<u>胡有庭</u>

证：余词后补

光绪三十年（1904）七月日具

——安徽师范大学皖南历史文化研究中心藏

[文书四] **具投状**人<u>胡高寿</u>，投为烟棍图谋，诬良为贼，懦弱难生，迫呈公鉴，中明待毙事。贵族长老先生施行。

证：缘烟棍<u>胡大德</u>素无赖，每欲恃势欺压良懦。伊地内种有苞芦，据云是月二十二日为樵者窃去十数颗。身且不知，况<u>大德</u>与身家素有挟嫌之心，诬身所窃。身素安分守己，惯为伊欺已非一次。伊反敢鸣保投词，声言要将身地内之苞芦赔偿。谓贼凭赃证无可逃，不谓任伊所指即信为真，则将来势恶丛生，而良懦者置身无地。为此，不得不迫呈公鉴，以分泾渭，而安良懦，伏乞。

民国二年（1913）阴历九月 日具投

——安徽师范大学皖南历史文化研究中心藏

投状（或称具投、具状、具投状），即当事人通过递呈投状，请求基层宗族长老、绅董、文会、约正、图正、保长等调处纠纷。

从现存徽州文书看，投状文书多集中于清代，体现了清代乡里纠纷调处的实际运作形式。投状书行文格式主要有：一是"状头"，涉及投状人，并以"投为某某事"概括状由。二是投递对象，如族长、文会等。三是被投人。四是证词，翔实叙述纠纷缘由和经过。有学者研究认为，投状文书反映清代乡里调处与明代有很大不同。里老人断决制崩解后，清代鼓励乡族调处，"官批民调"强化了乡族调处的重要性，调处主体也呈多元化。①

【图】

[文书] 立卖契三都六<u>图</u>一甲起至十甲止，<u>里长</u>程<u>文明</u>、闵永盛、吴应兆、任良德、汪九章、吴尚贤、金尚文、朱文翰、陈天宠等。缘因<u>图</u>内二甲吴一坤户里役，户丁吴国瑞先年原同<u>余尚镇</u>户两下朋充，立有合墨轮流里役，催办钱粮完公。

——《清乾隆四十七年（1782）休宁县里长程文明等立代户卖空地契》，《中国历代契约汇编考释》，第1290页

图，系明清基层社会在里甲制基础上逐渐形成的基层建置，一般一图涵盖特定的村落共同体，下分十个甲。

具体来说，明代里甲制编制按照110户为里，里分为十甲，每甲有1户里长和10户甲首构成。其时，黄册里甲作为国家实施的重要赋役制度，基本适应了当时人口流动性小，跨都跨图的田土交易并不常见，小农经济颇为稳定的社会现实。且通过黄册因时大造，原则上亦可即时反映各户人丁事产的实际变动。

然而，明代中期以后，土地流动愈益频繁，黄册制度日渐衰落，里甲赋役趋于定额化。随着明末和清前期一条鞭法的推行，地丁合并，赋役归一，里甲因赋役而编户的职能大大减弱了。与此同时，以图为基础，继承里甲组织形式，融合具有管理地籍的都保职能于图甲体系，一图赋予特定字号，归户管理跨都跨图、流动不居的田土，以确保税粮征收的图甲制逐渐形成。本具有即时反映各户人丁事产实际的黄册由实变虚，110户的"里长—甲首"结构随着黄册户籍陈陈相因，逐步演化为图甲制下虚拟名称的"总户—子户"形式。以既有的一里十甲为基础，渐渐形成一图十甲格局。原来以人户人丁事产为登记中心的里甲制，遂逐步过渡到以人户田地税粮为编制原则的图甲制，里甲制下的"里长—甲首"

---

① 参见俞江《论清代"细事"类案件的投鸣与乡里调处——以新出徽州投状文书为线索》，《法学》2013年第6期。

关系，亦逐渐转变为图甲制下的"总户—子户"关系。①

【图正（经董）】

[文书一] 九都一图公议**图正**、量、书、画、算合同。里役<u>郑积盛</u>、<u>程世和</u>、<u>程上达</u>、<u>陈世芳</u>、<u>程恩祖</u>、<u>陈泰茂</u>、<u>汪辰祖</u>、<u>陈琛</u>、<u>陈梁</u>、<u>陈世明</u>等。奉朝廷清丈田土，本图十排合立事务，各分条例，拈阄应管本图**图正**、量、画、书、算。议立三村均管，佥名**图正**<u>陈程芳</u>、量手<u>汪世昭</u>、画手<u>郑以升</u>、书手<u>程世钥</u>、算手<u>陈明伟</u>。现里<u>陈泰茂</u>公报名，以应定名目。

——《顺治四年（1647）休宁县九都一图立清丈合同》，载《康熙休宁陈氏置产簿》，南京大学历史系资料室藏

[文书二] 十一 都 一 图第 七 甲第 一 牌小地名 金壁坳

经董<u>李柏如</u>甲长<u>吴翘</u>周牌长<u>吴三友</u>地保<u>汪林</u>

笔者按：所引材料中，下划线内容系墨迹手填。

——《徽州千年契约文书》清民国编，第3卷，第99—109页

图正，明清图甲制下，每图设图正一人，一般选择本图殷实贤能之人充任。图正又称"公正"，参见"公正"条。到了清末，图正或称"图董""经董"，即董理一图事务，具有地方自治之长之义。正如冯桂芬所云："军兴以来，各省团练民勇有图董、有总董，大同小异。"②

【土库（土库楼）】

[文书一] 七保中村**土库楼**房五间，本家原买谢志海四大分之一。

——《明代祁门赤桥方氏阄书》，南京大学历史系资料室藏

[文书二] 于是率众弟侄等面议，将前面地上建造楼厅、**土库**一所，前后两重五间。

——《万历三十年（1602）王汝傅等立造石鼓厅议单》，《元至正二

---

① 参见刘志伟《清代广东地区图甲制中的"总户"与"子户"》，《中国社会经济史研究》1991年第2期。

② 冯桂芬：《校邠庐抗议》上卷《复乡职议》，载《近代中国史料丛刊》第62辑。

年（1342）至乾隆二十八年（1763）（休宁县）藤溪王氏文约誊契簿》，南京大学历史系资料室藏

[文书三] 立水程人王瑞卿全男王秩然。今有自置**土库楼**房、铺面共计五重，基地一所，坐落循礼坊坊总正街。

——《清康熙中期旅汉口谢氏徽商文书》，《徽州文书》第 3 辑，第 1 卷，第 3 页

[文书四] 祖遗卅二都一图四甲地方**土库楼**屋一所，计房八眼。

——《（清）某年十二月二十九日立具禀》，黄山市档案馆藏

[文书五] 立杜断出卖码头顶脚约人厶邑厶厶。原因正用，情愿将亲手自置码头顶脚**土库**一重，坐落景德镇厶厶图厶厶保，土名何家窑，坐北朝南，门楼**土库**入深二进，四至均照屋契为凭。今因正用，立契央中出卖与祁邑黄盛芝、婺邑俞守成同事其昌祥号名下为业。

——《中华民国元年（1912）景德镇厶厶立卖契》，安徽师范大学皖南历史文化研究中心藏

土库（土库楼），土木结构的楼屋。

在徽州，房屋外部四壁为夯土所筑，内部为木质结构的房屋称为"土库楼"。

【推单】

[文书] 兹因逆丁端均私将山分立契出卖与族逆茂钧。钧竟胆敢持均亲笔立**推单**交付册局收税，始知盗卖，曾经面斥。

——《咸丰元年（1851）嘉岱等立齐心合文》，刘伯山主编《徽州文书》第 1 辑，第 9 卷，第 1 页

推单，亦作"推收单，推收执照"，系田宅易主，携契向官府申报"过户"后，官府给予的凭证。实际上，民间广泛存在私下推收并书立推单的情形。

【W】

【外趣（外趁）】

［文书一］立当契弟朱钟承。今因母老病深，朝不保暮，棺木并父殡斋等费，约得三则之需，本身合得一十五两整，诚恐**外趣**一时难以归……

——《天启二年（1622）朱钟承当房契》，《徽州千年契约文书》宋元明编，第4卷，第116页

［文书二］立婚书妇李阿吴，今有义男银保次子名唤四十，年拾岁。今因子**外趣**，钱粮紧急。自情愿凭媒出卖与亲人吴名下为义男使唤，当日得受财礼银贰两肆钱整。自卖之后随即过门永远使唤，日后成人长大听自婚配无词，家外人等无得生情异说，立此婚书存照。

顺治九年（1652）三月初七日立婚书：妇李阿吴

生母：朱阿吴

代笔见媒：李宾实、吴以政

——《徽州千年契约文书》清民国编，第1卷，第37页

外趣（外趁），俗称外出谋生、营生，在徽州，一般指外出经营手工业或商业。参见"求趣"条。

【纬税票】

［文书］休宁县十八都十二图遵旨清丈，又奉县主严示，眼同业主丈明归号，彻底清查。今照丈实，积步亩验契注业，即发**纬税票**付业主领赴该图册里归户，但步亩时有更形，业主新旧不一，册里验明新票，注填亲供，庶无隐漏奸弊，须票。

拱字一百一十八号土名下郭塘边路，佃人

积三步五分整　中则计地税一厘四毫整

见业十八都一图十甲戴大有户户丁千一

康熙三十七年（1698）三月二十一日公正：戴瑞暄　量手：戴廷正

画手：戴文洗　书手：戴恒瑞

算手：<u>戴文运</u>　册里：<u>戴盛</u>

——《康熙三十七年休宁纬税票》，安徽师范大学图书馆藏

纬税票，系明清土地清丈中，对业户所属的某一号田土进行丈量之后，发给该业户收执的凭据，类似土地执照一种文书。此类凭据性文书又称归户票、分亩归户票、分税归户票、签（佥）业归户票等。参见"归户票"条。

【闻官受税】

［文书］其田今从出卖之后一任买人自行**闻官受税**，收苗管业为定。

——《永乐二年（1404）休宁<u>胡童</u>卖田赤契》，《徽州千年契约文书》宋元明编，第1卷，第57页

"闻官受税"，或称"闻官税契"，系土地买卖契约中常见的格式表达，指土地买卖成交之后，事主须赴官府纳税过割，办理佥业过户等手续。

【坞】

［文书一］立议合同人<u>凌明华</u>、<u>明富</u>、<u>记鸾</u>。今因兑换在城汪姓田一号，坐落八保土名小塘**坞口**月字七百八十一号，计田八十步〇四分。

——《嘉庆二十二年（1817）祁门凌氏立合同文约誊契簿》，《徽州千年契约文书》清民国编，第11卷，第212页

［文书二］立清白分单合同人<u>凌明华</u>、<u>明富</u>仝侄<u>大琠</u>，侄孙<u>记龙</u>等。今有承祖买受土名南**山坞**东培坟山一号，律字六百八十九号，计山三亩。

——《嘉庆二十二年（1817）祁门凌氏立合同文约誊契簿》，《徽州千年契约文书》清民国编，第11卷，第222页

徽州契约文书中的土名、四至常常涉及"坞、坞口、山坞"等之称。坞指两山之间相对较平坦的地方，徽州俗有"两山夹一坞"之说。

【物事】

［文书］如有四至来历不明一切**物事**，并是出产人自行祗当（支当），不及买人之事。

——《宣德二年（1427）休宁汪汝初卖田赤契》，《徽州千年契约文书》宋元明编，第1卷，第107页

物事，"事情、情况"的俗称。

【物故】

［文书一］今因年远，人事**物故**不一，故乃通族酌议，复行经理五本册籍，议作四股任事。

——《康熙二年（1663）吴士鋐立合同》，安徽师范大学图书馆藏

［文书二］痛夫旧岁不幸**物故**，惨目心伤。奈继子百祥目下运亦维艰，氏承亡夫遗命，将所存氏位口食讬出亲房族长，除丧费变用之外，仍存业产计大小租六十六秤三斤半归于应算公位下以保百年标祀。

——《光绪六年（1880）金阿吴立存祀文约》，刘伯山主编《徽州文书》第1辑，第10卷，第314页

物故，即变故、亡故、去世。

【X】

【现年（见年）】

［文书一］见（现）年，每分轮管一次，粘阄为定，每次议贴银二十两。

——《万历八年（1580）洪时可等立里役合同》，《徽州千年契约文书》宋元明编，第3卷，第62页

［文书二］廿二都三图六甲里长巴正有，轮充**现年**里役，因家贫告投七甲甲首亲人朱贞，蒙署县事张大爷着令朋充。因朱贞只身不愿承当，今凭十排公议，果实不能充当，仍议巴正有充当前役，催办钱粮等项完官，并不干涉朱贞之事。其至册年审图照原巴正有承当。

——《顺治休宁朱氏〈祖遗契录〉》，《徽州千年契约文书》清民国编，第4卷，第296页

［文书三］三甲**现年**带管，本家各房照粮加五贴费，并各花户钱粮加倍贴役，共约银十二两，外又排年会收毛谷十担零作银价八两，所有排

年会内田税钱粮一两二钱，一并在内还纳，仍余多少概作工食一切等项无异。

——《乾隆三十八年（1773）吴元璋等立充当里役合同》，安徽师范大学图书馆藏

现年（见年），即当年承值里甲赋役管理的里长户。明代里甲编制原则是：以一百一十户为里，一里之中，推丁粮多者十户为里长，余百户为甲首，分为十甲，岁役里长一人，甲首十人，管摄一里之事。当年应役者曰见（现）年，空歇者曰排年，凡十年一周。先后则各以丁粮多寡为次。每里编为一册，册之首总为一图。其里中鳏寡孤独不任役者，则带管于百一十户之外，而列于图后，名曰畸零。①

【细民】

[文书一] 立合议文约人尤迪公秩下守倩、际亨、继昌、光甲、珍等。缘我陈氏自显始祖文公勤劳王事，子孙由唐居祁聚族虽繁，而支派世系厘然不紊。今有榔木坦**细民**陈瑞贵等新建祠宇，额书陈氏宗祠，寝立始祖文公神主及支祖万七公神主，希图紊我宗支。将来春秋祭扫必致搀闹酿祸，是以公议控案，各宗毋许退缩，立此合文二十七纸存照。

——《祁门二十一都一图陈氏文书》，《徽州文书》第1辑，第9卷，第431页

[文书二] 具告执照人汪进元，为恳恩赏照，预防后患事。身系**细民**，又无宗族，孤身□□□蓄儿子，长子趄口在外，次子愚顽不谙。一生苦辛创置基地坟山、实租、典首不无与强势之家毗连。奈身年老风烛不常，**细民**乡懦，难免无侵占罩谋之端。若不恳天预请照执，恐子落遭其中。为此，[恳乞] 宪天赏准执照世代衔结，百磕上告。

县主正堂老爷实行

计开（按：共契买五宗田土，从略）

准照（按：二字斜盖黟县县印）

康熙二十一年（1682）八月十一日　具告执照人：汪进元

---

① 正德《大明会典》卷二十一《户部六·户口二·攒造黄册》。

——《徽州千年契约文书》清民国编，第1卷，第92页

细民，徽州俗称散居小姓、仆姓为细民。细民在地方社会地位相对低下，一般不与大姓联姻，他们几乎无权参与地方事务，往往受到大族控制和带管，甚至被剥夺了缴纳皇粮国税和参加科举的权利。所谓"地产丁粮，必寄居主户完纳。子孙读书，不许与考应试"①。

【小伙钱】

[文书] 总计支钱二十五千六百三十五文，收**小伙钱**七千四百二十二文，收俸金钱二十千文。

——《咸丰元年（1851）正月志成号立各支（账目）》，黄山学院图书馆藏②

小伙钱，据调查，系徽商店主在年终发给伙计的红包钱、奖励钱。

【小升（大升）】

[文书一] 又管土名严家住下，地一亩六分，内该豆七**小升**，佃人严云中。

——《嘉靖二十二年（1543）歙县余程氏立阄书》，《徽州千年契约文书》宋元明编，第5卷，第239页

[文书二] 立杜卖契人汪日暄，今将祖遗己下十三都经理斯、如、馨、流等号，共计原租老一百十七秤半，又麦分四大斗四**大升**，共计田并塘税十五亩三分七厘。

——《同治九年（1870）绩溪王日暄卖田赤契》，《徽州千年契约文书》清民国编，第3卷，第50页

据俞正燮《癸巳存稿·石斗升》载：黟又有小升斗，以官石一石作三百三十二分，一分为一升，二十分为一斗，十六斗为一市石，仍多十二小升。至于大升的规制，有待进一步考证。

---

① 《乾隆三十年汪胡互控案》，安徽省图书馆藏（2：43651）。
② 承蒙黄山学院马勇虎教授惠示。

【乡例】

[文书] 其银依**乡例**起息，约至来年本利一并奉还。

——《崇祯十五年（1642）王正芳立当约》，载《元至正二年（1342）至乾隆二十八年（1763）藤溪王氏立文约誊契簿》，南京大学历史系资料室藏

所引文书中的"乡例"，专指徽州民间资产生息中约定成俗，普遍遵从的通例。参见"大例"条。

【歇家】

[文书] 立议合同吴元璋、天福、世伦等。缘因本家承祖充当本都四图二甲里役，原祖存遗议墨以殷实充当，后轮本房现役，因无殷实管办。是于康熙三十二年众议每丁派银壹两。今因各甲自纳省费，是以每丁减除银七钱。今议成房支丁仍出银叁钱，共贴银　两。外有里长租毛谷十担零，以作现年房差、**歇家**使费等项。

——《乾隆三十八年（1773）吴元璋等立里役合同》，安徽师范大学图书馆藏

歇家，本系"客店"之别称，因旧时客店具有协助官府管理职能，逐渐演化为职业之称，涉及生意经纪、职业介绍、充当媒保、代打官司、承揽赋役等职业或行业，亦指从事这种职业或行业的人。如明代范濂《云间据目抄》卷四即有："加以皂快之拘提，歇家之酒食，吏胥之恐喝，所费多歧。"上引文书中的"歇家"与承揽赋役有关。[①]

【谢中】

[文书] 今将三个共出买册四两五钱开支于后：支三两六钱册三部；支二钱偏手；支三钱**谢中**；支二钱四分酒水；支三分脚力；仍一钱三分刊版。

崇祯十四年（1641）九月十五日立合同人张尚涌

---

① 关于"歇家"的研究参见胡铁球《明清歇家研究》，上海古籍出版社2015年版。

——《槐溪张氏茂荆堂田契册》，上海图书馆古籍部藏徽州文书（书号：线普563598）

谢中，即酬谢中人的费用。在明清徽州契约关系中，中人作为第三方是参与契约关系签立的重要方面，一般按照契价支付一定比例的中人钱作为酬谢。参见"中人"条。

【信鸡（田信、鸡谷、田鸡、信记）】

［文书一］立卖契人胡万松。承祖买受标分名下**信鸡**壹只，系五保土名△△田内，佃方朋福，出卖与族兄万章兄弟名下，前去入佃收鸡管业。

——《婺源胡姓土地契约选录》，转引自章有义《明清及近代农业史论集》，中国农业出版社1997年版，第449页

［文书二］四保土名等处，共计租一百零八秤，**田鸡**一只；六保土名等处，共计租三百十一秤零十二斤，**田鸡**二只；十保土名等处，共计租三百七十一秤，**无鸡**。

——《明代祁门赤桥方氏阄书》，南京大学历史系资料室藏

［文书三］忌祭二次，每次用猪肉二斤八两，银五分，鸡一只，在**田信记**内取用。

——《嘉靖祁门汪氏抄契簿》，《徽州千年契约文书》宋元明编，第5卷，第386页

［文书四］十六都倪道仗，今有承父标分得田一号，坐落四保，土名黄藤坑，计田二亩零五厘，递年硬交租谷二十六秤，**鸡谷**二秤在内。

——《万历二十四年（1596）祁门倪道仗卖田赤契》，《明清徽州社会经济资料丛编》第二辑，第90页

［文书五］计田四、五丘，计步三百二十三步，计租天平子一十五秤，**田鸡**一只。

——《万历三十九年（1611）祁门黄宗椿卖田白契》，《明清徽州社会经济资料丛编》第二辑，第99页

［文书六］立应役仆人胡文鼎等，向来应役冠婚丧祭、伙佃、**信记**，而外又有囗例柴薪。

——《康熙三十年（1691）胡文鼎等应役文书》，《徽州千年契约文

书》清民国编，第 1 卷，第 107 页

信鸡，又称田信、鸡谷、田鸡、信记等，系租佃关系中，佃户交纳给地主的附加地租，一般交送一只鸡，以为凭信，故名信鸡。这种交纳信鸡逐渐变成了一种地方惯俗，衍生出折谷交纳以替代信鸡的做法，称为"鸡谷"。张传玺认为，一只信鸡折谷六斤或十斤不等，鸡谷成为正租的一部分。①

信鸡作为额外地租在清代民国颇为普遍，如建国前合浦县发布公告称："凡系田租，除缴原定之土地正产物外，所有一切额外苛索（如田头鸡、田头鸭之类）均应废止。"②

【信牌】

［文书一］休宁县正堂筦为晓谕事，奉本府**信牌**，内开奉布政司**宪牌**，内开奉巡抚部院**宪牌**，饬行推收税亩，攒造实征清册，照则征输钱粮一案。

——《康熙十六年（1677）休宁县印给花户亲供税亩单》，安徽师范大学图书馆藏

［文书二］顺治二年（1645）休宁县正堂**信牌**。仰原差**胡靖**即往拾玖都半边莲地方，督同干证、原被人犯并乡约、保甲，将**汪廉行**所盗葬**叶都春**祖坟傍地立刻眼同起举平改，具结回报，毋违。须牌。右差胡靖，准此

——《顺治二年（1645）休宁县正堂信牌》，《徽州千年契约文书》清民国编，第 1 卷，第 13 页

牌本是因公使用驿递的凭证，从徽州文书看，牌系明代特别是清地方行政中常用的正式下行文书，或称"牌""信牌""宪牌"等。明清徽州文书中，"帖"以明代为多见，到了清代，除了"帖"之外，还出现类似于"帖"，形式更加简易的"牌""札"等。上引材料看，宪牌多属部或布政司所颁，而信牌主要系府州县行政凭据。《清律》有"凡府州县置

---

① 张传玺：《中国历代契约会编考释》，北京大学出版社 1995 年版，第 854 页。
② 吴彩珍主编：《热血春秋》，广西师范大学出版社 2015 年版，第 699 页。

立信牌，拘提人犯，催督公事。量地远近，定立程限，随事销缴"的记载。①

【辛力（辛俸）】

[文书一] 绩溪县十三都一图立文书人胡文高，原因年岁荒欠，衣食无资。自愿浼亲人郎夏空身帮到汪名下佣工生理，每月**辛力工钱**一并支足无分厘欠缺。

——《顺治六年（1649）绩溪胡文高投主文书》，《徽州千年契约文书》清民国编，第1卷，第23页

[文书二] 标祀日司匣之值年者给发**辛力钱**壹百三拾三文，外给大小米饼计社秤拾五勋，系我下门羊头备办带去给发。

——《歙县虹梁村程氏德卿公匣规条》，安徽大学中文系程自信教授藏

[文书三] 议内本房轮值现役照丁派七折三钱，及各房丁粮花户贴役与照管现年之人，会排年上官应纳，并写歙家元银十六两及往来饭食磨图清算，并**辛俸**一切等项，俱是承管人承当，不涉众人之事。

——《乾隆三十八年（1773）吴元璋等立议合同》，安徽师范大学图书馆藏

辛力（辛俸）即工钱、报酬。

【巡拦（收课巡拦、直日巡拦）】

[文书一] 在城宋宗荫、宋张保，于洪武二十三年充当**巡拦**，经涉国课，无可措办。今同弟宋张保商议，自情愿将五都五保土名桑园坞，承祖宋子恭名目山一号……尽数立契出卖与洪宽名下为业。

——《明洪武二十三年（1390）祁门县宋宗荫立卖山契》，《中国历代契约粹编》，第648页

[文书二] 徽州府歙县岩寺镇税课局，□□十六都吴得甫用价籼米三硕（石），收买到本都吴宗义名下赖字一千四百二十三号……文契赴局□

---

① 《大清律例》卷六《吏律·职制·信牌》，法律出版社1999年版。

完，除已依例收税外，署文凭□□出给。右付本人收执，准此。

永乐三年（1405）十二月十四日

课税局（押）　　局正□□□　　典吏张以宁　　**收课巡拦**程得

——安徽省博物馆藏，转引自汪庆元《从徽州文书看明代税契制度的演变》，《徽学丛刊》第一辑

[文书三]直隶徽州府祁门县税课局。今据本县西都谢能静用价钞二千一百五十贯，买到本都胡仕恭名下山地为业，赴局印兑所有文凭，合行出给者。

右付本人收执

洪熙元年（1425）十一月二十九日　　攒：谢得知

税课局（押）　　**直日巡拦**：谢仕震

——安徽师范大学图书馆藏

巡拦，或称收课巡拦、直（值）日巡拦，系明代府县税课司（局）所属的收税者，系杂役，后来成为均瑶之役的一种，由里长或乡民充任。

明代巡拦的职能和身份类似清代基层社会设置的地保之役。因巡拦具有直接"收课"之权，且谙习地方民情，仆仆奔走民间，该职役有扰害地方之弊，颇受非议。《洪武御制大诰三编》载有歙县巡拦勒索地方事例，兹引如下，以见一斑：

歙县民吴庆夫，买求本县官吏，充作**巡拦**。其家父子兄弟于本处乡村所在，上持官府之威，下怀肥己之奸，将乡民程保家买到牛二只农田，著要税钱二十六贯。民程保不敢与抗，遂与之。本家该房，木料俱系是本处山场土产，其吴庆夫逼要税钱八十贯。贩乾鱼客人至本乡，著要税钱，准乾鱼三十斤。呜呼！民人起盖房屋，居在万山之中，木植系是土产，又系自己山场，民人乐太平之年，起盖房屋以安家眷，今吴庆夫如此生事搅扰，民何得安！耕牛二只系是客商处买来，已有人官文契，又行著要二十六贯。其卖乾鱼客人，步挑至于深山去处，能者挑百十斤，力中者八十斤，力小者六十斤，本人税讫三十斤。又于遍处乡村，不问有无门店，一概科要门摊。以此观之，如此强豪奸顽，民何生理！遂命法司差人押发原籍，本人凌迟，其弟及男同恶害民，皆枭令示首。今后

为**巡拦**者，倚恃官威，剥尽民财，罪亦如之。①

【逊卖（逊与）】

[文书一] 王德常买受得程民清兄弟山十亩，又民和十八亩，共二十八[亩]。坐落一保，土名郑禾坑山二号，东西四至自有经理可照。除德㜜一十四厶（亩）外，以清一十四厶（亩）内取柒厶（亩），凭兄以祥为中，**逊卖**与王德祥名下为业，协同栽壅杉木。议还山价并壅过苗钱银一两，在手足讫。

成化九年四月十一日立契王以清

——《成化九年（1473）王以清王德祥等共业合同》，《徽州千年契约文书》宋元明编，第1卷，第188页

[文书二] 今**逊与**亲眷李士誼名下管业。本宅即无阻当。

——《永乐六年（1408）祁门谢曙先卖山地赤契》，《徽州千年契约文书》宋元明编，第1卷，第65页

逊卖（逊与），系亲邻之间私下交易，和买和卖的一种委婉表述。

【循环（循环册、环册）】

[文书一] 尔会同乡约、保长查明，填入**循环**簿上，按月呈报，以凭究治。

——《入清源约出晓起约叙记》，安徽师范大学图书馆藏

[文书二] 立公议承揽人黄君傑。今揽到汉洞地方保长事务，系身承役，所有该季过图、保甲、**循环**、甘结、常规等事，系身一并承管。

——《康熙二十四年（1685）黄君傑立承揽契》，安徽师范大学图书馆藏

[文书三] 祁门县正堂柯，为给发发**循环册**事。照得现办保甲，按十户立一牌长，十牌立一甲长，十甲立一经董，责成挨户编填，互相稽查，以清盗源。为此，给发**循环册**，即将保内丁口、籍贯、执业，挨户编填，

---

① 《御制大诰三编·巡拦害民第二十》，张德信、毛佩琦主编《洪武御制全书》，黄山书社1995年版，第906—907页。

其册一本存署，一本存经董处，于地保春秋点卯之便，当堂呈换，循去环来，每年皆依此例。如有迁徙生故婚嫁增减等项，由本户随时报明牌长，即于门牌本户之旁添注涂改，并由牌长转报甲长，甲长转报经董，于册内某户之旁添注涂改，毋得舛错遗漏千咎，须至**循环册**者。

　　光绪五年　　月　　日
　　　右给　　乡　　都　　　图　　　地保　　　准此
　　　　　　——《光绪祁门县二十二都保甲册》，陈琪先生藏

[文书三]（祁门县）东乡十壹都壹图七甲<u>金壁坳</u>户口**环册**
　　　　——《徽州千年契约文书》清民国编，第3卷，第99—109页

　　循环册（环册），即保甲册或烟户册。因保甲编制中经由官府给发格式册籍，由保甲职役"责成挨户编填"，每年如有"迁徙、生故、婚嫁、增减等项，于册内某户之旁添注涂改"。这种即时更改的内容上达后，作为保甲册不断更新的依据。如《绩溪县（九都）保甲册》中，即屡见户丁姓名旁注"全家外出""去世无传"字样以及因户主更新而涂改姓名等，大体尚见清末光绪间户口循环编制的痕迹。即时更改的册籍与给发新籍之间，上下置换，定期更换，"循去环来"，故有"户口循册""户口环册""户口循环册"等之称。①

【Y】

【烟户（烟户门牌、烟户总牌、烟户册）】

　　[文书一] 特授江南徽州府歙县正堂加五级记大功一次卓异加一级候升<u>杨</u>，为钦奏上谕事。奉行编查保甲，合给**门牌**，开列该户男丁姓名、籍贯、年岁、生理，出外地方不得遗漏。如有违禁不法邪教等事，许邻佑保甲严查密禀拏究。如通同容隐，事发一休，连坐不贷。须至牌者张大绩。

　　二十九都一啚第　户
　　家长　系　县人年　岁　生理住　地方

---

① 参见刘道胜《清末保甲编制与村族治理》，《安徽师范大学学报》2015年第5期。

伯　叔　　　兄
弟　子　　　侄
孙　孙侄　　亲
友　工佣　　仆
大小妇女共 口幼童 名
乾隆四十六年（1781）月 日 给
保长王有余 甲长
裱糊县（悬）挂门首□□□□

——田涛等：《田藏契约文书粹编》卷1，第31页

[文书二] **烟户总牌**

署祁门县正堂加三级唐，为严饬力行保甲以收实政事。奉抚 臬各宪檄行，内开照得保甲之法，诚为弭盗安民之良规。兹当编造合行，给牌稽查。无此牌俾甲首将发去总牌，照依本甲内户册挨填牌内实贴。本牌张挂甲长门首，与众户互相稽查，□期实力奉行，倘有违犯禁条即□票，须至牌者。

计开

十一都三畾　　保　　甲长
一户朱旻元 年四十一岁 本县人 松江生理 田 亩 男 二丁 女 一口
一户胡日芳 年六十三岁 本县人 务农生理 田 亩 男 三丁 女 二口
一户胡兆理 年五十六岁 本县人 务农生理 田 亩 男 二丁 女 一口
一户胡元树 年四十五岁 本县人 务农生理 田 亩 男 一丁 女 二口
一户胡嘉禄 年三十八岁 本县人 务农生理 田 亩 男 二丁 女 一口
一户徐李智 年六十二岁 本县人 务农生理 田 亩 男 二丁 女 二口
一户徐明星 年四十岁　本县人 务农生理 田 亩 男 一丁 女 二口
一户徐圣瑞 年二十一岁 本县人 务农生理 田 亩 男 一丁 女 二口
一户胡万三 年七十岁　本县人 务农生理 田 亩 男 二丁 女 一口
乾隆二十一年（1756）十月 初一 日给

——《徽州千年契约文书》清民国编，第1卷，第327页

"烟户"系指特定区域无分高下贵贱，无论本贯客居的诸色人户，有别于明代至清初黄册以及编审册中与赋役相关联的田丁、粮丁、朋丁等

丁户。据《清会典·户部·尚书侍郎职掌五》记载，"正天下之户籍，凡各省诸色人户，有司察其数而岁报于部，曰烟户。"因此，烟户不仅包括一般庶民百姓，而且乡绅举贡生员、庵观寺院乃至畸零人户等尽在其中。可谓户无遗漏，丁口尽载。烟户的编查是出于治安的目的。① 在清代保甲编制中，相应产生官府给发一家一户的烟户牌（又名保甲户牌，悬挂每户门首）、十家烟户总牌（又名十家门牌，悬挂牌长户门首）、保甲烟户册（保甲册）② 等官文书，户牌是十家门牌编造的依据，十家门牌的汇编又构成保甲册，三者均详细登录每户、每牌、每甲（保）的户主姓名、籍贯、年岁、执业以及男丁女口等信息，彼此之间密切关联。

【眼同】

[文书] 今将四至山凭中出佃与同都倪王 名下，前去砍拨锄种，遍山蜜撒松子栽垒，长养成林，**眼同**山主到山，主、力四六均分，主得六分，力得四分。

——《顺治祁门汪氏抄契簿》，《徽州千年契约文书》清民国编，第4卷，第110页

眼同，即会同、跟同，指由众人经眼，共同参与和见证。

【养老女婿】

[文书一] 十八都<u>李阿谢</u>。有男魏相、<u>名相</u>各立一户，俱亡无嗣，本宗无人应继。口人供解税粮艰难。永乐十五年（1417），阿谢将长媳女<u>康弟</u>招讨本都<u>叶济宁</u>男<u>文祯</u>，次媳女嬜珍永乐十年（1412）招讨一都<u>谢汝功</u>男<u>景春</u>，皆为**养老赘婿**承户。其二户田地曾于永乐十七年（1419）间除已卖他人及批拨准还用过二媳己财及二媳自用己财置卖外，将余存祖产田地凭众均分为二。后二媳又将标拨田地卖去。今孙婿<u>文祯</u>户存田地一十八亩零。<u>景春</u>户存田地一十七亩零。所有标约未曾给付。今阿谢年

---

① 栾成显：《康熙休宁县保甲烟户册研究》，《西南大学学报》2006年第6期。
② 目前遗存的文书中，尚见清初康熙所编册籍称为"保甲烟户册"，如《康熙休宁县保甲烟户册》1册，上海图书馆藏；另参见栾成显《康熙休宁县保甲烟户册研究》，《西南师范大学学报》2006年第6期。

老，虑后百年二孙媳不无争竞。今凭托亲眷李茂端等写立合同文约。

永乐二十一年（1423）三月初六日李阿谢

——《故纸堆》丙册，第1页

[文书二]十都李仲德，年二十九岁，未曾婚娶。有谢士云宅长女菊娘未曾出事，今凭亲眷谢元熙为媒，招仲德到谢士云宅为**养老女婿**，随即告禀亲房族长，已蒙允可。今自过门合亲之后，自当侍奉舅姑二尊即管干公私门户等事，务在精勤，毋致怠惰。

——《洪武元年（1368）李仲德入赘文约》，《徽州千年契约文书》宋元明编，第1卷，第23页

养老女婿（养老赘婿），即招赘上门女婿的一种继承类型。招赘继承有两种方式，一是承担门户的终身赘婿，一般不予回宗；二是养老赘婿，可以在履行养老责任后回宗，即所谓"二亲存日决不擅自回家，百年之后倘要回宗，听从自便"。无论是终身赘婿抑或养老赘婿，在继承过程中均负有养老、祭祀、门户赋役等义务，选择赘婿需要经过特定宗族认可，并签订相关契约文书。

【遗嘱】

[文书一]立**遗嘱**父胡期荣。自幼不幸身亲早逝，二母在堂，兄弟俱未成立，门户家务无人支撑，以致家业荡费。身年二十有余，方娶妻凌氏，幸生三子。长男世爵，配媳汪氏；次男世禄，定亲朱氏；三男世元婚未。只因年老力衰，难以管理。除前费过仍实在田地产业以凭亲族肥瘦均搭，分作天、地、人三才之义，焚香拈阄为定。各男务遵吾嘱，毋得恃强欺弱。如有此情以不孝罪论。恐后无凭，立此**遗嘱阄书**一样三张各执一张存照。

崇祯十五年（1642）七月十五日立**遗嘱**阄书父：胡期荣

——《崇祯胡期荣立阄书》，载《徽州千年契约文书》宋元明编，第10卷

[文书二]立**遗嘱**分关母江门黄氏。身幼生黄姓，长归江门，仅举二子，长曰可德，次曰可意。克勤克俭，眼望家道稍裕而无口，家父以艺业营生，历尽万般辛苦，时运未尝亨通，遽尔物故。又值年荒米珠薪桂，

死者棺椁无从措办，生者朝夕艰于度活，束手无策，只得将些微产业典卖以为殡殓日用之资，兹身年又将七旬，且暮多病，两儿俱各完婚，故托凭亲族将所遗产业搭为二股，作天地二阄，对天拈分，自分之后永无违议，各宜努力，兄友弟恭，无伤和气，以光大前人之业，思创受之非易，自长发其祥百福骈□，今欲有凭，立此**遗嘱分关**一样二张各执一张永远存照。

乾隆四十九年（1784）四月十八日立遗嘱母江门<u>黄氏</u>

——《<u>徽州千年契约文书</u>》清民国编，第2卷，第38页

［文书三］立**遗嘱**文书人<u>汪心美</u>。窃以（年）迈无儿，而欲延一线之宗祀者，以惟以侄而主其后也。但吾兄弟三人，长曰<u>心烈</u>、三曰<u>心义</u>，而吾忝居其二，娶室吴氏，自恨我生不辰，罔有儿息（媳），而禋祀无传。且吾年经六旬有四，<u>吴氏</u>亦六旬有二，日薄西山，朝不虑夕。将见生无以致其养，死无以尽其礼也。夙夜忧思，以浼抵亲邻族戚诸君，凭公议订（定），愿将<u>心义</u>长子<u>清安</u>过继而嗣，顶身门户，生养葬祭毋得悖逆，以蹈不孝之罪。所有汪云滩屋宇、田园、山业、水碓开载明白，概行交与清安经管，内外不得争论。至于茗坑家业，心义百年之后，<u>清安</u>、<u>柏洪</u>二人照遗书管业，毋得生端异言。此皆吾所勤劳创置，勿要争长竞短。自立**遗嘱**之后，务宜一团和气，兴家立业，争胜前人，以慰予之所望也。今欲有凭，立此**遗嘱**文书永远大发大旺存照。

——《<u>汪心美立遗嘱</u>》，安徽省图书馆藏

［文书四］立**遗嘱**<u>江阿胡</u>，阿夫<u>江志福</u>。因子嗣维艰，于康熙年间□一义男名唤<u>连生</u>，阿夫抚养情同亲生。于雍正十二年，夫外经商，不幸死在河口，货本尽折。义男闻信，随即揭借盘费往外搬柩回家，居丧守制，衰麻执杖，哀痛迫切，如同生父，族内共见。阿夫所遗田园俱是义男亲勤种作，门户事务亦是义男竭力支持，至于侍奉供给，内诚外敬，无从违阿之意。今阿年老，央凭亲族眼同，愿将承祖所阄家产、屋宇等业，尽行披与侄<u>长祖</u>、<u>长聚</u>名下。其阿夫所置田业内取拾砠批送芳公会内，内取叁拾伍砠批与侄长起兄弟。又取叁拾伍砠批与侄<u>长发</u>兄弟。候阿百年之后，交侄管业。除批过仍存前后三间新屋一所，并田园等业，尽行与义男<u>连生</u>管业，日后永无异说，倘有此情，听从义男执墨鸣公理

论。今欲有凭，立此**遗嘱**永远存照。

乾隆拾陆年正月 日立**遗嘱**：<u>江阿胡</u>

——《乾隆十六年（1751）<u>江阿胡</u>立遗嘱》，《徽州文书》第1辑，第二卷，第42页

［文书五］立**遗嘱**人叔娘<u>项叶氏</u>，今凭族戚诸长，将氏平日坐给衣食田地并自置己田，交与继孙<u>义淞</u>名下收执，以杜争夺。缘<u>氏</u>自同治七年夫亡子故，当时恨不欲生，因念承先人，后者有尔父兄弟两人。尔伯<u>敬承</u>，虽幸游庠，赖<u>氏</u>完娶。尔父<u>敬宗</u>年幼，赖<u>氏</u>抚养。<u>氏</u>不得已偷生在世。岂尔伯娶亲后良心改变，只顾肥己，将祖遗田产仅给大小买田十亩于<u>氏</u>衣食。所有江北桐城闸田租、市屋并家中好田，被伊当卖一空。可怜尔父不能度日，是氏抚养成人，措资代娶尔母<u>许氏</u>。窃思尔叔公<u>邦杰</u>年愈三十而亡，尚非夭死，理当立嗣。氏亦年近六旬，且又苦守一番，亦不忍身后绝嗣。特念尔父乃系小宗，随我苦度一生，我所钟爱。尔在孩提，三岁父故，迄今十四，赖我扶育，不啻己出，尔亦谅知，业已呈禀在案。凭同族戚，当以尔父<u>敬宗</u>为子，以尔为孙，兼祧<u>邦彦</u>、<u>邦杰</u>二三两房之后。昭穆相当。伯<u>敬承</u>乃系大宗，例无兼祧之理。其子昭穆不合，氏亦不爱。今将氏坐给衣食田十亩并自置己田逐一列于**遗嘱**之后，交尔收执。尔当恪守我业，奉我暮年，以承祭祀，毋得轻弃，切嘱切嘱。倘有亲房内外人等异言，执此鸣禀官理论，空口无凭，立此**遗嘱**为照。

光绪二十五年（1899）十一月吉日立**遗嘱**人叔娘：<u>项叶氏</u>

凭亲房、凭族长、门长、房长

——《故纸堆》丙册，第55页

遗嘱系生前对财产和其他事务作处分所立的继承文书。

揆诸徽州文书，遗嘱属于继承文书之一重要形式。实际上，以遗嘱的形式决定家产继承由来已久。早在汉代，"沛中有富豪"，临终前，其"呼族为遗令"，这里的"遗令"即为遗嘱。[①] 遗嘱文书与一式复份的分家阄书不同的是，它往往是单件文书，并且在唐宋时期的法律规定中，遗嘱继承一般是在无子乏嗣的特殊情况下书立，并成为中国传统家产继

---

① 《太平御览》卷八三六引应劭《风俗通》。

承方式的补充。如《唐令拾遗》记载,"身丧户绝者",其余财并与女儿或近亲,"无亲戚者,官为检校。若亡人在日,自有遗嘱处分,证验分明者,不用此令"。① 这从遗存的唐代相关文书中亦可见一斑。如敦煌文书中有"右件分割,准吾遗嘱分配为定"②,从《名公书判清明集》的记载来看,遗嘱继承常因乏嗣家庭之宗祧立继的选择而与宗族亲属密切相关,族人往往借立继之名,争夺户绝之家财产的情况屡屡可见③,往往"死者之肉未寒,为兄弟、为女婿、为亲戚者,其于丧葬之事,一不暇问,当只欺陵孤寡,或偷搬其财物,或收藏其契书,或盗卖其田地,或强割其禾稻,或以无分为有分,或以有子为无子,贪图继立,为利忘义,全无人心"④。这些记载,都反映唐宋时期,遗嘱继承主要发生于乏嗣之家。

明清时期,遗嘱继承不限于乏嗣之家,其发生的范围不拘一格。从以引徽州遗嘱材料可见,遗嘱继承主要有三个类型:一是有子之家以遗嘱为分家阄书者,如上引文书一、文书二。这种遗嘱又名"遗嘱阄书""遗嘱分关""嘱书"等。二是乏嗣之家书立遗嘱,选择同宗应继者为嗣,如上引文书三、文书五。三是乏嗣之家书立遗嘱,选择异姓为嗣者,如上引文书四。

【义男】

[文书一] 立卖契主王元㢑。今因缺用,自情愿浼中将自己续置土名竹林塝地,计贰十步,自造楼屋两间,并前披墭(培)在上四围门壁俱全,系生字三千八百九十乙号,其地东至汪楷地塝,西路,南至汪沼屋,北至汪忠地,四至限定,当日凭中尽行出卖与**义男**汪二郎名下为业。

——《休宁汪姓誊契簿辑要》,<u>章有义</u>:《明清及近代农业史论集》,第 390 页

---

① 《唐令拾遗》卷三十二《丧葬令》。《宋刑统》亦有同样条文(《宋刑统》卷十二《户婚·户绝资产》)。
② 《敦煌宝藏》第 44 册,第 160 页,斯 5647 号。
③ 参见《名公书判清明集》卷七《遗嘱亲生女》;卷八《继绝子孙止得财产四分之一》《女合承分》《诸侄论索遗嘱钱》等。
④ 《名公书判清明集》卷七《宗族欺孤占产》。

[文书二] 东主<u>李伯诚</u>、<u>仲厚</u>。因现年亲伯有功将**义男**<u>胡长富</u>出卖与岩下伯升汪名下。身念世仆，愿代取赎。今因<u>长富</u>客外生意招亲，不便服役。凭中将原身价银一并清还交足。自收之后，听<u>长富</u>自便生业，日后无得异说，立此收票存照。

康熙八年四月　日立收票东主<u>李伯诚</u>

——《元至正二年（1342）至乾隆二十八年（1763）（休宁县）藤溪王氏立文约誊契簿》，南京大学历史系资料室藏

义男，或系家用奴仆，或为异姓继承者。传统大户人家的义男多属奴仆，当无疑问。而自耕农或佃农等小户人家收养的义男，则多是作为该户的承继者，继承家产，维系家庭，日后多被立为户主，并得到官府承认。更确切地说，义男的身份是异姓承继者。[1]

【殷实】

[文书一] 立议合同吴元璋、<u>天福</u>、<u>世伦</u>等。缘因本家承祖充当本都四图二甲里役，原祖存遗议墨以**殷实**充当，后轮本房现役，因无殷实管办。是于康熙三十二年（1693）众议每丁派银壹两。今因各甲自纳省费，是以每丁减除银七钱。今议成房支丁仍出银叁钱，共贴银　两。外有里长租毛谷十担零，以作现年房差歇家使费等项。仍余以作工食。公议公举房下支丁用照管理本年催督钱粮上纳，无得误公，仍有九年佼、偃、儒三房，每房各自管理三年不在此议。恐后无凭，立此合同议墨一样三张各执一张存照。

——《乾隆三十八年（1773）吴元璋等立里役合同》，安徽师范大学图书馆藏

[文书二] 本祠祭祀银两，上例与各分**殷实**有产之家领出运利，以荣祖祠。

——《中国明代档案总汇》第 1 册，广西师范大学出版社 2001 年版，第 201 页

[文书三]（文秩公清明会资）议付**殷实**者领去，二分钱生息。

---

[1] 栾成显：《明清徽州宗族的异姓承继》，《历史研究》2005 年第 3 期。

——章有义：《明清及近代农业史论集》，第 381 页

[文书四]（继善会会资）付托**殷实**之家暂行生息。

——《道光至咸丰继善会簿》，南京大学历史系资料室藏

[文书五] 日后倘有不测，可将幼男<u>文大</u>另立户籍，标拨田粮四石与文大，其余产粮除各人已买外所有**富户**差役，俱系三男掌管。

——《成化二年（1466）祁门<u>叶材</u>等互争财产帖文》，《徽州千年契约文书》宋元明编，第 1 卷，第 183 页

殷实，即殷实有产的富裕之家。明清时期，基层组织管理由民间自我承值，里甲和保甲等职役原则上遴选乡里殷实富户承当，殷实之家在基层社会承担重要的社会责任。不仅如此，殷实之家在地方管理、社会赈济、社会公益、契约调处等事务中亦发挥着重要功能。

【银主】

[文书] 当日得受时值市平九八色纹银贰拾两整，归身偿还借项费用。其田上实时交业，听从银主另召人兴种，身无丝毫沾染。自杜吐之后，亲房内外人等并无阻挡，亦无重复交易。如有此情，俱身承当，不干**银主**之事。

——《江姓〈新置田产各据正簿〉辑要》，<u>章有义</u>：《明清及近代农业史论集》，第 470 页

银主，即典当、借贷、交易中的典当主、债主、买主、钱主等。

【英洋】

[文书] 立合同文约人润五公秩下<u>班惠</u>、<u>继彩</u>、<u>立宗</u>、<u>继德</u>等。窃自明诏兴学，我邑书院既改为高等小学堂，校额有限，继而在历口设一小学。夕（惜）额又满。然我乡地地面之大，非推广学务，断不足普及教育。前月我区合议以闪里为三都适中之地，建设合适学堂勖宜，所有筹办费易（议）三都派出，钱派我族。比立合同鉴定。我都三约均派分派，我族备出**英洋**贰佰元。只得佥同会商，议定丁会出英洋伍拾元，户口出英洋柒拾伍元，肆排共出英洋柒拾伍元。若日后费用不敷，定另筹款。此学不独有光门楣，而且文明进步，伏冀从事踊跃。毋得抗违。今欲有

凭，立此合同一样六纸各收一纸存照。

宣统三年（1911）闰六月念贰日立合同文约人：<u>国五</u>公秩下<u>班惠</u>（等十三人）

——《祁门县二十二都红紫金氏文书》，《徽州文书》第 1 辑，第 10 卷，第 357 页

英洋，即鹰洋，来自墨西哥的一种银元。郑观应《盛世危言·铸银》云："尝考中国洋钱多来自墨西哥……以钱面作鹰文，故曰'鹰洋'，又以英人贩运居多，亦曰'英洋'。"

墨西哥独立后，于 19 世纪 20 年代铸造的货币，币面为墨西哥国徽——一只鹰嘴中叼着一条蛇站在仙人掌上，故称鹰洋。墨西哥银圆在 19 世纪 50 年代后进入中国。清代民国时期，银元成为主要通货，因墨西哥银圆轻重、大小、成色与本洋接近，遂逐渐流通。20 世纪初，墨西哥币值改易，鹰洋遂绝。

【应付】

[文书一] 五都洪氏六房庄仆<u>朱福元</u>同<u>朱迟富</u>、<u>廷保</u>等。原身等始祖<u>朱美德</u>系六房主买讨长大，蒙与婚配。后因人众，又蒙将地造屋与住，山与葬祖，历代**应付**。洪主至今，并不敢违抵拒为。因福元向擅往外买卖，一应冠婚丧祭，俱未出身，应付。

——《万历十年（1582）<u>朱福元</u>等立还文书》，《徽州千年契约文书》宋元明编，第 3 卷，第 89 页

[文书二] 五都<u>洪寿</u>公六房山仆<u>胡胜保</u>、<u>胡住保</u>、<u>胡迟保</u>、<u>胡寄</u>四房人等，<u>原祖胡昂</u>、<u>胡晟</u>乞求山主<u>洪寿</u>公地一号，坐落本都，土名黄岚坑，山下安葬上祖<u>胡富</u>夫妇。蒙主议与禁步九步，葬祀昂晟，子孙永远**应付**洪主。

——《万历十年（1582）<u>胡胜保</u>等立还文书》，《徽州千年契约文书》宋元明编，第 3 卷，第 91 页

应付，指徽州地区庄仆应承主家名目不一的各色劳役。章有义认为，

徽州庄仆制通例，大体是葬山，住屋，应役，耕田，交租。① 至于应付事项，多为"冠婚丧祭"等礼仪活动中的劳役。

【应继】

[文书一] 痛夫戴立志不幸早亡无子，所遗赀产，讵料妄起觊觎强将屯溪典□□□一空，急奔两院告追未结。**应继**□□成仇，择继家饶不从。仍有所存不求定着，终必纷争，同将赀产除寡蒌节、嫁女、偿债外，愿入宗祠以附祖祀乐助水口，以成胜举。今凭约族斯文，清查开载于后。

——《天启七年（1627）休宁戴阿程向宗祠捐产合同》，《徽州千年契约文书》宋元明编，第4卷，第218页

[文书二] 批笔据伯父凌允通。父生兄弟三人，长曰允道；次曰允通，年已六十有一，娶妻程氏未曾生育；三曰允选，生二子。长侄耀鹤，承父门户，**应继**耀义，承家立业，当门抵户。

嘉庆九年（1804）六月二十七日立批笔据伯父：凌凤祥

——《徽州千年契约文书》清民国编，第2卷，第153页

应继，系传统社会乏嗣之家选择继承的方式之一，多于同宗亲属中，按照由亲及疏、昭穆相当原则确定宗祧、门户、家产的继承人。

在中国传统社会，对于无子之家，其宗祧和家产继承主要形式有：同宗过继、异姓收继、招赘等方式。其中，同宗过继（又称过房）早在《唐律疏议》即有规定："无子者，听养同宗于昭穆相当者。"② 自唐宋迄至明清，同宗过继成为无子乏嗣之家继承方式的主流。同宗过继遵循的基本原则是由亲及疏、昭穆相当，《大明令》对此有详细记载："凡无子者，许令同宗昭穆相当之侄承继，先尽同父（衰）亲，次及大功、小功、缌麻，如俱无，方许择立远房及同姓为嗣者。立嗣之后，却生亲子，其家产与元（原）立均分……立同姓者亦不得尊卑失序以乱昭穆。"③ 同宗过继有应继（按序命立）与爱继（择立）之分，应继多于五服亲属中，

---

① 章有义：《明清徽州土地关系研究》，中国社会科学出版社1984年版，第125页。
② 《唐律疏议》卷十二《户婚·养子舍去"疏议"》。
③ 《皇明制书》卷之一《大明令·户令》，北京图书馆古籍善本丛刊，史部，政书类。

按照由亲及疏、昭穆相当原则进行，即所谓"族中有无嗣者，即凭尊长处商议有子应继者"①。在应继无人情况下，再行爱继，即于五服之内或服亲之外同宗亲属中择立昭穆相当者为嗣。

同宗过继（应继、爱继）一般经凭族长、房长、亲属等"亲族合议，挨派承嗣"，并订立相关文书。同宗过继除了受到国家法保护之外，宗族的族规家法亦往往多有规定。如清代休宁孙氏规定："族内无子者必须立后，如有霸占杜继者，公罚白米二石，公举应继之人，不得混争。"② 又如，祁门武溪陈氏规定"族中有无嗣者，即凭尊长处商议有子应继者。毋得抱养他姓之子侵其祖产，以乱宗枝。及招赘女婿，必另择基址，不许紊乱我家"③。

【应卯（照卯）】

[文书一] 议出长房懋绅勉力承认与五房懋衡朋当之举。至次轮五房承役之日，绅房亦出银三十两付衡贴费无辞。自今承认之日，其银一并付足，交绅回籍**应卯**充贩完官。

——《元至正二年（1342）至乾隆二十八年（1763）藤溪王氏立文约誊契簿》，南京大学历史系资料室藏

[文书二] 本图钱粮浩大，理合**照卯**上纳。矧今县主督比甚严，现役责并奚堪。今各排年共立平济义会，每甲出银贰两官等兑，朋助均济，轮流交领，预备济急**应卯**上纳。

——《天启三年（1623）休宁县九都一图郑积盈立赋役议约》，《康熙陈氏置产簿》，南京大学历史系资料室藏

应卯（照卯），即按规定的惯例或时间行事，按时应付。

古代官吏每天卯时（五点到七点）须赴官署听候点名，故有"应卯""照卯"之称，同样地，不能按时到场叫"失卯"。

---

① 《同治祁门武溪陈氏宗谱·家谱定规》。
② 《道光三年休宁孙世德祠簿抄白》，载《徽州千年契约文书》清民国编，卷十二。
③ 《同治重修祁门武溪陈氏宗谱·家谱定规》。

【硬租（实租）】

[文书一] 今将其前项田亩租数对与<u>王伯春</u>梓坑口王起住前，**硬租**三秤，每样式拾勋净。对换之后，各照管业，两无难说。

——《永乐十一年（1413）祁门吴希仁、王伯春换田赤契》，《徽州千年契约文书》宋元明编，第1卷，第72页

[文书二] 十三都<u>康守道</u>。今为承父买受得本都七保，土名搭枧坵，五百六十八号，内得**实租**七秤四勋。

——《崇祯四年（1631）<u>康守道</u>换田合同》，《徽州千年契约文书》宋元明编，第4卷，第311页

硬租（实租），即定额租。定额租租额是固定的，容易向货币地租转化。①

【原中（原证）】

[文书一] 今凭**原中**议定，田税原寄<u>许君美</u>甲下，递年许君素代纳粮银陆钱陆分整，照后开付各甲完纳。

——《顺治十一年（1654）<u>许君美</u>等立议合同》，《中国历代契约汇编考释》，第1612页

[文书二] 为此，票仰**原中**、约保即查<u>程正寅</u>所禀云己屋，今转归于<u>程元秩</u>为业，其程自西、程瑞光有无凶阻及打降凶占缘由，逐一从公处明，立即赴县回报以凭核夺施行，毋得徇庇迟延，如违提究，速速须票。

——《康熙三十八年（1699）歙县正堂票》，《歙县程氏文书》，安徽大学徽学研究中心藏

[文书三] 立杜加添字人<u>赵琪禄</u>。今凭中杜加到陈三爷台下加添大钱四千文整，亲手收讫。但巢邑虽有加添俗例，然亦必须卖后三年方能言及。今因手头不足，邀证言情，自杜加添之后，不得再有言加。今欲有凭，立此杜加字存照。

立杜加添字人<u>赵琪禄</u>

---

① 叶显恩：《明清徽州农村社会与佃仆制》，安徽人民出版社1983年版，第250页。

道光七年（1827）七月二十九日凭<u>原证</u>：<u>夏潜修</u>（等）
续证：<u>胡志高</u>（等）

——安徽师范大学图书馆藏

[文书四] 立找价约人<u>胡曹氏</u>同男<u>锡</u>印、<u>锡</u>柄、孙<u>贞恚</u>。今将常字七百四十八、七百四十九号大买田十四秤三升，愿托**原中**出找与（于）汪姓名下，三面议定时值价洋三十三元。其洋当即收足，其田听凭买人管业。自找之后，永不争（再）找，亦不取赎，本身只无异言，亦无内外人等阻当（档）。如有此情，俱身支当，不干买人之事。恐口无凭，立此找价约为据。

道光十五年十月　日立找价约人：<u>胡曹氏</u>、同男<u>胡锡印</u>、<u>胡锡柄</u>
　　　　　　　　中见：胡锡炎
　　　　　　　　亲笔：孙胡<u>贞恚</u>

——黄山市档案馆藏

[文书五] 佑儿念属手足之情，托**原中**劝氏除贴仍九十金之内，拨洋钱十元贴<u>文生</u>儿氏，嘉其意，许之。

——《咸丰十年（1860）<u>汪程氏立遗嘱</u>》，黄山市档案馆藏

原中，即在契约关系订立中的斡旋、说合、证信者；另外，契约关系中临时请来参与见证者称为"散中"，参与后续契约证信者称"续中"。

【乐仆】

[文书] 立公议教习鼓乐合同<u>公佩</u>、<u>谷臣</u>、<u>永贞</u>、<u>楚玉</u>、<u>子遐</u>、<u>公待</u>等。本族旧有**乐仆**，尽皆年老，凋丧无存。而婚姻、丧祭、报神、祀祖种种诸大事，非乐无以成礼，诚不容<u>旦夕</u>缺，而急宜修补者也。今集公议，复点本族地仆幼童接师教习，需费重大。但仆童有各门私己区别，诚恐日后人心不一，不顾合族公费重资，而复攘为私己，岂不反滋争端。为此公议：凡在本族地仆幼童，不分公私，既经点入祠内，豢养习学，嗣后合族一应喜庆用乐，诸乐童一体承值服役，不得有彼此歧分。除应乐之外，其余一切照常各归各主。倘值喜庆日，族内有正务用乐，则亲主有别正务，亦着停止以应众乐为主，不得以私挠公。乐童既经祠内大费资斧教习，成乐之童嗣后不得妄私远离，擅改他业。如违每壹名罚银

五十两，仍公同呈究，照旧服役。事切一族盛举，体统攸关，欲后有据，为此公立合同一样七张，一存宗祠匣内，每门各存一张，永远为照。所有条规另簿载列。

康熙五十三年（1714）二月日立公议教习鼓乐合同：**公佩**（等61人）

——《元至正二年（1342）至乾隆二十八年（1763）（休宁县）藤溪王氏立文约誊契簿》，南京大学历史系资料室藏

乐仆，宗族佃仆的一种类型。从上引材料可见，乐仆系从宗族仆人中遴选，经过专门训练，为宗族祭祀、聚会、节庆、演戏、婚嫁、丧葬等礼俗活动提供服务。

【Z】

【再醮】

[文书] 立出嗣书人**程郑氏**，昔因先夫文基生育三子，长**筱炳**，次**万禄**，三**遂全**。长、次两子均已先后完婚，长**筱炳**于三十一年间被征入伍，不久因病而殇，长媳鲍氏自主**再醮**于人，与余家不涉。先夫之胞兄**文池**逝世无后，凭公商妥，兹凭亲族公正人等，愿将三子遂全继与**文池**伯父名下为嗣，以承宗祧。

——《中华民国三十七年（1948）程郑氏立出嗣书》，安徽师范大学皖南历史文化研究中心藏

醮，古代冠婚之礼时的酌酒仪式，明清以后，再醮指妇女再嫁。

【栽垄】

[文书] 东西四至自有经理可照，除**德常**一十四厶（亩）外，**以清**一十四厶（亩）内取柒厶（亩），凭兄**明祥**为中，逊卖与**王德祥**名下为业。协同**栽垄**杉木。议还山价并垄过苗钱银一两。

——《成化九年（1473）王以清王德祥等共业合同》，《徽州千年契约文书》宋元明编，第1卷，第188页

"栽垄"，即栽植。又称掌养、长养、栽养等。

【攒典（典吏）】

[文书一] 直隶徽州府祁门县税课局。今据本县十西都谢能静用价六百贯买受同都谢曙先等名下山地为业。赴局印兑所有文凭，合行给示者。

右付本人收执

永乐十七年（1419）十月十三日　**攒典**：饶治生

——安徽师范大学图书馆藏

[文书二] 直隶徽州府祁门县税课局。今据本县西都谢能静用价钞二千一百五十贯，买到本都胡仕恭名下山地为业，赴局印兑所有文凭，合行出给者。

右付本人收执

洪熙元年（1425）十一月二十九日**攒**（典）：谢得知

税课局（押）　　直日巡拦：谢仕震

——安徽师范大学图书馆藏

[文书三] 徽州府歙县岩寺镇税课局，□□十六都吴得甫用价籼米三硕（石），收买到本都吴宗义名下赖字一千四百二十三号……文契赴局□完，除已依例收税外，署文凭□□出给。右付本人收执，准此。

永乐三年（1405）十二月十四日

课税局（押）　　局正□□□　　**典吏**张以宁　　收课巡拦程得

——安徽省博物馆藏，转引自汪庆元《从徽州文书看明代税契制度的演变》，《徽学丛刊》第一辑

攒典，或称典吏，系明代府县税课司（局）所属的职官，负责课税印契等管理。

《明史·职官》载："（税课司）府曰司，县曰局。大使一人，从九品，典税事。凡商贾、侩屠、杂市皆有常征，以时权而输其直（值）于府若县。凡民间贸田宅，必操契券请印，乃得收户，则征其直（值）百之三。"[①]《明史》所载"税课司"设有"大使一人，从九品，典税事"，当系攒典。

---

① 《明史》卷七十五《职官四·税课司》。

【择继】

[文书] 痛夫**戴立志**不幸早亡无子，所遗赀产，讵料妄起觊觎强将屯溪典□□□一空，急奔两院告追未结。应继□□成仇，**择继**家饶不从。仍有所存不求定着，终必纷争，同将赀产除寡蓼节、嫁女、偿债外，愿入宗祠以附祖祀乐助水口，以成胜举。今凭约族斯文，清查开载于后。

——《天启七年（1627）休宁戴阿程向宗祠捐产合同》，《徽州千年契约文书》宋元明编，第 4 卷，第 218 页

择继，又称爱继，系传统社会乏嗣之家选择继承的方式之一，多于同宗亲属中，按照由亲及疏、昭穆相当原则确定宗祧、门户、家产的继承人。

择继和应继均属于同宗过继，二者均遵循"同宗过继""昭穆相当"原则；不同有：其一，应继一般是在近亲范围中"按序命立"，多由族长、房长遵循族规家法规定，为乏嗣之家确立继承人。择继则于五服之内或服亲之外的同宗亲属中，由乏嗣之家自主选择昭穆相当者为嗣。如，休宁首村《朱氏祠规家法》规定："凡派中有乏嗣，本房有丁**应继**不肯继者，大众理论。抑有外房谋继而蔑视亲房者，显系谋继，大众理论不准。凡各派中有乏嗣者，本族九服之内无可继者，惟以统宗各派**择继**房族无阻。"[1]上引材料二中，项叶氏以"大宗例无兼祧之理，其子昭穆不合，氏亦不爱"为借口，并未选择本家叔伯之子继承，而是从亲房之中另择继承人，系典型的择继之例。

【掌养】

[文书一] 共价钱三千三百文，支钱三百文做合同酒酌，支钱九百文**掌养**花力，除支仍钱二千一百文，照各位股份相分，每山一分得七十文。

——《乾隆四十六年（1781）凌明华等立清白分单》，载载《徽州千年契约文书》清民国编，第 11 卷，第 222 页

[文书二] 立议**掌养**约人凌**大有**、**大成**、**大例**、**记松**、**记胜**。今将土

---

[1] 《休宁26都首村朱氏文书》，安徽大学徽学研究中心特藏室藏，藏号139。

名叶家源山一号，公议演戏严禁松杉杂柴。出议与族内记泰等六股名下前去**掌养**所有截火、捕盗。内外人等毋得入山窃取，俱系掌养人管顾，不致懈怠。恐有不法之徒，罚戏一台，同业之人看见不报同罚。其山成材之日，二八相分，业得八，力得二，各（无）异言。今欲有凭，立议**掌养**约存照。

嘉庆二十四年（1819）三月十一日立议**掌养**约人：凌大有、大成、大例、记鸾、记松、记胜、记科（书）

计开六股**掌养**人：大例、记鸾、记科二股、记泰、荣春

——《嘉庆二十二年（1817）祁门凌氏立〈合同文约誊契簿〉》，载《徽州千年契约文书》清民国编，第11卷，第298页

掌养（或称长养），即养护和管理山林。

【长孙田（长孙谷）】

[文书一] 所有承父租数税粮，除存祠产并贴**长孙**起贵棚上实租八秤，仍有实租二百五十秤，照五股均分。

——《乾隆康义祠置产簿》，南京大学历史系资料室藏

[文书二] 又扒田十亩零二分为**长孙田**，又扒田三亩弥补三子家租，又扒田八十四亩六分存售抵还众帐。

——《道光二十九年（1849）婺源詹汪氏立议阄书》，安徽大学徽学研究中心藏

[文书三] 去秋母别，年将七十，自迈衰颓，家事不便，人口繁衍，难以撑持，只得请凭戚友族，将家事品派。所进规银一百六十七两正，父存膳银一百两正，提满子娶费银二十两正，提**长孙谷**十一石正（整）。

——《光绪二年（1876）杨星立关书》，《徽州千年契约文书》清民国编，第2卷，第80页

[文书四] 立提单人王德风。今凭族尊提得横岗岭接买夹竹林外首田山屋宇一处，与祝复来公共对股，己名一股，其界俱照老契言定。此处**田山贴与长孙**来喜管业，以作读书之资，不得争论。

光绪十二年（1886）三月初四日立提单人：王德风

遵依人：注东、锡圭

凭族尊：王庆荣、王秉衡、
　　　　王起云、王宪章
　　　　　　——安徽师范大学皖南历史文化研究中心藏

长孙谷，或称长孙田、长孙钱等，系分家析产之际，留存给长孙的资产。

中国传统宗祧祭祀仪式由嫡长子、长孙主持，因此，在家产分析时，长孙往往能取得平均分析之外的资产，以作为主持家祭使费。[日]滋贺秀三即认为，根据长子应该是主持祖先祭祀的人这样的理由，有给予其若干的特别分的习惯。为了方便或许可以将此命名为长子分。还有，作为与此类似的情况，以"长孙地""长孙田"（如果给的是钱就叫"长孙钱"）等名称，给予长孙若干的特别分（长孙分）。①

【找价（增找价）】

[文书一] 立**找价**交业契人胡明枝。今将习字一万九百七十八号，土名黄头坞头大小买熟一业，其四至照契原形，凭中将业即交与族叔公名下为业作种黄麦。言定得受**找价**交业契价钱七百文整。其钱当时收足，日后并无格外生枝。以前立有契据，今又有凭，立此**找价**交业契为据。

道光六年（1826）九月二十九日立找价交业契人：胡有枝
　　　　　　　　　　　　　　　　中见人：胡顺堵
　　　　　　　　　　　　　　　　代书人：胡顺树
　　　　　　　——安徽师范大学皖南历史文化研究中心藏

[文书二] 立**找价**约人胡曹氏同男锡印、锡柄、孙贞焘。今将常字七百四十八、七百四十九号大买田十四秤三升，愿托原中出找与（于）汪姓名下，三面议定时值价洋三十三元。其洋当即收足，其田听凭买人管业。自找之后，永不争（再）找，亦不取赎，本身只无异言，亦无内外人等阻当（档）。如有此情，俱身支当，不干买人之事。恐口无凭，立此**找价**约为据。

道光十五年（1835）十月　日立**找价**约人：胡曹氏、同男胡锡印、

---

① [日]滋贺秀三：《中国家族法原理》，法律出版社2002年版，第203页。

胡锡柄

  中见：胡锡炎

  亲笔：孙胡贞惷

——黄山市档案馆藏

  [文书三] 立**增找价**约人曹尚宸，原将……一业，四至照依经理，前已托中立契出卖与程高元兄名下为业。今身不愿取赎，复托原中立约增找。三面议定时值找价曹平纹银七钱整。

  ——《光绪九年（1883）曹尚宸立增找价约》，安徽师范大学皖南历史文化研究中心藏

  找价（增找价），参见"加添"条。

【折实田】

  [文书] 旧管成丁＿＿＿田＿地＿山＿塘＿共**折实田**＿＿＿＿＿

  ——《康熙十年（1671）编审人丁亲供首状单》，安徽师范大学图书馆藏

  折实田，即统一以田亩为标准，将田地山塘不同类型的土地面积，按照一定比例，一律折算成相应的田亩面积。如：

  收山二分五厘，折田五厘五毫五丝

  除地二分三厘，折田一分四厘四毫二丝一忽[①]

  所引材料可见，山地折算田亩分别为：地一亩折田 0.627 亩，山一亩折田 0.222 亩。清代前期曾实施编审制度，各地编审形成的《赋役全书》以及归户册、实征册、编审册等册籍，均采用折实田。与明代万历清丈推行的税亩制相比，田地税粮科则更加简化，这种以折实田统一核算，为税粮征收变为折色银两以及一条鞭法实施提供了条件。[②]

【折实租】

  [文书] 立兑换契在城汪赤山祠秩下经首人龙文等。原有承祖买受三

---

  ① 《雍正王鼎盛户实征册底》，安徽师范大学图书馆藏，参见李琳琦主编《安徽师范大学馆藏千年徽州契约文书集萃》第 3 册，安徽师范大学出版社 2014 年版。

  ② 栾成显：《明代黄册制度》，中国社会科学出版社 2007 年增订本，第 236—237 页。

四都八保土名小塘坞口月字七百八十一号，计田八十步零四分，**折实租贰秤**。其田系在<u>明华</u>、<u>明富</u>、<u>记鸾</u>等屋旁边，猪鸡耗散，因佃辞田不种。经管首人向凌姓理论，凭中劝谕，凌姓自愿将自己买受八保土名牌圻月字八百六十二号，计丈田一百二十步，折实租叁秤整。两姓自愿兑换，其小塘坞口凌姓管业，其牌（圻）汪祠管业，各无异说，各收各推，今欲有凭，立此兑换契存照。

乾隆三十九年（1774）十二月初八日立兑换契：汪赤山祠等

秩下经首人：<u>汪龙文</u>（等）

——《嘉庆二十二年（1817）祁门凌氏立合同文约誊契簿》，《徽州千年契约文书》清民国编，第11卷，第207页

折实租，即定额租，具体实施方式为：统一以田亩为标准，将田地山塘不同类型的土地面积，按照一定比例，一律折算成相应的田亩面积，根据所折田亩面积，按照定额标准折合地租数额。

关于每亩定额折租标准，如《乾隆元年起至三十年止王鼎盛户各位便查清册》中即记载有："**收地折田**一分五厘二毫""**推地折田**八分九厘七毫七丝"等记载。并有"田一百二十八亩六分六厘，计租一千四百零七秤"等类似数据，借此可以推算每亩所折定额田租在10—11秤之间。[①]

【烝尝】

[文书一] 遗下承祖产业，除存留田租奉祀祖考**烝尝**，余外尽作三股均分。

——《万历三十年（1602）<u>王汝傅</u>等立应齐公产业分单》，《元至正二年（1341）至乾隆二十八年（1763）（休宁县）藤溪王氏文约誊契簿》，南京大学历史系资料室藏

[文书二] 启者

大宗祠办祀向以市屋租息为**烝尝**。乾隆十九年（1754）受当<u>汪剑金</u>等西门坐北朝南店屋两间，并大门楼阁计当价银捌拾伍两。后于乾隆三

---

① 安徽师大图书馆藏，参见李琳琦主编《安徽师范大学馆藏千年徽州契约文书集萃》第3册，安徽师范大学出版社2014年版。

十八年（1773）九月该店被毁延烧，经祠起造计用银贰佰两，其地基遵例减半作银肆拾伍两。即于是年冬十一月经汪瑚金等立契加当共计典价银贰佰肆拾伍两。叠契铁凭管业，至今百有余载，收租裕祀无异。同治三年（1864）冬，突有汪姓裔得桂霸业收租，租户知系祠业，辞屋另徙，得桂遂将店门关锁，混帖召租，至五年冬祭，丁众集议联名禀县，奉批在案，经保封管，而得桂欲心未已，复于六年十月揭毁封条，并将祠贴、租帖扯去，另换汪知本堂租帖，又经祠禀县沐批，仍饬地保如前照料，毋任踞占，横锋稍戢。旧岁因无租客，封锁经年，今得桂突于前月擅行招租开张朱、苏姓生理，司祠知觉，即鸣保向论，莫奈伊何。似此烝尝租业，竟为无赖霸吞，业失租空，情难甘忍，伏乞各贵支宗长大人务于十月念六标祀日齐集敦叙堂公同酌议，谨此叙略，先期布闻。

在城各支公启

——《故纸堆》丙册，第78—79页

烝尝，古时冬秋祭祀之称，后泛指祭祀。《诗·小雅·楚茨》云："絜尔牛羊，以往烝尝。"郑玄笺谓："冬祭曰'烝'，秋祭曰'尝'。"

【正租】

［文书］立搪晚谷字人李尔遐，今将该身轮派经收珉公**正租**，预拟湖陂段、梅村坞两处，计租额二十四秤。

——《光绪十三年（1887）五月李尔遐立搪晚谷字》，黄山市档案馆藏

正租，即原定租额。在实际租佃中，田主与佃方签订契约，双方重新约定的有效租额称为"硬租"或"实租"。

【执照】

［文书一］户部为遵旨事。据俊秀戴应澄，安徽徽州府休宁县人，年六十三岁，身中、面白、有须，今遵例报捐监生京钱一百□十五吊，所捐银两于咸丰七年十月三十日由户部捐□局收讫，相应换给**执照**以杜假冒，须至**执照**者。

曾祖士俊、祖兆琮、父晋钰

右照给<u>戴应澄</u>收执

咸丰七年（1857）十一月十九日给照

部　行

——中国徽文化博物馆馆藏

[文书二] **执照**

特授安徽徽州府歙县正堂加十级纪录十次芳。为给札承充以副宣讲以广教化事。照得治民之道，首以教化为先，恭承圣天子颁行《圣谕广训》，并摘所犯律条通行州县，在于乡里民中择其素行醇谨，通晓文义之人，举为乡约，给与顶带，每逢朔望齐集士民阐扬宣讲，使民共晓，咸敦孝悌，革薄从忠，久奉遵行在案。今据二十九都一图族长监生<u>张永堂</u>等举报耆民<u>张嘉烈</u>为人年高有德，品行端方，通晓文义，堪充乡约，前来除准饬充外，合给执照。为此，照给该约遵照条例，每逢朔望齐集士民恭宣圣谕，尚详开导，务使一乡民人人耳会心，兴仁兴让，以臻一道同风之盛，本县深有厚望焉。

须至**执照**者遵

右照给乡约<u>张嘉烈</u>准此

道光贰年（1822）陆月　初九日礼科

县　　　　　　　行　　　　　　歙字第

笔者按：执照系格式文书，黑体为墨笔手填，"遵""初九""行"三词为官府红笔手批。

——《故纸堆》丙册，第19页。

执照，系官府颁发的合法凭据，属于下行文书，类型有产业执照（如保产执照）、身份执照（如监照、乡约执照）等不一而足。上引两份文书均属于身份执照。

【祗当（之当）】

[文书一] 今从出卖之后，如有内外人占拦，并是出产人**祗当**，不及受产人之事。

——《淳祐三年（1243）休宁<u>李思聪</u>等卖田、山赤契》，《徽州千年契约文书》宋元明编，第1卷，第5页

[文书二] 其山地未卖之先即不曾与家外人重复交易，如有家外人占栏，并是卖人**之当**，不涉买人之事。

——《永乐二年（1404）祁门谢曙先卖山地赤契》，《徽州千年契约文书》宋元明编，第1卷，第59页

之当（祗当），本作支当，即承受、承当、承担之义。

【秩下】

[文书] 其山原系本祠七大分业，后因忠及浃公、永及洒公扦葬在上，四大分一半卖与浃、洒二家**秩下**，对半为业。

——《顺治祁门汪氏抄契簿》，《徽州千年契约文书》清民国编，第4卷，第112页

秩下，即以某一祖先为标志，其房派之下的子孙统称。或称作支下、枝下等。

【值亭老人】

[文书] 供息状人李实，年三十八岁；李大器，年七十岁，系休宁县三十三都六图民。状供：有祁门县十一都李溥与兄李齐告争坟山，牵告本身假棺葬害等因，蒙批二县老人勘明，即无前情。令蒙转发**值亭老人**审供，二家凭亲族劝谕，立界明白各业，遵奉《教民榜》内一款，不愿终讼，归一无争，所供是实。

弘治九年（1496）七月日供状人李实、李大器

——《徽州千年契约文书》宋元明编，第1卷，第274页

明初为了便于里甲老人处理地方事务，于洪武间规定："天下邑里皆置申明、旌善二亭，民有善恶，则书于此，以示劝惩。凡户婚、田土、斗殴常事，里老于此剖决。"[1] 可见，明初在基层社会设置申明亭和旌善亭，成为地方里老行使教化的场所，也是里甲老人劝谕和裁判地方事务之场所，地方里老因此而或称"值亭老人"，他们劝导、教化乃至仲裁民间事务的主要依据是《教民榜文》。

---

[1] 《宣宗实录》，"宣德七年正月乙酉"条。

【众匣】

[文书] 前山买契并冬龙推单抄招执照收在**众匣**，轮流交递各户分下。凭此合同文约管业，日后分下遍山锄种栽插苗木，成材主力均分。子孙毋许变卖，家外人等亦不许私自砍斫。

——《天启四年（1624）金氏各方管理祖坟均役合同》，《徽州千年契约文书》宋元明编，第 4 卷，第 149 页

众匣，是指具有众存共业关系的主体，因联合经营需要而设置的公匣。①

从明清徽州文书资料看，在宗族的正式祠产、族产与个体家庭产业之间，往往存在相当数量的众存、共业产业。这种产业主要体现为产业经营与管理上的联合，并往往通过设置"众匣"形式来实现。

【众存（存众）】

[文书一] 今情愿将仓屋上基兄弟**众存**房一眼，土名村心，系汤字四百五十二号，其房地未计步税本身合得一半立契凭亲族当与 兄名下为执。

——《天启二年（1622）朱钟承当房契》，《徽州千年契约文书》宋元明编，第 4 卷，第 116 页

[文书二] 一存师字九百七十三号屋基地二十步，此地**存众**。

——《康熙二十年（1681）胡阿凌立遗嘱文墨》，《徽州千年契约文书》清民国编，第 1 卷，第 90 页

众存（存众），即众存产业，表面看，系家族全体成员或部分成员共同所有之财产，属于族内公产之一形态。实际上，众存产业联合经营的主体多体现为房派，即宗族内部房派间既共同所有，联合经营，又份额明确的产业形态。②

在明清徽州地方文献文书中，"众存"记载颇为常见，诸如"众存""众分""众业""众祀""众租""众匣""众会""众仆""众姓""众

---

① 参见刘道胜《明清徽州宗族的"公匣"制度》，《中国农史》2008 年第 1 期。
② 参见刘道胜《众存产业与明清徽州宗族社会》，《安徽史学》2010 年第 4 期。

户""众厅""众祠""众立""众议""凭众"等俗称不一而足。反映民间众存关系复杂多样，这种产业关系鲜活体现了宗族内部以房派为主体的血缘性和水平性结合，属于前组织化的产业形态，主要依靠契约关系予以维系。

【中人】

[文书一] 立租批［人］<u>许承福</u>，今租到族□□名下，田税一亩四分，土名新塘下，言定每年交纳租谷三十斗整，不得不欠少升合。恐口无凭，立此租［批］存据。

乾隆四十一年（1776）九月立租批：<u>许承福</u>

中：<u>敷在</u>

——《歙县许承福租田批》，《明清徽州社会经济资料丛编》第一集，第429页

[文书二] 立杜卖大买田契人<u>王兴荣</u>。今因正用，自情愿将文字壹千零八号，计田税四分正，土名郑家舍，计田壹大垅，田塝、茶柯、杂木、地坦一应在内。今凭中立契出卖与<u>王坦森</u>名下为业。三面言定，得受时值估价足曹（漕）平纹银四两正。其银当即亲手收足。其田业即交买人过割管业耕种莳水，听凭取用，其税推入买人户内支解输粮无异。大四至照依清册，小四至眼同指业管业为规。从前至今并未典押他人，亦无重复交易，并非威逼等情。倘有内外亲房人等异说，俱系出卖人一力承肩，不干受业人之事。此系两相情愿，无得异言。恐口无凭，立此杜卖大买田契存照。

民国十九（1930）年三月 日立

杜卖大买田契人：<u>王兴荣</u>

凭亲**房中**：<u>王其坤</u>

凭中：<u>王灶福、宋顺福</u>

代笔人：<u>王长登</u>（押）

——转引自<u>汪柏树</u>《民国徽州的孪生土地卖契》，《黄山学院学报》2012年第2期

[文书三] 十三都<u>康新童</u>等。为上年买受本都<u>方思义</u>名目经理山地二

号，坐落本都七保，土名左家山、方段山地。今为户役均徭无钱用度，自情愿将前项原买受山地，本位合得一半，尽数立契出卖与本都康澄名下，前去管业。面议时价白钱（银）五钱，在手足讫，其价并契，两相交付。其山地未卖之（先），即无重复（交易），来历不名（明），不涉买人之事。所有亩步，照依经理为始。所有上手文契，有别号相连，不在（再）缴付。今恐无凭，立此为用。

成化十七年（1481）六月初二日立契人：康新童（押）契。

奉书男：康汝进（押）

遇见人：康琥（押）

——《成化十七年（1481）康新童卖山地赤契》，《明清徽州社会经济资料丛编》第二辑，第 200 页

中人在传统契约中称谓不一，诸如凭中、中见、见、居间、中证人、见中等，是契约订立过程中除当事人双方之外的第三方参与者。有学者研究指出，中人的身份可以是地方基层组织中的领袖人物，如保长、里长、图正等；也可以是族长、族众；或者立契人的亲戚；亦可以是妇女、佃仆以及主人。另外，中人还可以以群体出现。此外，"中""凭""见"三者的意义有一定差别，"凭"更多的是指与自己关系较近的亲人，或父兄，或其他亲人，并因为其亲属地位，除去见证交易之外，并没有起到实际意义上中人的作用。而"中"则更多是一般人或较之"凭"关系要远的人，是实际意义上的中人。"中见"具有中介和见证的双重作用，相比之下，"见"则缺少了中介的意义，更多表现为"见证"的作用。[①]

【中资】

[文书] 又去银一两德章**中资**。又去银二钱德云**中资**。又用银七钱五分酒酌。共享银二十三两，各派银七两六钱六分六厘。

——《嘉庆祁门凌氏立合同誊契簿》，《徽州千年契约文书》清民国编，第 11 卷，第 207 页

中资，或称中资钱、中礼钱，即馈送中人的钱财，属于中人参与证

---

① 参见吴欣《清代民事诉讼与社会秩序》，中华书局 2007 年版，第 159 页。

信而取得的收益。唐宋以后，契约上一般不写对中保人致酬事，但致酬事一直是存在的，有用宴请的形式，也有送银钱的。送给中人的叫作"中礼银"，送给代书人的叫作"笔资银"。① 中国传统土地买卖中这种酬请谢中之开支长期广泛存在，至民国间，据安徽五河县调查：

不动产之卖买，先有中人一二或三四人说合，成契后，由买主按照价额另出一成与说合之中人摊分，名曰"酬劳金"。至临时于契内列名之中人，只由买主请吃喜酒，不摊分中资。又有卖主急于变产，托人觅卖，成契后，除买主应给中资外，卖主亦应酌为酬谢，但其数目多寡并无一定。②

在徽州文书中，一般契约中很少有关于酬请谢中之记载，具体情况难以详知。但正式给付的"中人钱"数额当有一定规制。这从下表所示的卖契和当契中可见一斑③：

契约名称	正价	中资钱名称及数量	中资酒水钱与正价之比	年代
徐阿汪当田契	纹银四两	送中银共计一钱二分	3%	※万历十八年（1590）
叶成甫卖田契	文银二十两	中用银六钱	3%	※万历三十九年（1611）
徐阿李卖田契	二十五两五钱	中钱九钱	3.5%	※天启三年（1623）
宋大忠卖田契	纹银二十八两	中人钱一两	3.6%	※天启四年（1624）
郑文肃祠当山契	银十两	酒资银三钱	3%	△乾隆五十八年（1793）
出拚契	二千四百文	二百文	约8.3%	□乾隆四十四年（1779）
诸天仁立承拚契	四千五百文	三百二十五文	约7.2%	□乾隆四十七年（1782）
牛荣先立承拚契	八两五钱	三钱	约百3.5%	□乾隆五十五年（1790）

---

① 张传玺：《秦汉问题研究》，北京大学出版社1985年版，第207页。
② 前南京国民政府司法行政部：《民事习惯调查报告录》，中国政法大学出版社1998年版，第543页。
③ 按：所引材料，标有"※"者，系出自《康熙祁门徐氏抄契簿》，载《徽州千年契约文书》清民国编，卷四；标有"*"者，系出自《歙县十八都六图程氏文书》，安徽大学徽学研究中心特藏室藏，包号024；标有"#"者，系出自《黟县欧阳户文书》，安徽大学徽学研究中心特藏室藏，包号120；标有"△"为黄山学院图书馆藏；标有"□"者，系出自《嘉庆祁门凌氏立合同誊契簿》，《徽州千年契约文书》清民国编，卷十一。

续表

契约名称	正价	中资钱名称及数量	中资酒水钱与正价之比	年代
凌明富立出拚契	五十五两	二两	约3.6%	+乾隆五十七年（1792）
胡启年等立出拚契	四千文	二百文	5%	+嘉庆元年（1796）
廖大有立承拚契	九两	二钱二分	约2.4%	+嘉庆三年（1798）
凌大俊立出拚契	五两五钱	二钱五分	约4.5%	+嘉庆十一年（1806）
凌启义立出拚契	二两四钱	二钱四分	10%	+嘉庆十一年
凌启义立出拚契	四两二钱	四钱	约9.5%	+嘉庆十一年（1806）
凌凤鸣立出拚契	六两	六钱	10%	+嘉庆十一年（1806）
胡王氏典屋契	缺	中资银一两二钱	/	#嘉庆十七年（1812）
胡慎全当田契	四十五千文	中资钱二千二百五十文	5%	#道光二十八年（1848）
吴朝鑫当园契	五千文	酒水钱三百五十文	7%	*咸丰八年（1858）
胡成功当园契	拾肆千文	使用钱八百四十文	6%	*咸丰八年（1858）
吴汉川典田契	拾捌千文	中资酒水钱九百文	5%	*光绪七年（1881）

由上表可见，明代徽州卖地契中的中资钱与正价之比约为百分之三。清代徽州买卖出当土地所支付中资酒水等项目开支约占契价大多在百分之五以上不等，甚至达到10%。上表所示可以作为了解土地买卖中人收益之一注脚。

但进一步再从相关文书记载看，土地交易系民间重大事务，买卖活动往往牵涉面很广，因此，除了契价、中资钱以外，相关支出亦颇为复杂，这从以下所举两份材料可见一斑：

资料1：康熙五十七年（1718）三月契买查弯汪同明亲名下田价银八两，中见汪宪成，佃陈五孙。契内价银淑武祠出银六两，本祠……除支银二两付田价外，支银二钱付宪成亲中资…一钱付陈五孙中资。至收谷之时，书兄、旻兄带众费去托同明亲写推单过税，备酒在花桥请他，送他银二钱四分，不意同明亲要银多两，吃了酒却不写推单，将二钱四分置在五孙处，旻兄后在板石查册抄来，照册税粮，愚于康熙五十八年（1719）当官过来。①

资料2：正价十七两；加价三两；给中人礼二两三钱；成契日酒六钱；印契一两；请揩捻书酒二钱五分；推税礼一两九钱七分半；收税八钱九分；酒一钱；本家请酒用银一两，共花去柒两肆钱玖分。②

以上资料1系祁门康氏两个支祠联合置产而立的卖契加批文字，其中可见佃人陈五孙为中的现象。该买卖涉及中资、书写推单过税钱、酒水资共计银四钱四分以上，与"本房"所出田价银二两之比为22%以上。资料2中除正价、加价之外的附属性开支名目不一，相关支出计达8.115两。又据《康熙祁门徐氏抄契簿》中的一些明代土地抄契契尾加批中的记载，土地买卖的附属性开支，亦涉及酒资钱、中礼钱、推收礼钱、印契钱等。如"万历三十一年（1603）何天旺等立卖田契"中，契价为二十二两五钱，而"零费共计十三宗，共用去银三两正（整）"。③ 除了酬请谢中外，尚见有支付契纸钱之记载。如在明代嘉靖祁门康氏的一份地产纠纷合同的加批中，有关于"契纸钱"的记载：

此合同二纸封在康至处，至因二家未处（出）纸钱，回口衙不肯付与。后在县凭（康）社照样另写二纸，本家与（康）泰各收一纸。契封在（康）至处，合同本家送银一钱取一纸讫。④

该合同中，康至系中人，康社为书契人，合同中中人康至因事主双方未出纸钱不肯交付原件，直至事主一方康英送银一钱方取得原件一份。可见，一份契约的书立，除了契价、中资钱以外，还有名目不一的附属性开支，这些数目不斐的各种附属性开支的存在，从一个侧面反映了民间土地自由交易的制约因素很多，且酬请谢中具有浓厚的乡土礼节性。中

---

① 《康义祠置产簿》，南京大学历史系资料室藏，藏号000138。
② 《乾隆休宁黄氏置产簿》，《徽州千年契约文书》清民国编，卷七，第272页。
③ 《康熙祁门徐氏抄契簿》，《徽州千年契约文书》清民国编，卷四，第414页。
④ 《徽州千年契约文书》宋元明编，卷五，第270页。

人参加契约的书立，有相当一部分人的主要目的并不是获取"中资"，而是作为第三方参与商定契约内容，确认契约的意思表示，写立契约，并出席具有晓谕众人的宴会，从而，在其社会环境中赢得广泛的信誉与承认。

【嘱书】

[文书一] 立**嘱书**里施村本仁门八十一岁老人<u>施文烀</u>。窃惟自幼至老，艰苦备尝，八龄而值国运鼎革。饥馑荐（渐）臻，草木为粮，接罹兵燹，室庐一空，加之身体羸弱，朝夕莫保，其贻亲忧者大矣。行年十七，问医摄生，变产营房，冀免父母垂忧而扩祖宗德业。不期严君见背，兄又续亡，茕茕孑立，形影相吊。只得鬻婢为资，驾舟冒险。适遇兵乱掳毁，胆战心惊，又造物不如，资本耗半。然志不馁，多方逼画，得复资本而返。改业负贩，陆续称心。无奈一生数奇，发妻胡氏不寿，三子<u>侨</u>、<u>似</u>、<u>僅</u>，一女<u>贞亘</u>皆幼。续娶<u>芳氏</u>，生<u>传</u>，五载又亡。三娶<u>吴氏</u>，又生三子，<u>俊</u>、<u>偤</u>、<u>修</u>。数十年间，为婚为教，实极劳心……须怡愉和睦，卓立成家，以期光前裕后，即吾一生劳苦，亦可慰□□心，含笑入地。若或有视吾言为具文，阋墙启衅，自相残贼，是不孝也，是不弟也，□何家有此等子孙哉。务必默俾后贤，执此遗书，以整忤逆之罪，定使不肖知所警畏而不敢安然逞狡耳。今恐无凭，立此**嘱书**一样七张，各执存照。

——《康熙五十五年（1716）<u>施文烀立嘱书</u>》，黄山市档案馆藏

[文书二] 立**嘱书**人<u>方王氏</u>。窃以锦被同眠，慕姜家之友爱；荆花复茂，效田氏之徽猷……爰立**嘱书**一样三本，各执一本永远大发存照。

——《民国二十年（1931）<u>方王氏立嘱书</u>》，安徽师范大学皖南历史文化研究中心藏

嘱书，顾名思义，以遗嘱作为分家阄书。嘱书与典型的遗嘱以及分家阄书颇有差别，兼具遗嘱和阄书的形制，属于有子之家继承文书的之一独特类型。

【主力（主坴）】

［文书一］所有界至悉照蛟潭原买契为照，承佃前去长养竹笋，**主力**以四分为率，主得三分，力得一分。

——《嘉靖祁门汪氏抄契簿》，《徽州千年契约文书》宋元明编，第5卷，第390页

［文书二］栽养松杉成材，**主坴**三七相分，主得七分，坴得三分。

——《祁门程姓庄仆文书》，章有义：《明清及近代农业史论集》，第366页

主，即山主；力，即山林养护者，多为佃户。"主力"亦作"主坴"，系山主与山林养护的合称。

【主盟（主议）】

［文书一］龙源汪于祚，有父参政翁生有五子。二弟于祥不行早殇。三弟于礼病在危笃。身思收足之情，不能享无故之乐。参政翁存日与身纳监之需，是系众贴备。四弟于佑在学，日后纳监，众将板溪田租三百秤贴备。今思于礼倘有不测，预凭中将土名板溪田租三百秤批与二女淑音、澜音，以为嫁妆之需，以敌纳监之费。自立文约，并无异言。今恐无凭，立此为照。再批：贴备于礼二女田租，随听收租，以备逐年衣服针线之用。只此。

嘉靖卅五年（1556）正月初五日立议约人：汪于祚、汪于礼、汪于佑、汪于袥

主盟：母亲章氏（押）

中见人：王永保 汪棠（押）

——《嘉靖三十五年（1556）汪于祚批契》，《徽州千年契约文书》宋元明编，第2卷，第240页

［文书二］前任创造之为难尤念，今日本成之不易，临深履薄，常加战兢以自持行远升高久矣。深延易弗替，是所愿也。若夫扩充开拓，此又有望于后之继承者焉。是为祷。

成化二十三年（1487）菊月吉日：李鼎、旻

主议：堂叔尚敬翁（押）

代书：从堂叔尚皦（押）

——《正统休宁李氏宗祠簿》，《徽州千年契约文书》宋元明编，第5卷，第61页

主盟（主议），系参与并主持契约的家庭或家族尊长。

徽州文书中"主盟"人多为女性尊长，故屡见"主盟母"和"主盟祖母"等之称。此外也有"主盟父""主盟伯父""主盟叔父""主盟族长"等。他们的署押既是对卑幼擅自处分财产的限制，同时也是对购买者的保证。①"主盟"亦称"主议"。

【柱】

[文书] 立合议禁约新川人等，为竭力严禁以笃风化事……

一柱：方关大（等24人）

二柱：章文旺（等23人）

三柱：方有书（等15人）

四柱：方廷钺（等26人）

——《乾隆五十九年（1794）新川人等立禁偷盗禁约》，黄山市档案馆藏

柱，本系宗祠厅堂柱子。

在清代，徽州宗族往往将宗祠厅堂柱子划到各支房名下，每年轮流由一柱或数柱轮值祠务叫"分柱管年"。如歙县蓝田叶氏《世德堂管年祠事由来节略》载："奈连岁饥馑，众力虚乏。存业甚微，未足供祀，每于临期科配维艰，所以有分柱管年之例。"②

【住人】

[文书] 今将前项新立八至内山地二片，本家通山六分中景源合得一分，自情愿尽行立契出卖与同都住人汪名下。面议时值价柳笑银八两五

---

① 参见阿风《明清时代妇女的地位与权力》，中国社会科学出版社2009年版，第113页。

② 参见柯灵权《清代徽州民间的分柱纳粟》。

钱整。

——《明景泰二年（1451）祁门吴景源卖山地契约》，周向华主编：《安徽师范大学馆藏徽州文书》，安徽师范大学出版社2009年版，第43页

住人，在徽州文书中多指"住主之屋"的佃仆，相应地，主人称为"房东"。

【庄（庄仆）】

[文书一] 但本族仍有己**庄**黄玉岭伙佃四大房，系五保新丈陆百拾贰号基地居住，原万历年间归户系陆百零柒号。

——《徽州千年契约文书》清民国编，第1卷，第38页

[文书二] 五都**庄仆**胡初同男胡喜孙、胡寄互，原承祖应付五都洪名下婚姻、丧祭、工役，并无违背。今二男长大，无屋居住，无田耕种，蒙洪寿公秩下子孙洪六房等重造楼屋五间，并左右余屋，土名塘坞坟前，与身及二男居住。取田二十亩有零与身男耕种。今重立还文约，自后身秩下子孙永远应付洪主婚姻、丧祭使唤，毋敢背义抵拒等情。子孙亦不敢私自逃居他处及工雇、过房。其所取田地亦不得私自典卖他人。如违呈治，准不孝论。今欲有凭，立此文约为照。

隆庆五年（1571）正月初一日立约：仆胡初

　　　　　　　　长男：胡喜孙

　　　　　　　　中：弟胡兴

——《中国历代契约汇编考释》，第1054页

徽州自古以来山限壤隔，宗法关系十分发达，庄仆制度由来已久，顽固存在。在聚族而居的徽州，"族居者曰村，其系属于村者曰庄"①。叶显恩先生认为，庄即从属于村的居民点。② 依附于庄上的小姓或外来农民等，由于住主之屋、葬主之山、种主之田，并对大姓宗族承当一定的劳役义务，世代相承，从而形成主仆之分。

---

① 嘉庆《黟县志》卷三《风俗》。
② 叶显恩：《明清徽州农村社会与佃仆制》，安徽人民出版社1983年版，第234页。

庄仆所居曰庄屋，基地曰庄基。大族甚至还要为其庄仆提供生活用品。如《(休宁) 藤溪王氏文约誊契簿》载：

康熙三十年（1691）分与另居于祖仆继生火佃地上，该本家分数，竖造平屋四间，两披与伊居住，佃与田山并家伙开载于后……住屋四间两厢，计造工料三十二两；大锡有一把、锡酒壶一把、铁爬捞一把、弯刀一把、耘田爬二个、菜刀一把、小萝二只、大油坛三只、酒坛二只、稻屉斗一个、大萝二只、谷筐个、水缸一只、大衣箱一只、大米桶一只、橱一口、半桌一张、抽屉桌二张、锄头一把、锅灶及零物不及[记]载。①

以上记载即涉及为庄仆提供生活用品的详细情况，对于认识传统徽州主仆关系颇有价值。

【准折】

[文书一] 其价银当成契日一并收足，即无欠少，亦无**准折**。

——《嘉靖十一年（1532）吴廷正卖田白契之一》，《契约千年契约文书》宋元明编，卷2，第72页

[文书二] 此系两相情愿，亦无**准折**等情，如有内外亲房人等异说，俱系出卖人承当，不涉受业人之事。

——《咸丰六年（1856）叶守科立找价交业契》，见《歙县18都3图6甲程氏文书》，安徽大学徽学研究中心藏

准折本意为折价变卖。

在契约文书中，"并无准折等情"成为习惯用语，契约中的"准折"系指乘人之危，强买强卖行为。例如，《璞山蒋公政训·谨始类》："家道殷实……或放私债多取利息，非法锁打，强拆房屋，准折子女等项重情。"② 又，《刑案汇览》亦有同样记载。③ 这里的"准折"亦含有强迫他

---

① 《元至正二年至乾隆二十八年（休宁县）藤溪王氏文约誊契簿》，南京大学历史资料室藏。

② 《官箴书集成》第2册，黄山书社1997年版，第3页。

③ （清）祝庆祺、鲍书芸等编：《刑案汇览三编·私债准折人妻女毋庸加重》，北京古籍出版社2004年版，第372页。

人以子女、妻女抵债之意。

【砠】

［文书一］今来缺物用度，自情愿将前项贰号田亩，出卖与拾贰都<u>汪汝加</u>名下，面议价籼谷伍拾柒**砠**，每砠计重贰拾陆斤。

——《休宁县汪义清卖田赤契》，安徽省博物馆编：《明清徽州社会经济资料丛编》第一集，第 29 页

［文书二］九都三图七甲立卖契人<u>陈应文</u>。今因缺少钱粮，自情愿凭中将承祖芥字一百六十三号，土名牛系公，计田税六分五厘二毫，计籼租五**砠**半，每**砠**重二十五斤，佃人陈七老弟；又将芥字二百三十一号，土名社屋干，计中则田税七分四厘，计籼租六**砠**零十六斤，每**砠**重二十四斤，佃人金明；又将芥字一千三百号，土名堰上，计田税三分零五毫，计籼租二**砠**半，每**砠**重二十四斤，佃人<u>胡社保</u>；又将姜字四千二百四十八号，土名大塘，计田税二分，计籼租二**砠**，每**砠**重二十五斤。

——《休宁县陈应文卖田赤契》，安徽省博物馆编《明清徽州社会经济资料丛编》第一集，第 82 页

砠与秤本系衡量轻重的器具，在徽州又多以砠、秤作为重量单位，常见于田租、地租的计量。

关于砠，清人刘献廷云："予在武昌，见盐店招牌书曰：'重砠白盐'，余不知且为何物，思之久而不得也。问之宗夏，宗夏曰：'砠，秤锤也，音租'。盐每包重八斤四两，制权量之而衡其轻重曰砠，如其数者为重砠也。"① 又，清魏源云："及商盐到岸也，有各衙投文之费，有委员盐包较砠之费，有查河烙印编号之费。"② 可见，砠的本意是秤锤（秤砣），进而有衡量轻重器具之称。

关于徽州的砠轻重，清人俞正燮曾云："今黟（县）之砠、秤二十斤。"③ 民国《（黟县）环山余氏宗谱》亦载"黟租以砠计，每砠二十

---

① 刘献廷：《广阳杂记》卷四，点校本，中华书局 2007 年版。
② 魏源：《筹鹾篇》，载《皇朝经世文续编》卷五十一《户政二十三·盐课二》。
③ 俞正燮：《癸巳存稿》卷十《宋秤》，黄山书社 2005 年点校本，第 412 页。

斤"①。然而，从徽州文书记载看，一砠为多少斤，各地颇有差异。如以上所举文书一、文书二中，即明确标注有"每砠计重贰拾陆斤""每砠计重贰拾五斤""每砠计重贰拾肆斤"。又，《明万历二年（1574）祁门县张胜祖卖田骨白契》中明确标注"每砠计贰拾伍斤，系本家秤"字样。②可见，在徽州文书中，砠与斤的换算关系，亦须视具体情况而论。

【族长】

[文书] 十七都一啚立领人闵良海。今于本月十三夜走失更牛一条，不知去向，后牛为十八都一啚地方所获，蒙本啚里保、**族长**见召知系身牛。念身贫老，着人呼身至本啚祠屋同众给与前牛，感激无量，所领是实。

——《崇祯八年（1635）闵良海领回失牛字据》，《徽州千年契约文书》宋元明编，第4卷，第387页

族长，特定宗族、家族的实际掌控者，房派另设有房长。明代傅岩《歙纪》云："徽俗重长上，一家则知有族长、门长。"③

另外，举凡宗族内部往往还设有诸如管年、司年、首人等具体事务管理者，而族长、房长等的主要职责，则往往只是予以监督以及对重要事务作出决策和处理。

《重修古歙东门许氏宗谱》载："（族长）年弥高而德弥邵，合族尊敬而推崇之，有事则必禀命焉。此亦宗族之遗意也。"④即族长一般由本族辈分最高、年龄亦长，德高望重，在公众中有享有名望者充当。其职责有主持宗祠祭祀、主管族产、制定族规、解决族人争端、处置族人违犯族规、家法诸事。⑤

---

① 民国《（黟县）环山余氏宗谱》卷二十二《丛录·祀田》。
② 张传玺主编：《中国历史契约粹编》（中册），北京大学出版社2014年版，第759页。
③ 傅岩《歙纪》卷五《纪政绩·修备赘言》。
④ 《重修古歙东门许氏宗谱》卷八《家规》。
⑤ 张传玺：《中国历代契约会编考释》，北京大学出版社1995年版，第747页。

【胙（颁胙、散胙）】

［文书一］兴祠合同文约大观公秩下<u>启愓</u>等。今因乾隆二十一年（1756）三月二十八日在皇净坞标坟，公议将与祭祀一十四人**胙**食之资六钱正，作本轮流领本生利，周年硬充九七足银六钱积聚以作后日置产立业之费，以兴祀**胙**。

——《康义祠置产簿》，南京大学历史系资料室藏

［文书二］**颁胙**定于标祀日午后鸣锣一次，执筹至公所报名领取。

——《歙县虹梁村程氏<u>德卿</u>公匣规条》，安徽大学程自信教授藏

［文书三］十八朝办祭，值年者董事，其祭仪等物十二股均吃均散。若有不到者毋得**散胙**，妇人小厮毋许入席。

——《道光至同治太子神会簿》，南京大学历史系资料室藏

胙，祭祀所用的肉等祭品。祭祀结束后，置办祭祀的肉等祭品按照参祭的房派或男丁分发，叫作颁胙或散胙。

后　　记

　　值此出版机会，对给予本书帮助和指导的师友们表示衷心谢意。

　　在书稿撰写过程中，中国社科院研究员栾成显先生、复旦大学教授王振忠先生、安徽大学教授周晓光先生、安徽师范大学教授王世华先生和李琳琦先生等均给予了指导和鼓励，在此表示深深谢意。在前期研究中，硕士研究生张舒羽同学撰写了部分词条，付出了不少辛劳。安徽省社科院陈瑞研究员、江苏省社科院王裕明研究员、安徽师范大学储泰松教授、黄山学院马勇虎教授、暨南大学黄忠鑫副教授等亦提供了诸多建议和帮助。另外，目前对徽州文书字词的系统研究成果虽付阙如，但不少学者在其相关研究中，对徽州文书某些特殊字词的考释多有涉及，为本书写作提供了重要的参考和借鉴，一并表示感谢。

　　在本书出版过程中，中国社会科学出版社宋燕鹏先生为拙作付梓多方筹划，认真审核，大力相助，特致谢忱。

2019 年 5 月于芜湖